L'ITALIA RACCONTA

L'ITALIA RACCONTA

Antologia di racconti e novelle

Anthony Mollica
Angela Convertini

John Murray

ISBN 0 7195 3744 4

A Betty, Pamela, Karen
con affetto
A.M.

Ai miei genitori
questo mio primo lavoro
A.C.

Sommario

Ringraziamenti

Per la gentile concessione di riprodurre i racconti e le novelle in questa antologia vogliamo ringraziare:

Casa Editrice Bietti: per "Il gettacarte" in *Diario napoletano* di Domenico Rea;

Libero Bigiaretti: per "L'autografo" di Libero Bigiaretti in *Racconti di sport* a cura di Giuseppe Brunamontini (Milano, Garzanti);

Casa Editrice Valentino Bompiani: per "L'amore a Napoli" in *L'oro di Napoli* di Giuseppe Marotta; "La raccomandazione" in *Nuovi racconti romani* di Alberto Moravia;

Cappelli Editore: per "Per lei dottore" e "La grande sfida" in *Italia veniale* di Luca Goldoni;

Giulio Einaudi Editore: per "Si parva licet" in *Racconti* di Cesare Pavese; "Western di cose nostre" in *Il mare colore del vino* di Leonardo Sciascia;

Aldo Garzanti Editore: per "Il rubino" in *Gente in Aspromonte* di Corrado Alvaro;

Arnoldo Mondadori Editore: per "La giacca stregata" in *La boutique del mistero* di Dino Buzzati; "La ragazzina" in *Invito a pranzo* di Alba de Céspedes; "Un grido nella notte" in *Chiaroscuro* di Grazia Deledda; "I nemici del signor Fuchs" in *Farfalla di Dinard* di Eugenio Montale; "Un uomo" in *Ricordi-racconti* di Umberto Saba; "Il cavallo morello" in *Racconti e ricordi* di Michele Saponaro;

Emilio Provenzal: per "Vita d'albergo" in *Un uomo con dieci pollici* di Dino Provenzal (Pistoia, Grazzini);

Rizzoli Editore: per "Un commercio ideale" in *Manuale di conversazione* di Achille Campanile; "Pantomima" in *Gli asparagi e l'immortalità dell'anima* di Achille Campanile; "La febbre dell'oro" in *Il compagno don Camillo* di Giovanni Guareschi; "Il mistero dell'interruttore" in *È sempre festa* di Carlo Manzoni;

Ignazio Silone: per "Visita al carcere" in *Uscita di sicurezza* di Ignazio Silone.

Per la cortese autorizzazione di riprodurre le foto degli autori, vogliamo porgere i nostri più sentiti ringraziamenti a:

Agenzia ANSA; Libero Bigiaretti; Valentino Bompiani Editore; Aldo Garzanti Editore; Arnoldo Mondadori Editore; Emilio Provenzal; Rizzoli Editore.

Premessa

L'Italia racconta... Non è certo per caso che abbiamo scelto questo titolo
per una antologia di novelle e racconti destinata a studenti d'italiano di
lingua inglese. Dal Boccaccio ai contemporanei, l'Italia ha sempre occupato
e occupa tuttora un posto preminente nella letteratura narrativa mondiale
e gli scrittori qui riportati ne costituiscono una eloquente testimonianza.
Diciannove autori, nati verso la fine del secolo scorso o al principio del
Novecento, rappresentano quindici regioni con una commedia e venti
racconti o novelle. Abbiamo considerato decine di scrittori e oltre un
centinaio di racconti o novelle; la scelta finale non ci è stata facile.

L'antologia è un invito alla lettura di testi drammatici, umoristici e satirici,
pezzi che lo studente troverà di vivo interesse.

Al fine di sensibilizzare il giovane lettore all'autore e alla sua opera,
abbiamo premesso ad ogni testo un profilo bio-bibliografico dello scrittore.
Il nostro scopo è di incoraggiare lo studente a leggere e a meglio familiariz-
zarsi con altre opere dello stesso autore. Per facilitare il compito, abbiamo
elencato alla fine di ogni profilo solo le opere che secondo *Il catalogo dei
libri in commercio 1976* sono facilmente reperibili presso le varie case
editrici. Un elenco di queste case, con indirizzi, segue alla fine del volume.

Allo scopo di rendere la lettura più piacevole e ridurre allo stesso tempo
un certo numero di difficoltà linguistiche, abbiamo curato ogni testo con
note a pie' di pagina mentre la spiegazione delle parole più difficili è stata
relegata al margine. Benché non sia stato sempre facile trovare un sinonimo
esatto per ogni vocabolo, abbiamo cercato di precisare il meglio possibile in
italiano il significato nel contesto rivolgendoci all'inglese solo quando
un altro sinonimo o una circonlocuzione in italiano avrebbe presentato
ulteriori difficoltà linguistiche. Inoltre, il vocabolario italiano-inglese
alla fine del volume dà la traduzione dei vocaboli spiegati solo in italiano.

La serie di esercizi che verifica la comprensione della lettura è stata corro-
borata da un'altra serie di esercizi intesa a stimolare sia la conversazione
che la discussione in classe per dare allo studente l'occasione di usare
espressioni e vocaboli già imparati. Una terza serie si propone di introdurre
l'elemento ludico, elemento che Mollica ha già proposto per l'apprendi-
mento di una lingua in articoli pubblicati in riviste canadesi e statuni-
tensi, e che, purtroppo è assente da altri testi italiani di questo genere.

L'antologia contiene pezzi che variano in temi e lunghezza. Questa varietà
dovrà permettere una certa flessibilità nella scelta: alcuni testi potranno
essere letti in classe, mentre altri si prestano meglio alla lettura personale
o complementare. Per facilitare questa flessibilità abbiamo curato ogni testo
senza tener conto delle spiegazioni date nei testi precedenti. Suggeriamo
quindi che l'insegnante scelga prima quei pezzi adatti alla conoscenza

linguistica dei suoi studenti. I testi sono elencati in ordine di regioni, non in ordine di difficoltà.

È nostro grato dovere ringraziare il professor Guido Pugliese dell'Erindale College, Università di Toronto, per il suo incoraggiamento e i suoi preziosi suggerimenti nonché per la sua acuta lettura critica del nostro manoscritto.

Se con *L'Italia racconta...* riusciamo a stimolare lo studente alla lettura di altri scritti e a invogliarlo a conoscere altri scrittori italiani, il nostro desiderio sarà appagato.

Anthony Mollica
Angela Convertini

Il Piemonte

Superficie: 25.399 km² (il Piemonte è per estensione la seconda regione italiana dopo la Sicilia)
Confini: a ovest con la Francia, a nord con la Valle d'Aosta e la Svizzera, a est con la Lombardia e l'Emilia-Romagna, a sud con la Liguria
Province: (6) Alessandria, Asti, Cuneo, Novara, Torino, Vercelli
Capoluogo: Torino
Dopo aver consultato una carta geografica dell'Italia, traccia una cartina del Piemonte indicando le sei province/città.

Cesare Pavese

Narratore, saggista, poeta, Cesare Pavese nacque il 9 settembre 1908 a Santo Stefano Belbo, piccolo paese delle Langhe, in provincia di Cuneo. Proveniente da una famiglia piccolo-borghese, Pavese ebbe una adolescenza difficile e infelice. Compì gli studi a Torino dove la famiglia si trasferì e dove il padre morì poco dopo, episodio che sarà tra i motivi dei traumi psichici dello scrittore. Studiò prima nell'Istituto dei Gesuiti e poi al "Liceo D'Azeglio"; si laureò in lettere all'università di Torino con una tesi sulla interpretazione della poesia di Walt Whitman. Si applicò allo studio della lingua e della letteratura inglese e divenne valentissimo traduttore dei moderni scrittori inglesi e americani quali De Foe, Joyce, Steinbeck, Faulkner, ecc. Esemplari rimangono le sue traduzioni, particolarmente quella di *Moby Dick* del Melville.

Inizialmente, Pavese intraprese la carriera di docente d'inglese insegnando in un primo momento in scuole serali e private. Nel 1933 aderì entusiasticamente al progetto dell'amico Giulio Einaudi di fondare una casa editrice della quale fu uno dei principali esponenti. Collaborò in questi anni alla rivista *La cultura* con una serie di saggi sulla letteratura inglese e americana.

Per la sua opposizione al regime fascista, Pavese subì un periodo di confino a Brancaleone Calabro, in provincia di Reggio Calabria. Nei dieci mesi in cui visse a Brancaleone, Pavese fu particolarmente intento alla sua attività di traduttore e di narratore.

Il suo primo romanzo, *Paesi tuoi,* non ebbe molto successo; ma a esso seguirono altre opere narrative che lo imposero all'attenzione della critica e del pubblico. Prosatore tra i più nuovi del nostro tempo, Pavese morì suicida a Torino il 27 agosto 1950.

Le opere di **Pavese** sono tutte disponibili presso Einaudi: *La bella estate, La casa in collina e altri racconti, Il compagno, Dialoghi con Leucò, Feria d'agosto, Lavorare stanca, La letteratura americana e altri saggi, Lettere (1924-1944), Lettere (1945-1950), La luna e i falò, Il mestiere di vivere, Paesi tuoi, Poesie, Poesie del disamore, Prima che il gallo canti, Racconti, Racconti e romanzi, La Spiaggia, Vita attraverso le lettere.*

« Si parva licet » [1]

Cesare Pavese

Scena prima

(*È alto° mattino. Adamo, giovane aitante,° di gambe pelose° e petto largo. Esce dalla grotta° in fondo a destra e si china a raccogliere una manciata° di ciottoli.° Li getta a uno a uno con cura contro il tronco di una palma° a sinistra. Qualche volta sbaglia la mira.°*)

ADAMO: (*Dice a un tratto riscuotendosi*) Io vado a pescare.
LA VOCE DI EVA DALLA GROTTA: Vacci. Che bisogno hai di dirlo?
ADAMO: Il fatto è che non ho voglia di° andare a pescare.
LA VOCE DI EVA: Stupido.
ADAMO: (*Guarda intorno, con aria svagata°*) Questa la metto con tutte le altre, Eva.

(*Silenzio*)

Che cosa hai guadagnato quando m'hai detto stupido?

(*Silenzio*)

(*Fremente°*) Il fatto è che se continui a trattarmi in questo modo, un bel giorno me ne vado e non mi vedi più. Non si può dirti una parola, che tu scatti.° È un bisogno, no, che abbiamo, tutti e due, di parlare? Tu non sai quel che voglia dire essere solo. Non sei mai stata sola. E dimentichi troppo sovente° che sei stata fatta° per tenermi compagnia...
LA VOCE DI EVA: Sì, caro, ma perché dirmi che vai a pescare?
ADAMO: (*Si china a raccogliere ciottoli e storce° la bocca sorridendo*) Ho detto per dire,[2] Eva.

alto:	*late*
aitante:	*forte*
pelose:	*hairy*
grotta:	*cave*
una manciata:	*a handful*
ciottoli:	*pebbles*
una palma:	*un albero della palma*
la mira:	*the aim*
ho voglia di:	*voglio*
con aria svagata:	*absent-mindedly*
fremente:	*quivering*
tu scatti:	*tu ti arrabbi*
sovente:	*spesso*
fatta:	*creata*
storce:	*twists*

---

[1] si parva licet: l'espressione è tratta dalle *Georgiche* di Virgilio, (verso 176), "Si parva licet componere magnis": se è lecito paragonare le cose piccole alle grandi (*If one dares to compare the small* [parva] *with the great*)

[2] ho detto per dire: *I only said it to say something*

LA VOCE DI EVA: Sei più caro quando non dici per dire.
ADAMO: (*Scaglia° con rabbia° i ciottoli*) Ebbene, vado a
pescare.

scaglia: *throws*
con rabbia: *angrily*

(*Si sente una risatina di Eva. Adamo se ne va. Nella
radura° si diffonde la fresca calma del mattino. Passa
un capriolo° che saltella° e annusa° i petali di varie
piante, poi schizza via° a sinistra.
Rientra Adamo, con la solita aria e, ciondolato° un
po' a sinistra, si siede nel centro sopra un sasso, vol-
gendo le spalle al fondo. Parla guardando innanzi a sé.*)

radura: *clearing*
un capriolo: *a buck*
saltella: *hops*
annusa: *sniffs*
schizza via: *dashes off*
ciondolato: *having loafed*

Questa foresta è tutto Eva. Se potesse parlare, mi tratte-
rebbe come lei. Tronchi e tronchi, foglie e foglie,
angoli scuri che asciugano al sole, altri che non asciugano, piena di vita, piena di voci, ma di me, Adamo,
s'infischia.[3] È la verità. Mi dà l'ombra, mi dà il riparo,°
mi dà il cibo e l'aria buona, ma confidenza nessuna. Ah
Signore, Signore, mi domando se capisci che cosa vuol
dire esser solo.

il riparo: *shelter*

(*Eva si è fatta° sulla soglia° della grotta e il sole giallo la
illumina dai piedi fino al collo. È bruna e muscolosa, e
la faccia appare seminascosta dall'ombra e dai rametti
di convolvolo° che pendono sull'ingresso.° Adamo si
volta e la guarda, rasserenato.° Pausa.*)

si è fatta: è apparsa
soglia: *threshold*

convolvolo: *convolvulus*
sull'ingresso: sull'entrata
rasserenato: allegro di nuovo
orazioni: preghiere

EVA: Sono queste adesso le tue orazioni°?
ADAMO: Non pregavo, parlavo tra me.
EVA: (*Sospettosa*) Però chiedevi qualcosa al Signore.
ADAMO: Non oso più parlare al Signore. I suoi benefici
sono a doppio taglio.°

a doppio taglio: *double-edged*

EVA: (*Avanzando; porta dei fiori infilati nei capelli*)
Come sarebbe a dire?[4]
ADAMO: (*Con forzata gaiezza*) L'ultima volta che mi
sono lagnato° ch'ero solo, mi ha mandato te. (*Fa per ab-
bracciarla e sedersela sulle ginocchia.*)

lagnato: lamentato

EVA: (*Si scosta e dice seccamente*) Diventi volgare.
ADAMO: E tu impertinente.
EVA: Tutto perché al mattino non esco fuori come una
bestia dalla tana,° e mi pettino° invece di scrollarmi°
come fai tu.
ADAMO: Non hai da piacere che a me.[5]
EVA: Per quel che te ne intendi...!

tana: *den*
mi pettino: *I comb my hair*
scrollarmi: *to shake myself*

---

[3] di me s'infischia: non si cura di me
[4] come sarebbe a dire?: *what do you mean?*
[5] non hai da piacere che a me: *you don't have to be liked by anyone
    but me*

4

ADAMO: (*Con voce mutata°*) Oh Eva, perché non smettiamo° quest'ostilità che a me mi fa ammattire,° e a te serve a che cosa? Siamo soli a questo mondo e una mala parola nessuno ce la può risarcire.° Che bisogno abbiamo di maltrattarci a questo modo? Se ci fossero un'altra Eva o un altro Adamo, capirei.

EVA: Ci pensi troppo, a quest'altra Eva. Me ne parli sempre. (*Beffarda°*) Te l'ha forse promessa il Signore?

ADAMO: Sciocca.° Lo sai bene che siamo soli.

EVA: Un'altra Eva... Siamo soli... Capisco. Dimmi una cosa, unico uomo: se invece di me il Signore avesse creato un'altra Eva, con gli stessi capelli, con lo stesso corpo, con la stessa voce, tu l'avresti accettata come hai fatto di me? E ti vanteresti° di volerle lo stesso bene e faresti le stesse smorfie,° e andresti a pescare per lei, insomma sarebbe la tua Eva? Sì o no?

ADAMO: Come... un'altra come te? Con gli stessi capelli? Che si chiamasse Eva? Ma saresti tu.

EVA: Ecco. Sarei io. E poi ti lamenti. Buffone.°

ADAMO: Ma no, non hai capito. Se fosse un'altra, non saresti tu. Ma allora anch'io non sarei Adamo. (*Si ferma sorridendo.*) Sciocchezze, io sono Adamo e tu sei Eva.

EVA: (*Lo guarda commiserando°*) E se il Signore ne avesse fatte due di Eve e ti avesse dato la scelta, quale avresti scelto?

ADAMO: Due?... Non so... Ma te, certo... Due Eve?

EVA: E perché me?

ADAMO: Perché?... Così... Ma ragiona,° Eva...

EVA: Te lo dico io quel che avresti fatto: ci avresti prese tutte e due e costrette° a stare nella stessa grotta. E poi ti lamenti che non ti do confidenza. Ci mancherebbe altro. Tu non mi capisci e non mi meriti. Ti sono caduta addosso come una mela matura e hai creduto di raccogliermi senza fatica. E te la prendi ancora col Signore. Ma stai fresco.° E può star fresco anche il Signore, se crede che abbia bisogno di te, o di lui. (*Esce a sinistra, lasciando Adamo esterrefatto°.*)

ADAMO: (*Balza in piedi°*) Basta! Basta! Hai sentito, Signore? (*Tende l'orecchio.*)

(*Silenzio*)

Non ha sentito. Non sente mai. (*Si riabbandona sul sasso,⁶ col capo tra le mani.*)

---

mutata: cambiata
smettiamo: cessiamo
ammattire: diventare pazzo
risarcire: riparare

beffarda: *ironically*
sciocca: *fool*

ti vanteresti: *would you boast*
smorfie: *grimaces*

buffone: *clown*

commiserando: *pityingly*

ragiona: sii ragionevole

costrette: forzate

stai fresco: sei capitato male

esterrefatto: atterrito
balza in piedi: *jumps to his feet*

⁶ si riabbandona sul sasso: *he sits down on the rock again*

5

Scena seconda

(*Stessa scena. È sera. Adamo e l'Angelo del Signore passeggiano davanti alla grotta. L'Angelo è un bel giovane biondo dal corpo nebuloso e raggiante.*°)

ADAMO: (*Sommesso*°) Dirai dunque al Signore che così non posso continuare. È comodo° crearci per la Sua gloria e lasciarci negli imbrogli.° Ha dato a me, come a tutti gli animali, delle esigenze,° ne ha date più che agli animali, come un certo decoro da sostenere, una naturale delicatezza di sentimenti e una capacità di giudizio che vuole il suo sfogo° e il suo compenso° in una compagnia congeniale. Eva ha capito il mio bisogno e se ne serve per rendersi preziosa e togliermi ogni pace. Adesso sostiene anche che non l'apprezzo come si merita. E da stamattina non la vedo. Insomma...

L'ANGELO DEL SIGNORE: Riferirò,° Adamo, riferirò, e se qualcosa si potrà fare, sarà fatto. Ho però l'impressione che in cielo si propenda° a considerare i rapporti tuoi con Eva, un campo dove sarebbe indiscreto e inopportuno un intervento diretto. Non dimenticare, Adamo, che ti è stata conferita,° all'atto della creazione, una certa autorità sulla tua compagna. Quanto alla gelosia che Eva ti ha mostrato, puoi assicurarle che per ora è assolutamente esclusa la creazione di altri esseri. E dopo tutto (*la sua luce balena*°) questa gelosia dovrebbe anche un poco lusingarti.° Addio, Adamo.

(*Scalpiccìo*° *affrettato. Da sinistra piomba*° *di corsa Eva ansante, coi capelli scomposti*° *e il volto acceso.*°)

Addio, Adamo. (*Si spegne e scompare.*)

(*Penombra*)

ADAMO: Beato° chi ti vede, Eva.
EVA: Cosa dicevi all'Angelo? Perché quando arrivo, lui fugge?
ADAMO: Cose di questo Paradiso, Eva. E tu, perché non torni prima? Solo quando viene il buio° ti faccio comodo, vero?
EVA: Oh, Adamo, perché mi tratti così (*Si avanza*) Cerca di capire, Adamo. Non ti basta che stiamo insieme tutta la notte?
ADAMO: (*Freddo*) Ci stai perché hai paura del buio, ecco perché.
EVA: Non sei gentile, Adamo. (*Gli prende il braccio*) Te lo dirò, se da te non capisci. Mi allontano soltanto

Marginal glosses:
raggiante: *radiant*
sommesso: *subdued*
comodo: *convenient*
negli imbrogli: nelle difficoltà
esigenze: necessità
sfogo: *outlet*
compenso: *reward*
riferirò: dirò
si propenda: sia favorevole
conferita: data
balena: *flashes*
lusingarti: *flatter you*
scalpiccìo: *sound of footsteps*
piomba: arriva
scomposti: *in disorder*
acceso: *flushed*
beato: fortunato
il buio: la notte

perché, se mi vedessi continuamente, ti stancheresti di me. E non credere che non soffra a star lontana da te. (*Si stringe*°) Ma ho bisogno d'isolarmi qualche volta, per pensare a noi due e non tormentarti con la mia gelosia. Caro! Ti sei ricordato di Eva, oggi?

si stringe: si avvicina

(*Adamo l'abbraccia. Eva lo bacia e s'incamminano allacciati° verso la grotta.*)

allacciati: enlaced

Che cosa dicevi all'Angelo?

(**Entrano nella grotta. La notte è calata.° Cominciano a brulicare° nel buio le lucciole.°**)

è calata: has fallen
brulicare: to swarm
le lucciole: the fireflies

LA VOCE DI ADAMO: Gli chiedevo se mi vuoi bene.
LA VOCE DI EVA: Sciocco. Non lo sai da te?
LA VOCE DI ADAMO: Qualche volta me ne fai dubitare.
LA VOCE DI EVA: E anche adesso ne dubiti?
LA VOCE DI ADAMO: No.

(*Il chiarore° della luna si diffonde nella radura. Silenzio.*)

il chiarore: the brightness

LA VOCE DI EVA: Guarda! C'è la luna. Usciamo.
LA VOCE DI ADAMO: (*Supplichevole°*) Eva, restiamo nella grotta.

supplichevole: begging

EVA: (*Comparendo sulla soglia*) Vieni, vieni, usciamo.
ADAMO: (*Che le tiene un braccio*) Restiamo qui.
EVA: (*Divincolandosi°*) Guarda com'è bello! Vuoi sempre parlare: su, parla, adesso: che bisogno avevi di raccontare i fatti nostri all'Angelo. Perché fai queste cose? Non mi vuoi proprio nessun bene. Io di te mi fidavo.

divincolandosi: struggling

ADAMO: Ma no, si discorreva,° e poi sai bene che l'Angelo ha tutt'altro da pensare. Gli chiedevo se sapeva dov'eri, ecco.

si discorreva: si discuteva

EVA: (*Scontrosa°*) Oh Adamo, chi sa che cosa gli hai detto. E chi sa che cos'ha risposto quel ficcanaso,° tutto luce e nient'altro. Perché t'immischi° con quegli esseri che non hanno nemmeno una mano in carne e ossa da tenderti°? Vanno, vengono, non si sa dove stanno —che orrore— magari qualcuno è qui che ci ascolta.

scontrosa: ill-tempered
ficcanaso: nosy person
t'immischi: do you get involved

tenderti: darti

ADAMO: Ma Eva! Lo sai che li manda il Signore soltanto per farci del bene.
EVA: E che cosa gli hai detto?
ADAMO: Ma nulla. E tu dove sei stata tutto il giorno? Mi hai fatto soffrire, sai.
EVA: Sediamoci.

(*Si siedono sulla soglia.*)

Ho pensato molto a noi due. Ho camminato tutta la mattina e sono entrata nel bosco del Signore, dove ho veduto le Sue piante. Ma sai che ho ribrezzo° dei serpenti, e là ce n'è di tutte le qualità, che salgono e scendono per i tronchi, e mi è venuta l'idea —forse mi sbaglio, Adamo,— che il Signore li abbia messi a far la guardia. Perché? Non può essere che per me, a te non fanno ribrezzo. Vuol dire che il Signore non si fida di me. Perché? Non mi vanno affatto queste cose, Adamo. O siamo i Suoi diletti,° e allora perché i serpenti? O non lo siamo, e allora perché tante belle parole?

ribrezzo: orrore

diletti: preferiti

ADAMO: (*Spaventato*) Ricordati che il Signore ci può ascoltare.

EVA: (*Spazientita°*) Ma dunque! La guardia dei serpenti, gli Angeli che ficcano il naso, Lui stesso che ci sta a spiare: che motivo gli abbiamo dato?

spazientita: losing her patience

ADAMO: Ma è perché ci vuol bene, Eva.

EVA: Vorrei vedere se tu, perché mi vuoi bene, spingessi° la gelosia a questo punto.

spingessi: would push

ADAMO: Anche tu, Eva, sei gelosa di me.

EVA: Sciocco, prima di tutto non è la stessa cosa, e poi (*seria*) lo faccio anche un po' per passatempo° e per occuparci la giornata. Ma...

passatempo: hobby

ADAMO: Lo fai per passatempo!

EVA: (*Convinta*) Si capisce.° Mi sentiresti, se ci fosse davvero l'altra Eva.

si capisce: naturalmente

ADAMO: Ah!... (*Riprendendosi°*) E allora fa' conto° che il Signore ci spii e ci tratti gelosamente, tutto per occupare la giornata e per distrarsi.

riprendendosi: recovering
fa' conto: pretend

EVA: (*Col mento sul pugno*) Per essere il Signore, sarebbe un po' stupido. Ma perché proprio l'Albero e i serpenti?

ADAMO: Quanto tempo, Eva, che non chiacchieravamo più così insieme.

EVA: (*c. s.*)[7] Adamo! Perché non possiamo toccare proprio quell'albero? Quei bei frutti maturi? E se non possiamo, perché li ha fatti?

ADAMO: Vedi, Eva. (*Si guarda attorno furtivo*) Io credo che siano frutti come tutti gli altri, ma che il Signore ci abbia proibito di toccarli per rendere più interessanti le nostre giornate. Sono come le regole che abbiamo inventato per il nostro gioco dei sassolini.° Se le togli, dov'è più il gioco? Stai certa, il Signore ci vuol bene, altrimenti non ci avrebbe nemmeno creati.

sassolini: pebbles

---

7 c.s.: come sopra; cioè, col mento sul pugno

EVA: (*Sempre assorta°*) Mi sembra stupido.

ADAMO: Eppure vedi che anche stasera questa proibizione ha servito a ravvicinarci e farci discorrere un poco.

EVA: Ti dico che mi sembra stupido.

assorta: *absorbed in thought*

Scena terza

(*Stessa scena. Meriggio° sonnolento. Adamo è disteso° davanti alla grotta e segue con gli occhi due farfalle° che passano.*)

meriggio: pomeriggio
disteso: *stretched out*
farfalle: *butterflies*

ADAMO: Se gli Angeli del Signore, fossero un po' meno angeli! Ha ragione Eva: tutto luce e niente sostanza. Ma con chi, domando, con chi deve passare il tempo un disgraziato°? Eva non è della mia razza: a lei starsene in giro da sola, fa bene. Si direbbe che piante e animali con lei se la intendano.° Si ficca° i fiori nei capelli, corre dietro ai caprioli, è capace di salire su un albero per strappare le penne della coda a un pappagallo.° Bambinate°... Ma intanto passa la giornata. E perché poi adesso è sempre via, e torna solo alla sera? Fa presto l'Angelo a dire[8] che io sono il re di questo regno. Il fatto è che non ho a chi comandare. A queste farfalle? Sto fresco, come dice Eva. (*Si alza in piedi*) Ma io divento matto, se continuo a parlare così da solo. Venisse presto la sera! Per conto mio° potrebbe essere sempre notte. Vedere tutto così chiaro, così vivo, le bestie che se la spassano,° le acque che corrono, le foglie che dondolano,° mi fa rabbia.

un disgraziato: *a miserable man*
se la intendano: si capiscano
si ficca: si mette
un pappagallo: *a parrot*
bambinate: azioni da bambini

per conto mio: per me

se la spassano: si divertono
dondolano: *swing*

(*Si leva un gran vento che fa barcollare° Adamo. Il bosco muggisce.° Trasvolano foglie e uccelli variopinti,° e in distanza echeggiano colpi di tuono.°*)

Che succede? Ho forse bestemmiato? Ah Signore, come sei permaloso°!

barcollare: *to stagger*
muggisce: *bellows*
variopinti: di molti colori
tuono: *thunder*
permaloso: irritabile

(*Schianti° e calpestii° nel bosco. Altre raffiche.° Passa a volo, balenando, un Angelo.*)

Che succede? Dove voli? Ti manda il Signore? Mi umilio, mi umilio!

schianti: *crashes*
calpestii: *tramples*
raffiche: *gusts*

L'ANGELO: È accaduta una cosa terribile. Eva...

ADAMO: Eh!

L'ANGELO: La notizia non è ancora confermata. È troppo orribile. Eva ha mangiato del frutto dell'Albero del Signore.

---

[8] fa presto l'Angelo a dire: *it's easy for the Angel to say*

ADAMO: No!

L'ANGELO: Così mi auguro° anch'io. Ma è stato visto mi auguro: spero
Satana saltare fuori dal Paradiso ululando° di gioia. Da ululando: gridando
tempo era segnalata la sua presenza quaggiù. (*Scompare a destra*) Oh sventurati° uomini! sventurati: sfortunati

(*Continua la bufera° che ora piove anche una livida* la bufera: la tempesta
luce dal cielo. Passano caprioli, tigri, conigli,° in conigli: rabbits
rotta.°) in rotta: in great confusion

ADAMO: Possibile? Eva, Eva! Dove sarà adesso? Eppure,
i discorsi che faceva! È dunque vero? Oh Eva, che hai
fatto!

(*Entra da sinistra Eva affannata e precipitosa. Cerca*
con gli occhi.)

EVA: Oh Adamo, dove sei? L'ho fatto per te. Dove sei?
Proteggimi. (*Gli corre tra le braccia.*)
ADAMO: È dunque vero? Disgraziata°! disgraziata: wretched woman

(*Eva gli singhiozza° sul petto. Nel pugno sinistro* singhiozza: sobs
stringe° una mela.) stringe: ha

Che dirà adesso il Signore? Perché hai fatto questo?
EVA: (*Tra i singhiozzi*) C'era un serpente che parlava.
L'ho tanto pregato di venire alla grotta perché ci tenesse compagnia. Faceva dei discorsi così belli. Era così
spiritoso.° Pensavo: Come si divertirà Adamo, lui che spiritoso: witty
vuole sempre discorrere. Come mi sarà riconoscente e
mi vorrà bene.
ADAMO: Ma non ti facevano ribrezzo i serpenti una
volta?
EVA: Non era un serpente come gli altri. Parlava. Se tu
avessi sentito. Sapeva tutto. Su tutto diceva la sua.° Mi la sua: = la sua opinione
spiegò che davvero la proibizione dell'Albero è un semplice gioco di quel vecchio testardo° che anche lui non testardo: ostinato
sa come fare a divertirsi e crea gli esseri a Suo piacere...
Proprio come dicevi tu.
ADAMO: Ma io dicevo per dire!
EVA: Mi spiegò che bastava rompere la regola per fargli
capire che cambiasse gioco. Anche noi abbiamo dei diritti e valiamo un po' più che una partita di sassolini.
(*Si ferma*) Allora ho mangiato il pomo.° (*Tende° la* il pomo: la mela
mano) tende: dà
ADAMO: Disgraziata! E se il Signore ti scaccia°? ti scaccia: ti manda via
EVA: Il serpente diceva che il mondo è grande.
ADAMO: E io resterò solo! Non hai pensato che ti volevo bene?

EVA: Ma, Adamo, se mi vuoi davvero bene, hai un modo
per provarmelo...

(*Pausa*)

ADAMO: **Da' qua.** (*Addenta° la mela*)   addenta: morde

(*Eva gli salta al collo.*[9])

LA VOCE DEL SIGNORE: (*Nella bufera*) Adamo, dove sei?

Da *Racconti*
Milano, Giulio Einaudi Editore

Esercizi

I.   Rispondi oralmente o per iscritto.

A.   1. Descrivi Adamo.
     2. "Se continui a trattarmi in questo modo, un bel giorno me ne vado."
        Perché Adamo minaccia di andarsene?
     3. Perché Adamo paragona la foresta con Eva?
     4. Secondo Adamo, perché i benefici del Signore sono a doppio taglio?
     5. Eva è gelosa. Come dimostra questa sua gelosia?
     6. "Riferirò, Adamo, riferirò." Cosa riferirà l'Angelo al Signore?
     7. Perché si considera indiscreto e inopportuno un intervento nei
        rapporti di Adamo ed Eva?
     8. Quale spiegazione offre Eva ad Adamo per la sua assenza?
     9. Perché è scontrosa Eva?
    10. Perché si spazientisce Eva?
    11. Come passa il tempo Eva?
    12. "Mi sembra stupido." Che cosa sembra stupido a Eva?
    13. Secondo Adamo, come passa la giornata Eva?
    14. Perché Adamo non può considerarsi re?
    15. "La notizia non è ancora confermata." Di che notizia si tratta?
    16. Come reagisce Satana?
    17. Perché Eva ha fatto una simile azione?
    18. Quale ne sarà il risultato?
    19. Come potrà dimostrare Adamo il suo amore per Eva?

---

[9] gli salta al collo: *throws her arms around his neck*

B. 1. Che titolo italiano daresti a questa commedia?
    2. Di chi sei geloso (-a)? Perché?
    3. Come dimostri il tuo affetto verso
       (i) i tuoi genitori
       (ii) tuo fratello
       (iii) tua sorella
       (iv) altri parenti?

II. Da ogni riga cancella le lettere formanti il vocabolo a cui corrisponde il sinonimo o la definizione. Le lettere rimaste daranno un proverbio il cui significato è "Tutto è sottoposto alla Provvidenza divina."

    1. lamentarsi   1. l n a g o n a n r s c i
    2. fortunato   2. a b d e e f a o t g o l i
    3. irritabile   3. a p c e h r m e a l o d s i o
    4. sperare   4. a o n u g u o r a n r v s i
    5. di molti colori   5. o v a g r i l o i p i n a t i

Proverbio: _____ .

III. Amanti celebri

    Ecco alcuni nomi di amanti celebri tratti dalla vita reale, dalla lettera-tura, dal mondo operistico. Accoppia il nome dell'uomo menzionato nella colonna A con quello della donna della colonna B. Identifica breve-mente tre delle dieci coppie.

    Colonna A   *Colonna B*
     1. Dante   a. Tosca
     2. Petrarca   b. Francesca
     3. Boccaccio   c. Lucia
     4. Romeo   d. Angelica
     5. Renzo   e. Laura
     6. Paolo   f. Vittoria Colonna
     7. Orlando   g. Santuzza
     8. Turiddu   h. Giulietta
     9. Michelangelo   i. Beatrice
    10. Mario Cavaradossi j. Fiammetta

IV. Parliamone insieme...

    Esprimi un tuo giudizio circa il significato storico-sociale espresso nelle citazioni seguenti tratte dal testo.
    1. "E dimentichi troppo sovente che sei stata fatta per tenermi compagnia."
    2. "Non dimenticare, Adamo, che ti è stata conferita, all'atto della creazione, una certa autorità sulla tua compagna."
    3. "Mi allontano solamente perché, se mi vedessi continuamente, ti stancheresti di me."

12

La Lombardia

Superficie: 23.850 km² (terza regione italiana per estensione)
Confini: a nord con la Svizzera, a est con il Trentino-Alto Adige e il Veneto, a sud con l'Emilia-Romagna, a ovest con il Piemonte
Province: (9) Bergamo, Brescia, Como, Cremona, Mantova, Milano, Pavia, Sondrio, Varese
Capoluogo: Milano
Dopo aver consultato una carta geografica dell'Italia, traccia una cartina della Lombardia indicando le nove province/città.

Carlo Manzoni

Nato a Milano nel 1909, Manzoni è fra i più noti umoristi italiani. Divenne famoso negli anni trenta allorché diede vita al *Bertoldo* assieme a Giovannino Guareschi, Giovanni Mosca e altri umoristi. Dopo la guerra, collaborò a *Candido*, settimanale fondato da Guareschi, per il quale creò l'indimenticabile figura del signor Veneranda. Smise di scrivere le "avventure" del signor Veneranda quando Guareschi lasciò *Candido*. Morto Guareschi, continuò la sua collaborazione al *Candido*, ora sotto la condirezione di Giorgio Pisanò e Gianguglielmo Rebora. Manzoni si spense nella sua città natale nel maggio del 1975.

Giorgio Pisanò lo ricorda così: "Era venuto con noi quando, morto Guareschi, il proposito di fare rivivere il *Candido* poteva sembrare follia. E si era messo subito al lavoro con l'accanimento, l'umiltà, l'entusiasmo di sempre. Era il più anziano della redazione. Ma era rimasto giovane nello spirito. È rimasto giovane fino alla morte. Nemmeno la malattia che ormai da due anni lo tormentava era riuscita a fiaccarlo. I suoi pezzi, le sue vignette erano sempre giunti puntuali, anche quando, di tanto in tanto, era costretto a non muoversi da casa."

Della numerosa produzione di Manzoni, ricordiamo: *Brava gente, L'avventura di Pietro Pomice, Noi sfollati, Il signor Veneranda, È sempre festa, Il signor Brambilla e dintorni, Io, quella la faccio a fette, Un colpo di testa e sei più bella, angelo, Che pioggia di sberle, bambola, Ti svito le tonsille, piccola!, Ti faccio un occhio nero e un occhio blu, Ti spacco il muso, bimba.*

Tra le opere di Manzoni tuttora disponibili, citiamo: (presso Bietti) *Con un bacio di brucio, Il conte nel baule, L'Itaglia, porca miseria!, Ma dico, siamo matti?;* (presso Rizzoli) *Gli anni verdi del Bertoldo, Che pioggia di sberle, bambola!, Chico Pipa spara tre volta, Pancia da schiaffi, Pronti per l'appollaggio, Ti faccio un occhio nero e un occhio blu, Ti spacco il muso bimba, Ti stiro i connotati, tesoro!, Ti svito le tonsille, piccola!, Un calcio di rigor sul tuo bel muso, Un colpo di testa e sei più bella, angelo!*

Il mistero dell'interruttore

Carlo Manzoni

In tutti gli alberghi dove andiamo io e il mio compagno di viaggio,° la cameriera apre la porta e ci fa entrare in una bellissima camera.

Chiude le finestre, poi: «Questo è il lavabo,° questo è il bagno,° il camerino° è di qua...», dice, e dopo essersi assicurata che non manca niente, ci augura la buona notte e se ne va.

Restiamo soli nella bellissima camera dalle pareti tappezzate di stoffa,° dal soffitto° decorato, dai tappeti° alti due dita. Apriamo pian piano la porta e guardiamo nel corridoio semibuio. Tutto è silenzio, nel grande albergo. Gli ospiti° dormono, oramai, e si vedono le paia di scarpe allineate fuori delle porte.

Un enorme lampadario° centrale illumina sfarzosamente° la grande camera da letto.

Ci spogliamo° e ci infiliamo° nel letto, finalmente. Stanchi e assonnati,° abbiamo tanto bisogno di riposo. E allora comincia il dramma.

«Spegni° la luce», dice Giovannino.[1]

Allungo un braccio e afferro° l'interruttore a pera[2] che pende dalla spalliera° del letto. Premo° un bottoncino e si sente un lontano trillo° di campanello.°

«Non hai spento la luce», dice Giovannino.

Mi sembra d'averla spenta, e invece la luce è ancora accesa.

«Sei già addormentato», dice Giovannino e allunga un braccio, afferra l'interruttore a pera e si sente un lontano suono di campanello.

«Abbiamo suonato il campanello», dico. «È chiaro che abbiamo suonato il campanello invece di spegnere la luce. Infatti la luce è ancora accesa».

Si sente bussare° alla porta e una voce addormentata ci domanda se abbiamo bisogno di qualche cosa.

compagno di viaggio: *travelling companion*

il lavabo: *the wash-basin*
il bagno: *the bathroom*
il camerino: *the toilet*

tappezzate di stoffa: *tapestried*
soffitto: *ceiling*
tappeti: *rugs*
gli ospiti: *the guests*

lampadario: *chandelier*
sfarzosamente: sontuosamente
ci spogliamo: *we undress*
ci infiliamo: *we slip*
assonnati: pieni di sonno
spegni: *turn off*
afferro: prendo
spalliera: *head (of a bed)*
premo: *I push*
trillo: suono
campanello: *bell*

bussare: *knocking*

---

[1] Giovannino: è Giovannino Guareschi, fondatore di *Candido* e autore di *Don Camillo e il suo gregge,* ecc. Vedi un suo racconto in questa antologia.
[2] l'interruttore a pera: *a pear-shaped light-switch*

«Ci siamo sbagliati», dico, poi ci mettiamo a sedere sul letto e guardiamo gli interruttori a pera.

«Qual è l'interruttore che abbiamo schiacciato° prima?», domando.

«Non lo so», dice Giovannino, «non ho guardato e sono tutti e due grandi uguali solamente che uno è giallo e l'altro blu».

«Quello del campanello dev'essere questo col filo° più sottile°», dico.

«Non vuol dire niente il filo sottile», dice Giovannino, «ho visto campanelli col filo grosso un dito. Dobbiamo provare?».

«E se poi facciamo correre ancora la cameriera?».

«Questo è vero», dice Giovannino. «Allora è meglio alzarsi e spegnere la luce con l'interrutore vicino alla porta».

Mi alzo. Vicino alla porta vi sono due interruttori a pulsante.[3] Premo quello più in alto e si sente un lontano suono di campanello.

«Accidenti!°», dice Giovannino, «prova l'altro».

Premo l'interruttore più basso e si accendono altre lampade° supplementari nel grande lampadario centrale, torno a premere e le lampade supplementari si spengono, poi le riaccendo e dico alla cameriera accorsa alla porta, che ci siamo sbagliati, di scusarci tanto. Spengo ancora le lampade supplementari.

Adesso anche Giovannino scende dal letto e viene ad aiutarmi ad esplorare le pareti della camera.

Giovannino trova un interruttore vicino alla finestra e lo gira. Si spegne la luce centrale ma si accendono quattro luci azzurre° sopra la spalliera del letto e sui comodini.°

Giovannino manovra l'interruttore una decina di volte accendendo e spegnendo continuamente.

«Sembra che stiamo facendo segnalazioni luminose», dico, «sarà meglio smettere».

Abbandoniamo l'interruttore delle luci azzurre ma continuiamo le ricerche spostandoci° fino al corridoio.

Contro lo stipite° della porta della nostra camera, c'è un interruttore.

«Forse ci siamo», dico. Lo faccio scattare[4] e in fondo al corridoio, proprio dove questo volta, si accende una

---

[3] interruttori a pulsanti: *push-button light-switches*
[4] lo faccio scattare: *I turn it (i.e., the light-switch) on*

16

lampada fortissima.° La spegnamo[5] subito poi torniamo in camera e ci orientiamo dalla parte del bagno.[6]

Schiacciamo° un paio di bottoni e facciamo correre l'acqua del water° e quella della doccia.°

«Riproviamo uno dei due interruttori sopra il letto», dice Giovannino, «vuol dire che se si spegne la luce siamo a posto, se invece suona il campanello domanderemo alla cameriera dove si trova questo maledetto° interruttore».

Infatti facciamo così.

Si sente un trillo lontano e poi una donna che urla.° Ci guardiamo in faccia.

«Questa volta non viene», dico, «ma oramai se quello che hai schiacciato ora è il campanello, l'altro sarà l'interruttore della luce».

«È vero», dice Giovannino, «schiaccia l'altro pulsante».

Schiaccio l'altro pulsante e si accendono le quattro luci azzurre e tutte le lampade supplementari del lampadario centrale.

Ci stendiamo° di nuovo sotto le coperte perché abbiamo capito che non c'è niente da fare: cerchiamo di addormentarci con la luce centrale accesa.

Siamo tanto stanchi!

Mi addormento e un gran colpo mi sveglia circa un'ora dopo. È buio nella camera e sento Giovannino che manda un profondo sospiro° e si volta nel letto.

«Domattina sta' attento se cammini a piedi nudi!», dice, «ci sono pezzetti° di vetro° sul pavimento».

«Cosa è successo?», domando.

«La mia scarpa dev'essere nell'angolo in fondo a destra», dice Giovannino, poi comincia subito a russare.°

Da *È sempre festa*
Milano, Rizzoli Editore

---

fortissima: molto forte

schiacciamo: *we press*
water: [inglese] *lavatory*
doccia: *shower*

maledetto: *damned*

urla: grida

ci stendiamo: *we stretch out*

sospiro: *sigh*

pezzetti: piccoli pezzi
vetro: *glass*

russare: *to snore*

---

[5] spegnamo: la forma più comune è "spegniamo"
[6] ci orientiamo dalla parte del bagno: andiamo verso il bagno

Esercizi

I. Rispondi oralmente o per iscritto.

A. 1. Qual è il compito della cameriera?
   2. Descrivi la camera.
   3. "Spegni la luce." Qual è il risultato di questo suggerimento?
   4. Come cerca di risolvere la situazione Giovannino? Che ne risulta?
   5. Perché non si può identificare il campanello dal filo?
   6. Cosa decidono di fare i due uomini? Che ne risulta?
   7. Perché accorre la cameriera? Che spiegazione le dà Manzoni?
   8. "Giovannino trova un interruttore vicino alla porta e lo gira." Che risultati ha l'azione di Giovannino?
   9. Perché Manzoni e Guareschi vanno al bagno?
   10. Cosa chiederanno alla cameriera?
   11. Perché non viene la cameriera?
   12. Com'è riuscito finalmente a spegnere la luce Giovannino?

B. 1. Se tu ti fossi trovato nella situazione di Guareschi e Manzoni, cosa avresti fatto?
   2. A tuo parere, cosa dirà ai due uomini il direttore dell'albergo la mattina dopo?

II. Ecco dieci espressioni con la parola *luce*. Trova nella colonna B il significato dell'espressione elencata nella colonna A.

Colonna A	Colonna B
1. mettere nella giusta luce	a. apertamente, senza sotterfugi, pubblicamente
2. metter in buona luce	b. illuminare
3. mettere in cattiva luce	c. mostrare con obiettività
4. mettere in luce	d. spiegare fatti oscuri o incomprensibili
5. alla luce del sole	e. mostrare i difetti di qualcuno
6. è chiaro come la luce del sole	f. essere illuminato da luce diretta
7. fare luce su qualche cosa	g. mostrare i pregi di qualcuno
8. essere la luce degli occhi di qualcuno	h. è molto evidente
9. dare luce	i. svelare
10. essere in piena luce	j. essere molto caro a qualcuno

III. Usa *quattro* delle suddette espressioni in una frase che ne dimostri chiaramente il significato.

IV. Parliamone insieme...
   1. L'umorismo ne "Il mistero dell'interruttore"

V. Ricapitoliamo...
   Riassumi brevemente l'esperienza di Manzoni e di Guareschi all'albergo.

La Liguria

Superficie: 5.413 km² (terz'ultima regione d'Italia per estensione)
Confini: a nord-ovest con il Piemonte, a nord-est con l'Emilia-Romagna, a sud-ovest con la Francia, a sud-est con la Toscana, a sud è bagnata dal Mar Ligure
Province: (4) Genova, Imperia, La Spezia, Savona
Capoluogo: Genova
Dopo aver consultato una carta geografica dell'Italia, traccia una cartina della Liguria indicando le quattro province/città.

Eugenio Montale

Poeta e critico, Eugenio Montale nasce a Genova il 12 ottobre 1896 e trascorre l'infanzia e l'adolescenza nella città natale e a Monterosso, in provincia della Spezia. Interrompe gli studi universitari in lettere per la chiamata alle armi durante la prima guerra mondiale (fu ufficiale di fanteria) e inizia l'attività di cantante lirico. Nel 1921 fonda a Torino la rivista *Primo tempo.* Nel 1927 si trasferisce a Firenze prima come impiegato in una casa editrice e poi come direttore del "Gabinetto Viesseux." Nel 1948 si sposta a Milano dove assume l'incarico della critica musicale presso il *Corriere d'informazione,* collaborando altresì alla terza pagina del *Corriere della sera.* Nel 1962 vince il premio Feltrinelli dell'Accademia dei Lincei e nel 1966, in occasione del suo settantesimo compleanno, viene nominato senatore a vita. Gli è stato conferito il premio Nobel per la letteratura nel 1975.

Montale s'impone all'attenzione della critica nel 1925 con il suo primo libro di poesie, *Ossi di seppia.* A questo volume seguono *La casa dei doganieri* (1932), *Le occasioni* (1939), *Finisterre* (1943) *La bufera e altro* (1956), *Satura* (1971). Conosciuto più come poeta che come prosatore, Montale è anche autore di *Farfalla di Dinard* (1976) da cui è tratto "I nemici

del signor Fuchs" e dell'interessantissimo volume di saggistica intitolato
Auto da fè (1966).

Tra le opere di Montale disponibili segnaliamo: (presso Mondadori) *La bufera e altro, Diario del 71 e 72, Farfalla di Dinard, Le occasioni (1928-1939), Ossi di seppia, Quaderno di traduzioni, Satura;* (presso Ricciardi) *Fuori di casa;* (presso Rizzoli) *Nel nostro tempo;* (presso Il Saggiatore) *Auto da fè;* (presso Scheiwiller) *Pastelli e disegni, La poesia non esiste, Seconda maniera di Marmeladov.*

I nemici del signor Fuchs

Eugenio Montale

Per molto tempo fui impressionato° dai nemici del signor Fuchs.[1] Non li conoscevo ma lui me ne parlava spesso: nemici altolocati,[2] potenti, nemici oscuri, umilissimi, uomini e donne, come potevano odiare quel monumento di rispettabilità, quel mostro° di erudizione, quel disinteressato chierico° dello snobismo[3] che è il signor Fuchs? Alto, magro, poveramente vestito, coi lunghi baffi° gialli spioventi° sulla bocca ingorda,° il signor Fuchs, uomo multilingue, di età e di provenienza° egualmente inafferrabili,° è molto noto, negli ambienti° mondani° e intellettuali, in Italia e altrove. Squattrinato° come tutti i veri poeti (e tale lo si considera anche se egli non scriva versi) la sua principale professione è quella di Ospite: ospite ospitato, s'intende,° non ospitante.[4] Cerca famiglie ricche e possibilmente nobili che mettano a sua disposizione una camera e due pasti° quotidiani° in un castello sulla Loira,[5] in una torre nei Vosgi,[6] in una villa di San Sebastiano,[7] e alla peggio° in un appartamentino di Firenze,[8] di Venezia,[9] di Milano.[10] Cerca e trova, o meglio trovava; ma dopo due grandi guerre i ricchi hanno ceduto i loro castelli allo Stato° e la pratica del mecenatismo° si fa sempre più rara. Accade così che anche Fuchs, l'uomo ricercatissimo,° debba talvolta allogarsi° in alberghi di quart'ordine° attendendo egli stesso a cucinarsi i suoi pasti su un piccolo fornello a

impressionato: *impressed*

mostro: *monster*

chierico: uomo di studi

baffi: *moustache*

spioventi: *drooping*

ingorda: *greedy*

provenienza: origine

inafferrabili: *elusive*

ambienti: *circles*

mondani: *worldly*

squattrinato: senza denaro

s'intende: si capisce

pasti: *meals*

quotidiani: ogni giorno

alla peggio: *at the worst*

allo Stato: al governo

mecenatismo: *patronage*

ricercatissimo: apprezzatissimo

allogarsi: *to find a place*

di quart'ordine: scadentissimo

---

[1] Fuchs: cognome tedesco; significa "volpe"

[2] altolocati: che occupano un'alta posizione sociale

[3] snobismo: *snobbery, affectation*. Snob è probabilmente un'abbreviazione del latino *sine nobilitate*, "senza nobiltà," persona che assume atteggiamenti attribuiti a ceti superiori.

[4] ospite: *guest;* ospitato: *hosted;* ospitante: *offering his hospitality.* Nota le varie parole dalla stessa radice. L'umorismo nasce dal fatto che "ospite" può significare *host* quanto *guest.*

[5] Loira: è il fiume più lungo della Francia (km 1.010)

[6] Vosgi: catena montuosa di 250 km che divide l'Alsazia dalla Lorena (in Francia)

[7] San Sebastiano: città della Spagna, una volta residenza estiva della famiglia spagnola. Qui si vuol indicare un luogo prestigioso e di gran lusso.

[8] Firenze: capoluogo della Toscana

[9] Venezia: capoluogo del Veneto

[10] Milano: capoluogo della Lombardia

spirito.[11] Un suo pasto è sempre un *quatuor*, un quartetto (Fuchs si esprime di solito in francese); per esempio, una braciolina,° due barbe rosse bollite,[12] un pezzetto di formaggio e una pera, un pasto che a voi e a me sembrerebbe di ordinaria amministrazione, diventa per lui una musica degna° di Mozart. E non passa giorno ch'egli non riveli agli amici le componenti del quartetto di turno. Perché Fuchs ha anche, oltre ai nemici, molti amici che non potendo invitarlo in villa lo invitano tuttavia in città e gli offrono pranzi migliori dei suoi, benché non rispettosi della regola del quattro. Egli è maestro nell'arte di far credere che chi lo invita fa un grande, un enorme onore a se stesso. In questa trappola cadono tutti e ci caddi anch'io. Per qualche mese fui suo amico e lo invitai più di una volta, a casa o al ristorante, sedotto° dal suo spirito e dal brio° della sua conversazione. Poi un giorno la nostra amicizia finì in modo quasi tragico ed io scopersi il mistero che tanto mi appassionava.

Era un inverno freddo, a Firenze, poco dopo la liberazione.[13] Non si trovava carbone oppure (non ricordo) i miei condomini non potevano pagarselo. Fatto sta che io mi riscaldavo con una stufa° elettrica a quattro spirali ("elementi") che si accendevano a due per volta.

Stavo pranzando con Fuchs quand'egli mostrò una certa insofferenza per l'eccessivo calore. Mi alzai e spensi i due elementi ch'egli giudicava superflui. Poco dopo Fuchs levò i baffi dal cosciotto° d'agnello° (miracolo della borsa nera°) ch'egli stava addentando per dirmi che si gelava.° Balzai in piedi con molte scuse e si tornò al fuoco delle quattro spirali. Non passò un minuto che il signor Fuchs emise° l'opinione che tre e non due e non quattro elementi avrebbero creato il clima più idoneo° alla conversazione. « Mi duole° » gli dissi « di non poterla favorire° in questo ma la mia stufa marcia° a due o a quattro passi e non ne posseggo° altra. »

Parlammo ancora, alzandomi io di tanto in tanto per aprire o chiudere le due chiavi° ma appariva evidente che il signor Fuchs era imbronciato° e poco si fidava delle mie qualità di fuochista.° Infine si alzò egli stesso,

una braciolina: *small chop (meat)*

degna: *worthy*

sedotto: attratto
brio: vivacità

una stufa: *heater*

cosciotto: *leg*
agnello: *lamb*
la borsa nera: *the black market*
si gelava: *it was freezing*
emise: espresse

idoneo: adatto
mi duole: mi dispiace
favorire: *oblige*
marcia: funziona
posseggo: ho
chiavi: *keys*
imbronciato: offeso
fuochista: *stoker*

---

[11] fornello a spirito: *spirit stove (a stove which is fueled with alcohol or other volatile fluid)*

[12] barbe rosse bollite: *boiled red roots of the madder plant*

[13] poco dopo la liberazione: cioè dopo che gli alleati liberarono l'Italia dai Tedeschi (durante la Seconda Guerra Mondiale)

si curvò sulla stufa, armeggiò° a lungo, girando e rigirando le chiavi da ogni parte; finché la stufa si spense definitivamente con un lungo sfrigolìo.°

«A quanto pare le ho rotto la stufa» disse alzando i mustacchi dalle spirali ancora calde.

«Speriamo di no» dissi «ma in ogni modo la cosa non ha importanza. Finiremo la nostra conversazione in un caffè meglio riscaldato.»

Parve terribilmente incollerito.° «I casi sono due» disse. «O l'ho rotta io o non è affatto rotta e lei dovrebbe accertarsene e rimetterla in marcia.° Non sa farlo?» (Feci una prova o due senza alcun risultato.) «Vede: vuol dire che la stufa è guasta e che l'ho rotta io.»

«Non si dia pena» dissi «sarà saltata una valvola.° Qualche volta è accaduto anche a me.»

«Come sarebbe a dire?» fece il signor Fuchs. «Anche a lei? Sicché lei afferma che stavolta l'ho rotta io.»

«Io non affermo nulla, signor Fuchs» dissi. «La stufa non funziona più, ammettiamo che sia colpa mia, com'è effettivamente perché non mi sono provveduto di una stufa migliore di questa. Il danno è minimo e fin da domani sarà riparato.»

«Lei complica le cose pretendendosi° colpevole ma in realtà afferma che il colpevole sono io. Ammetterà che la parola colpa è eccessiva.»

«Lo ammetto e me ne scuso, ma parlavo di me, non di lei.»

«Finché la cosa non è chiarita la parola colpisce anche me. Sono entrato come invitato° ed esco come un colpevole. Vorrà convenire° che la decadenza° del costume è veramente irreparabile.° Quando ruppi la specchiera° della principessa di Thurn und Taxis ella licenziò° il cameriere e lo specchio fu sostituito immediatamente. E allora ero colpevole, oggi la questione è *sub judice*.[14] A non rivederla.»

Con un piccolo inchino° si avviò° verso la porta. Cercai di trattenerlo ma invano.° Nessuna riconciliazione fu mai possibile. Senza volerlo, senza saperlo, ero stato iscritto anch'io nella legione sempre crescente dei suoi nemici. Me ne consolai° pensando che forse gli ero più utile così.

Da *Farfalla di Dinard*
Milano, Arnoldo Mondadori Editore

armeggiò: *fiddled*

sfrigolìo: *hissing*

incollerito: arrabbiato

rimetterla in marcia: farla funzionare di nuovo

una valvola: *a fuse*

pretendendosi: dichiarandosi

invitato: *guest*
convenire: ammettere
la decadenza: *the decline*
irreparabile: senza rimedio
la specchiera: *the dressing room mirror*
licenziò: *fired*

inchino: *bow*
si avviò: si incamminò
invano: inutilmente

me ne consolai: provai conforto

---

[14] *sub judice*: [latino] nelle mani del giudice. Fuchs sostiene che sta alle autorità di stabilire se è colpevole o innocente.

23

Esercizi

I. Rispondi oralmente o per iscritto.

A. 1. Perché è impressionato l'autore dai nemici del signor Fuchs?
    2. Descrivi brevemente il signor Fuchs.
    3. Qual è la professione del signor Fuchs?
    4. "Cerca e trova, o meglio trovava." Che cosa non trova più il signor Fuchs?
    5. In che cosa consiste il pasto del signor Fuchs?
    6. In che trappola cadde l'autore?
    7. Di che cosa si lamenta Fuchs mentre pranza con Montale?
    8. Perché non poteva accontentarlo l'autore?
    9. "Fuchs armeggiò a lungo." Quale fu il risultato di questo suo armeggiare?
    10. Perché s'incollerisce il signor Fuchs?
    11. Come cerca Montale di calmare il signor Fuchs?
    12. Come termina il racconto?

B. 1. Cosa pensi del comportamento del signor Fuchs?
    2. Conosci qualcuno che si comporta come Fuchs? Chi?
    3. Normalmente come reagisci se un tuo ospite rompe qualcosa a casa tua?
    4. Come reagiscono i tuoi ospiti?

II. Quella vecchia volpe di Fuchs!
    Alle volte si caratterizza una persona per mezzo del nome di un animale. Indica il tipo d'individuo descritto nella colonna B che si designa con ciascun nome di animale elencato nella collona A.

Colonna A	*Colonna B*
1. volpe	a. persona dall'intelligenza limitata
2. asino	
3. tigre	b. persona che ripete le parole senza capire il significato
4. pecora	
5. oca	c. persona ignorante
6. leone	d. uomo ottuso, stupido
7. serpente	e. persona astutissima e maliziosa
8. orso	f. persona poco socievole
9. pappagallo	g. persona feroce e crudele
10. bue	h. persona maligna e perfida
	i. persona debole e senza coraggio
	j. uomo forte e coraggioso

III. Ecco alcuni proverbi molto noti. Trova nella colonna B il significato del proverbio elencato nella colonna A.

Colonna A

1. a caval donato non si guarda in bocca
2. l'ospite e il pesce dopo tre giorni rincresce
3. l'appetito vien mangiando
4. il lupo perde il pelo ma non il vizio
5. meglio un uovo oggi che una gallina domani

Colonna B

a. il cattivo può sembrare buono, ma non diventarlo davvero
b. meglio un vantaggio sicuro e immediato, anche se modesto, che la prospettiva di un guadagno maggiore, ma incerto
c. l'ospite, dopo qualche tempo, comincia a essere di peso
d. tanto più si ha, tanto più si desidera avere
e. una cosa regalata deve essere accettata di buon grado così com'è

IV. Ricapitoliamo...

Scrivi un riassunto de "I nemici del signor Fuchs" in conformità con lo schema seguente.
1. I nemici del signor Fuchs
2. Fuchs (descrizione fisica, gusti, ecc.)
3. Fuchs a casa dell'autore
4. Fuchs rompe la stufa
5. "Reo sono io solo!"
6. Conclusione

V. Parliamone insieme...

Svolgi oralmente e in breve uno dei seguenti temi.
1. L'umorismo ne "I nemici del signor Fuchs"
2. Un mio ospite
3. Un invito a cena
4. Un pranzo in un buon ristorante
5. La cucina italiana

Il Veneto

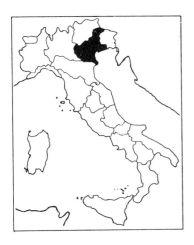

Superficie: 18.368 km² (una delle grandi regioni per estensione)
Confini: è bagnato a est dal Mare Adriatico, sempre a est continua col Friuli-Venezia Giulia, a nord, per un breve tratto, con l'Austria, a ovest con la Lombardia e il Trentino-Alto Adige, a sud con l'Emilia-Romagna
Province: (7) Belluno, Padova, Rovigo, Treviso, Venezia, Verona, Vicenza
Capoluogo: Venezia
Dopo aver consultato una carta geografica dell'Italia, traccia una cartina del Veneto indicando le sette province/città.

Dino Buzzati

Scrittore fantasioso e paradossale, Dino Buzzati nacque a Belluno il 6 ottobre 1906. Studiò a Milano ove si laureò in Giurisprudenza ma non fece mai uso della laurea per scopi professionali. Entrò giovanissimo, nel 1928, nella redazione del *Corriere della sera* del quale fu inviato speciale in Africa, in India e in Giappone e poi, durante la seconda guerra mondiale corrispondente di guerra. Per alcuni anni fu anche capo redattore della *Domenica del Corriere*.

Iniziò la sua attività letteraria nel 1933 con *Bàrnabo delle montagne*, che ebbe un notevole successo. Nel 1935 pubblicò un secondo romanzo, *Il segreto del Bosco Vecchio* ma un clamoroso e meritato successo lo ottenne col romanzo *Il deserto dei Tartari* che fu e resta il suo capolavoro (una riduzione cinematografica è stata fatta recentemente). Tradotto nelle maggiori lingue d'Europa e perfino in giapponese, *Il deserto dei Tartari,* afferma Buzzati in un'intervista del 26 maggio 1959 apparsa sul *Giorno,* "è nato probabilmente dalla monotona *routine* redazionale notturna che facevo in quei tempi. Molto spesso avevo l'impressione che quel tran-tran dovesse andare avanti senza termine e che mi avrebbe consumato così inutilmente la vita. È un sentimento comune, io penso, alla maggioranza degli uomini, soprattutto se incasellati nella esistenza ad orario nelle città. La trasposizione di questa idea in un mondo militare fantastico è stata per me quasi istintiva: nulla di meglio di una fortezza all'estremo confine, mi parve, si poteva trovare per esprimere appunto il logorio di quell'attesa." È questa una spiegazione che si può dare in genere di tutti gli scritti del Buzzati: impressioni della vita reale che si trasformano in un mondo fantastico. Buzzati crea spesso con giochi di pura fantasia intrecci e drammi, situazioni e vicende che adescano l'immaginazione per la genialità degli svolgimenti e, senza cadere nel *giallo*, intesse trame che hanno spesso l'intensità allucinate di un racconto di Edgar Allan Poe. Il suo mondo letterario è bilanciato, quindi, tra magia e realtà, tra favola e allegoria in una vasta tematica che abbraccia il tempo, il dolore, la solitudine dell'uomo oppresso da un terrore cosmico.

A Buzzati venne assegnato il premio Strega nel 1958. Morì a Milano il 28 gennaio 1972.

Tra le opere del Buzzati ancora disponibili citiamo: (presso Bietti) *L'uomo che andrà in America;* (presso Garzanti) *Bàrnabo delle montagne, Il segreto del Bosco Vecchio, I miracoli di Val Morel;* (presso Giunti-Martello) *La famosa invasione degli orsi in Sicilia;* (presso Mondadori) *La boutique del mistero, Il Colombre e altri cinquanta racconti, Cronache terrestri, Il deserto dei Tartari, Il grande ritratto, Il quel preciso momento, Le notti difficili, Poema a fumetti, Romanzi e racconti, Sessanta racconti, Siamo spiacenti di..., L'uccisione del drago, Un amore.*

La giacca stregata

Dino Buzzati

Benché io apprezzi l'eleganza nel vestire, non bado,° di solito, alla perfezione o meno° con cui sono tagliati° gli abiti dei miei simili.°

Una sera tuttavia, durante un ricevimento in una casa di Milano conobbi° un uomo, dall'apparente età di quaranta anni, il quale letteralmente risplendeva per la bellezza, definitiva e pura, del vestito.

Non so chi fosse, lo incontravo per la prima volta, e alla presentazione,° come succede sempre, capire il suo nome fu impossibile. Ma a un certo punto della sera mi trovai vicino a lui, e si cominciò a discorrere.° Sembrava un uomo garbato° e civile,° tuttavia con un alone° di tristezza. Forse con esagerata confidenza —Dio me ne avesse distolto°— gli feci i complimenti per la sua eleganza; e osai perfino chiedergli chi fosse il suo sarto.

L'uomo ebbe un sorrisetto° curioso, quasi che° si fosse aspettato la domanda. «Quasi nessuno lo conosce» disse «però è un gran maestro. E lavora solo quando gli gira.[1] Per pochi iniziati°». «Dimodoché io...?» «Oh, provi, provi. Si chiama Corticella, Alfonso Corticella, via Ferrara 17». «Sarà caro, immagino». «Lo presumo, ma giuro che non lo so. Quest'abito me l'ha fatto da tre anni e il conto non me l'ha ancora mandato». «Corticella? Via Ferrara 17, ha detto?» «Esattamente» rispose lo sconosciuto. E mi lasciò per unirsi a un altro gruppo.

In via Ferrara 17 trovai una casa come tante altre e come quella di tanti altri sarti era l'abitazione di Alfonso Corticella. Fu lui che venne ad aprirmi. Era un vecchietto, coi capelli neri, però sicuramente tinti.°

Con mia sorpresa, non fece il difficile.[2] Anzi, pareva ansioso che diventassi suo cliente. Gli spiegai come avevo avuto l'indirizzo, lodai° il suo taglio,° gli chiesi di farmi un vestito. Scegliemmo un pettinato[3] grigio

bado: faccio attenzione
meno: lack of it
tagliati: cut
miei simili: people like me
conobbi: feci la conoscenza di

presentazione: introduction

discorrere: conversare
garbato: cortese
civile: well-bred
un alone: an aura
distolto: dissuaded

un sorrisetto: a little smile
quasi che: come se

iniziati: initiated

tinti: dyed

lodai: esaltai
taglio: cut

---

[1] quando gli gira: *whenever he feels like it*
[2] non fece il difficile: *he did not act difficult*
[3] un pettinato: tessuto che ha i fili lisci, non peloso

quindi egli prese le misure, e si offerse di venire, per la prova, a casa mia. Gli chiesi il prezzo. Non c'era fretta,° lui rispose, ci saremmo sempre messi d'accordo⁴. Che uomo simpatico, pensai sulle prime.° Eppure più tardi, mentre rincasavo, mi accorsi che il vecchietto aveva lasciato un malessere° dentro di me (forse per i troppi insistenti e mellifluì° sorrisi). Insomma non avevo nessun desiderio di rivederlo. Ma ormai il vestito era ordinato. E dopo una ventina di giorni era pronto. Quando me lo portarono, lo provai, per qualche secondo, dinanzi allo specchio. Era un capolavoro. Ma, non so bene perché, forse per il ricordo dello sgradevole° vecchietto, non avevo alcuna voglia di indossarlo. E passarono settimane prima che mi decidessi.

Quel giorno me lo ricorderò per sempre. Era un martedì di aprile e pioveva. Quando ebbi infilato° l'abito —giacca, calzoni e panciotto°— constatai° piacevolmente che non mi tirava o stringeva da nessuna parte, come accade quasi sempre con i vestiti nuovi. Eppure mi fasciava° alla perfezione.

Di regola° nella tasca destra della giacca io non metto niente, le carte le tengo nella tasca sinistra. Questo spiega perché solo dopo un paio d'ore, in ufficio, infilando casualmente la mano nella tasca destra, mi accorsi che c'era dentro una carta. Forse il conto del sarto?

No. Era un biglietto° da diecimila lire.

Restai interdetto.° Io, certo, non ce l'avevo messo. D'altra parte era assurdo pensare a un regalo della mia donna di servizio,° la sola persona che, dopo il sarto, aveva avuto occasione di avvicinarsi al vestito. O che fosse un biglietto falso? Lo guardai controluce,° lo confrontai° con altri. Più buono di così non poteva essere.

Unica spiegazione possibile, una distrazione del Corticella. Magari° era venuto un cliente a versargli un acconto, il sarto in quel momento non aveva con sé il portafogli e, tanto per non lasciare il biglietto in giro, l'aveva infilato nella mia giacca, appesa ad un manichino.° Casi simili possono capitare.

Schiacciai° il campanello per chiamare la segretaria. Avrei scritto una lettera al Corticella restituendogli i soldi non miei. Senonché, e non ne saprei dire il motivo, infilai di nuovo la mano nella tasca.

fretta: *hurry*

sulle prime: *in the beginning*

un malessere: un turbamento

mellifluì: *mellifluous*

sgradevole: *unpleasant*

ebbi infilato: mi fui messo

panciotto: *waistcoat*

constatai: notai

fasciava: *swathed*

di regola: normalmente

un biglietto: *a note (bill)*

interdetto: fortemente confuso

donna di servizio: cameriera

controluce: *against the light*

confrontai: comparai

magari: forse

un manichino: *a mannequin*

schiacciai: *I pressed*

---

⁴ ci saremmo sempre messi d'accordo: *we could always come to an agreement*

«Che cos'ha dottore[5]? si sente male?» mi chiese la segretaria entrata in quel momento. Dovevo essere diventato pallido come la morte. Nella tasca, le dita avevano incontrato i lembi° di un altro cartiglio°; il quale pochi istanti prima non c'era.

i lembi: *the tip*
cartiglio: *scroll*

«No, no, niente» dissi. «Un lieve° capogiro.° Da qualche tempo mi capita. Forse sono un po' stanco. Vada pure, signorina, c'era da dettare una lettera, ma lo faremo più tardi».

lieve: *light*
capogiro: *dizziness*

Solo dopo che la segretaria fu andata, osai estrarre° il foglio dalla tasca. Era un altro biglietto da dieci mila lire. Allora provai una terza volta. E una terza banconota uscì.

estrarre: tirare fuori

Il cuore mi prese a galoppare.[6] Ebbi la sensazione di trovarmi coinvolto,° per ragioni misteriose, nel giro di una favola come quelle che si raccontano ai bambini e che nessuno crede vere.

coinvolto: *dragged in*

Col pretesto di non sentirmi bene, lasciai l'ufficio e rincasai.°

rincasai: ritornai a casa

Avevo bisogno di restare solo. Per fortuna, la donna che faceva i servizi[7] se n'era già andata. Chiusi le porte, abbassai le persiane.° Cominciai a estrarre le banconote una dopo l'altra con la massima celerità,° dalla tasca che pareva inesauribile.°

le persiane: *the shutters*
celerità: velocità
inesauribile: *inexhaustible*

Lavorai in una spasmodica° tensione di nervi, con la paura che il miracolo cessasse da un momento all'altro. Avrei voluto continuare per tutta la sera e la notte, fino ad accumulare miliardi.° Ma a un certo punto le forze mi vennero meno.

spasmodica: *great*

miliardi: *thousands of millions*

Dinanzi a me stava un mucchio impressionante° di banconote. L'importante adesso era di nasconderle, che nessuno ne avesse sentore.[8] Vuotai un vecchio baule° pieno di tappeti e sul fondo, ordinati in tanti mucchietti,° deposi i soldi, che via via andavo contando. Erano cinquantotto milioni abbondanti.[9]

impressionante: *impressive*

baule: *trunk*

mucchietti: *small heaps*

Mi risvegliò al mattino dopo la donna, stupita di trovarmi sul letto ancora tutto vestito. Cercai di ridere, spiegando che la sera prima avevo bevuto un po' troppo e che il sonno mi aveva colto all'improvviso.

---

[5] dottore: titolo che si dà a una persona che ha conseguito una laurea
[6] mi prese a galoppare: incominciò a battere forte
[7] la donna che faceva i servizi: la cameriera
[8] che nessuno ne avesse sentore: che nessuno lo venisse a sapere
[9] erano cinquantotto milioni abbondanti: erano più di 58.000.000 di lire

Una nuova ansia: la donna mi invitava a togliermi il vestito per dargli almeno una spazzolata.°

una spazzolata: *a brushing*

Risposi che dovevo uscire subito e che non avevo tempo di cambiarmi. Poi mi affrettai in un magazzino di abiti fatti per comprare un altro vestito, di stoffa simile; avrei lasciato questo alle cure della cameriera; il "mio", quello che avrebbe fatto di me, nel giro di pochi giorni, uno degli uomini più potenti del mondo, l'avrei nascosto in un posto sicuro.

Non capivo se vivevo in un sogno, se ero felice o se invece stavo soffocando sotto il peso di una fatalità troppo grande. Per la strada, attraverso l'impermeabile, palpavo° continuamente in corrispondenza della° magica tasca. Ogni volta respiravo di sollievo. Sotto la stoffa rispondeva il confortante scricchiolio° della carta moneta.

palpavo: *toccavo*

in corrispondenza della: *the spot over*

scricchiolio: *rumore secco*

Ma una singolare coincidenza raffreddò° il mio gioioso delirio.° Sui giornali del mattino campeggiava la notizia[10] di una rapina° avvenuta il giorno prima. Il camioncino blindato° di una banca che, dopo aver fatto il giro delle succursali, stava portando alla sede° centrale i versamenti della giornata, era stato assalito e svaligiato° in viale Palmanova da quattro banditi. All'accorrere della gente, uno dei gangster, per farsi largo,° si era messo a sparare. E un passante era rimasto ucciso. Ma soprattutto mi colpì l'ammontare del bottino°: esattamente cinquantotto milioni (come i miei). Poteva esistere un rapporto fra la mia improvvisa ricchezza e il colpo brigantesco avvenuto quasi contemporaneamente? Sembrava insensato° pensarlo. E io non sono superstizioso. Tuttavia il fatto mi lasciò molto perplesso.

raffreddò: *chilled*

delirio: *grande entusiasmo*

una rapina: *a robbery*

il camioncino blindato: *the armoured truck*

alla sede: all'ufficio

svaligiato: *held up*

farsi largo: *to get through*

bottino: denaro rubato

insensato: *senseless*

Più si ottiene e più si desidera. Ero già ricco, tenuto conto delle mie modeste abitudini. Ma urgeva il miraggio di una vita di lussi sfrenati.[11] E la sera stessa mi rimisi al lavoro.

Ora procedevo con più calma e con minore strazio dei nervi. Altri centotrentacinque milioni si aggiunsero al tesoro° precedente.

al tesoro: alla somma

Quella notte non riuscii a chiudere occhio. Era il presentimento di un pericolo? O la tormentata coscienza di chi ottiene senza meriti una favolosa

---

[10] campeggiava la notizia: si riportava la notizia a grossi caratteri
[11] ma urgeva il miraggio di una vita di lussi sfrenati: *but the illusion of a life of absolute luxury was urging me on*

fortuna? O una specie di confuso rimorso? Alle prime luci balzai dal letto, mi vestii e corsi fuori in cerca di un giornale.

Come lessi, mi mancò il respiro. Un incendio° terribile, scaturito° da un deposito di nafta,° aveva semidistrutto uno stabile° nella centralissima via San Cloro. Fra l'altro erano state divorate dalle fiamme le casseforti di un grande istituto immobiliare,° che contenevano oltre centotrenta milioni in contanti.° Nel rogo,° due vigili del fuoco avevano trovato la morte.

un incendio: *a fire*
scaturito: originato
nafta: *naphtha*
uno stabile: un edificio
istituto immobiliare: *real estate firm*
in contanti: *cash*
nel rogo: nell'incendio

Devo ora forse elencare uno per uno i miei delitti? Sì, perché ormai sapevo che i soldi che la giacca mi procurava, venivano dal crimine, dal sangue, dalla disperazione, dalla morte, venivano dall'inferno. Ma c'era pure dentro di me l'insidia° della ragione la quale, irridendo,° rifiutava di ammettere una mia qualsiasi responsabilità. E allora la tentazione riprendeva, allora la mano —era così facile!— si infilava nella tasca e le dita, con rapidissima voluttà,° stringevano i lembi del sempre nuovo biglietto. I soldi, i divini soldi!

l'insidia: *the snare*
irridendo: *mockingly*

voluttà: piacere intenso

Senza lasciare il vecchio appartamento (per non dare nell'occhio), mi ero in poco tempo comprato una grande villa, possedevo una preziosa° collezione di quadri,° giravo in automobile di lusso e, lasciata la mia ditta° per "motivi di salute", viaggiavo su e giù per il mondo in compagnia di donne meravigliose.

preziosa: rara
quadri: *paintings*
ditta: *firm*

Sapevo che, ogniqualvolta riscuotevo denari dalla giacca, avveniva nel mondo qualcosa di turpe° e doloroso.° Ma era pur sempre una consapevolezza° vaga, non sostenuta da logiche prove. Intanto, a ogni mia nuova riscossione,° la coscienza mia si degradava, diventando sempre più vile. E il sarto? Gli telefonai per chiedere il conto, ma nessuno rispondeva. In via Ferrara, dove andai a cercarlo, mi dissero che era emigrato all'estero, non sapevano dove. Tutto dunque congiurava a dimostrarmi che, senza saperlo, io avevo stretto un patto col demonio.[12]

turpe: brutto
doloroso: *painful*
una consapevolezza: *an awareness*
riscossione: *withdrawal*

Finché, nello stabile° dove da molti anni abitavo, una mattina trovarono una pensionata sessantenne asfissiata° col gas: si era uccisa per aver smarrito le trentamila lire riscosse il giorno prima (e finite in mano mia).

stabile: edificio
asfissiata: soffocata

---

[12] io avevo stretto un patto col demonio: avevo fatto un contratto col diavolo

Basta, basta! per non sprofondare° fino al fondo dell'abisso, dovevo sbarazzarmi° della giacca. Non già cedendola ad altri, perché l'obbrobrio° sarebbe continuato (chi mai avrebbe potuto resistere a tanta lusinga°?). Era indispensabile distruggerla.

In macchina raggiunsi una recondita° valle delle Alpi. Lasciai l'auto su uno spiazzo° erboso° e mi incamminai su per un bosco. Non c'era anima viva. Oltrepassato° il bosco,° raggiunsi le pietraie° della morena.° Qui, fra due giganteschi macigni,° dal sacco da montagna trassi la giacca infame,° la cosparsi° di petrolio e diedi fuoco. In pochi minuti non rimase che la cenere.

Ma all'ultimo guizzo° delle fiamme, dietro di me —pareva a due o tre metri di distanza— risuonò una voce umana: «Troppo tardi, troppo tardi!». Terrorizzato, mi volsi con un guizzo da serpente. Ma non si vedeva nessuno. Esplorai intorno, saltando da un pietrone° all'altro, per scovare° il maledetto. Niente. Non c'erano che pietre.

Nonostante lo spavento provato, ridiscesi al fondo valle con un senso di sollievo. Libero, finalmente. E ricco, per fortuna.

Ma sullo spiazzo erboso, la mia macchina non c'era più. E, ritornato che fui in città, la mia sontuosa villa era sparita; al suo posto, un prato° incolto° con dei pali° che reggevano l'avviso «Terreno comunale da vendere». E i depositi in banca, non mi spiegai come, completamente esauriti. E scomparsi, nelle mie numerose cassette di sicurezza,° i grossi pacchi di azioni.° E polvere,° nient'altro che polvere, nel vecchio baule.

Adesso ho ripreso stentatamente° a lavorare, me la cavo a mala pena,[13] e, quello che è più strano, nessuno sembra meravigliarsi della mia improvvisa rovina.

E so che non è ancora finita. So che un giorno suonerà il campanello della porta, io andrò ad aprire e mi troverò di fronte col suo abbietto sorriso, a chiedere l'ultima resa dei conti,° il sarto della malora.[14]

Da *La boutique del mistero*
Milano, Arnoldo Mondadori Editore

sprofondare: precipitare
sbarazzarmi: liberarmi
l'obbrobrio: l'infamia

lusinga: *temptation (lit., flattery)*

recondita: nascosta
uno spiazzo: *a clearing*
erboso: *grassy*
oltrepassato: *having gone beyond*
il bosco: la foresta
le pietraie: *the quarries*
morena: *moraine*
macigni: *rocks*
infame: *evil*
cosparsi: *I sprinkled*
guizzo: *flicker*

un pietrone: *a huge rock*
scovare: scoprire

un prato: *a field*
incolto: non coltivato
pali: *posts*

cassette di sicurezza: *safety-deposit boxes*
azioni: *stocks*
polvere: *dust*
stentatamente: con difficoltà

resa dei conti: *reckoning*

---

[13] me la cavo a mala pena: *I'm barely managing*
[14] il sarto della malora: *that accursed tailor*

Esercizi

I. Rispondi oralmente o per iscritto.

A. 1. Perché un uomo attirò l'attenzione di Buzzati? Descrivilo.
2. Cosa voleva sapere Buzzati dall'uomo?
3. Descrivi Alfonso Corticella.
4. Che effetto fa Corticella sull'autore?
5. Quando indossa finalmente il vestito Buzzati?
6. "Restai interdetto." Qual è la causa del turbamento di Buzzati?
7. Che spiegazione possibile si dà Buzzati?
8. Perché chiama la segretaria?
9. Perché diventa pallido come la morte Buzzati?
10. "Il cuore mi prese a galoppare." Perché?
11. Dopo essere rincasato, cosa fece Buzzati?
12. "Dinanzi a me stava un mucchio impressionante di banconote." Quale somma ha estratto dalla tasca?
13. Perché l'autore decide di andare in un magazzino di abiti già confezionati?
14. Quale singolare coincidenza raffredda il gioioso delirio di Buzzati?
15. "Più si ottiene e più si desidera." Come illustra questa massima Buzzati?
16. Perché gli mancò il respiro nel leggere il giornale?
17. Malgrado ciò, perché Buzzati continua a estrarre i biglietti dalla tasca?
18. Quali sono i "lussi sfrenati" di Buzzati?
19. Che risultato ebbe Buzzati quando cercò di rintracciare il sarto?
20. Perché una pensionata sessantenne si era suicidata?
21. Che decisione prese Buzzati dopo aver appreso la notizia?
22. Descrivi dove e come Buzzati distrugge la giacca.
23. Perché Buzzati trova finalmente un senso di sollievo?
24. Quale sorpresa attende Buzzati?
25. Perché Buzzati non crede che la cosa sia ancora finita?

B. 1. Se avessi, come Buzzati, una giacca stregata, cosa faresti?
2. Credi nell'occultismo? Rendi ragione della tua risposta.

II. Sostituisci le lineette con la traduzione delle parole elencate a sinistra. Le lettere inserite nelle caselle formeranno un proverbio.

1. elegance, style

   __ ☐ __ __ __ __ __ ☐

2. ticket

   ☐ __ __ __ ☐ __ ☐ __ ☐

3. against the light

   __ __ ☐ __ __ ☐ __ __ __ __

4. bill   __ __ ☐ __ __

5. haste, hurry   ☐ __ __ __ __ __ ☐

6. scroll   __ __ __ __ ☐ __ ☐ __ __

7. impressive   __ ☐ __ __ __ __ __ __ __ ☐ __ __ ☐ __ __

8. mannequin   __ ☐ __ __ ☐ __ __ __ __ ☐

Proverbio: __ __ __ __ __ __ __   __ __ __   __ __

          __ __   __ __ __ __ __ __ __ .

III. Cruciverba

Orizzontali
1. liberarsi
6. conversare
7. piacere intenso
11. con difficoltà
12. tirar fuori
13. ritornare a casa
15. forse
16. comparare

Verticali
2. fare attenzione
3. fare la conoscenza
4. toccare
5. denaro rubato
8. soffocata
9. edificio
10. donna di servizio
14. incendio

IV. Ricapitoliamo...

Scrivi un riassunto de "La giacca stregata" in conformità con lo schema seguente.
 1. L'autore al ricevimento
 2. L'incontro con Corticella
 3. Il vestito
 4. La tasca magica
 5. I mucchi impressionanti di banconote
 6. La coincidenza con i vari delitti
 7. I "delitti" dell'autore
 8. Il suicidio della pensionata
 9. Decisione di distruggere la giacca
10. Conclusione

V. Temi

Svolgi brevemente uno dei temi seguenti.
1. L'oro governa il mondo
2. Molti sono gli amici del ricco
3. La roba di mal acquisto se la porta il vento
4. La vera ricchezza è contentarsi

Il Friuli-Venezia Giulia

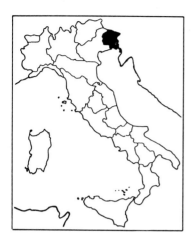

Superficie: 7.845 km² (quart'ultima regione italiana per estensione)
Confini: a est con la Jugoslavia, a nord con l'Austria, a ovest col Veneto, a sud è bagnato dal Mare Adriatico
Province: (4) Gorizia, Pordenone, Trieste, Udine
Capoluogo: Trieste
Dopo aver consultato una carta geografica dell'Italia, traccia una cartina del Friuli-Venezia Giulia indicando le quattro province/città.

Umberto Saba

Da madre ebrea e da padre cristiano, Umberto Saba nacque a Trieste nel 1883. Ebbe un'infanzia malinconica e difficile. Per protesta contro il padre, che aveva abbandonato la madre, lasciò il cognome paterno (Poli) e adottò lo pseudonimo Saba, che in ebraico significa "pane." Da giovane, Saba frequentò le scuole commerciali senza portare a termine gli studi, fece per qualche tempo il mozzo su un bastimento mercantile e nel 1908 si arruolò volontario in un reggimento di fanteria a Salerno.

Durante la seconda guerra mondiale, per le persecuzioni razziali, dovette fuggire da Trieste e rifugiarsi a Firenze e poi a Roma. Nel 1946 ebbe il premio Viareggio e nel 1951 il premio Feltrinelli dell'Accademia dei Lincei. Nel 1953, l'università di Roma gli conferì la laurea in lettere *honoris causa* e nel 1957 divise con Mario Luzi il premio Marzocco.

Umberto Saba si spense a Gorizia il 25 agosto 1957.

Saba esordì nel 1911 con *Poesie*, opera che fu seguita da *Coi miei occhi* (1912), *Cose leggere e vaganti* (1920), *Il Canzoniere 1900-1921* (1921), *Preludio e Canzonette* (1922), *Autobiografia* (1924), *Figure e Canti* (1926), *Un uomo* (1926), *Preludio e Fughe* (1928), *Tre poesie alla mia balia* (1929), *Tre composizioni* (1933), *Parole* (1934), *Ultime cose* (1943), *Il Canzoniere*

1900-1945 (1945), *Scorciatoie e Raccontini* (1946), *Mediterranee* (1947), *Storia e Cronistoria del Canzoniere* (1943), *Uccelli* (1950), *Ricordi-Racconti* (1956), *Epigrafe, Ultime prose* (1959), *Il figlio lontano* (1961), *Il vecchio e il giovane* (1965), *Ernesto* (1975), *L'adolescenza del Canzoniere e undici lettere* (1975).

Tuttora disponibili sono le opere seguenti: (presso Einaudi) *Antologia del Canzoniere, Il Canzoniere, Ernesto;* (presso Mondadori) *Amicizia, Cose leggere e vaganti — L'amorosa spina, Cuor morituro e altre poesie, Mediterranee, Parole — Ultime prose, Piccolo Berto, Poesie dell'adolescenza e giovanili, Preludio e Canzonette, Preludio e Fughe, Prose, Ricordi-Racconti, Scorciatoie e Raccontini, Trieste e una donna.*

.

Un uomo

Umberto Saba

Quando il pittore Scipio Ratta tornò da un viaggio di due mesi, trovò che Maria, con la quale, senza essere sposato, viveva maritalmente,° era molto mutata.° Non sentiva più, nelle sue affettuose cure,° l'amante; ma piuttosto una madre o una sorella. E, come aveva l'intuito° dei grandi nevrastenici,° un dopopranzo,° nell'ora che Maria si abbigliava° per uscire, le espresse,° con la sua solita voce bassa e uniforme di uomo tragicamente concentrato in se stesso, il suo pensiero: «Tu sei innamorata di Nardi». Nardi era un altro pittore, un conoscente° di Scipio.

«Sì» rispose Maria, ritrovando, in quel terribile momento, il coraggio della verità, che trovano (ma non sempre) le donne, quando sentono l'inutilità della loro arma preferita.[1]

Scipio, ricevendo questa pugnalata° in pieno petto, non disse, lì per lì, nulla; corrugò° appena le ciglia,° ed abbassò la grande testa pesante. Parve a Maria di sentire un sospiro, quasi un gemito.°

«Perdonami» disse, facendoglisi più vicina,[2] e tentando —l'infame°— di fargli una carezza.°

Ma Scipio parò il colpo,° e continuò, sempre senza scatti,° e quasi parlando a se stesso:

«Se sei innamorata di Nardi, va a stare con Nardi.»

Ebbe come un breve svenimento° mentale; sentiva solo di dimenticarsi e gli occorse,° quando rinvenne,° uno sforzo per ricordarsi dove e con chi era, e che, da pochi secondi, tutta la sua vita era cambiata, e cambiata per sempre. Ma in quell'angoscia,° che pure gli faceva presentire° mesi e mesi di malattia, se non addirittura la fine, non aveva dubbi su quanto gli restava da fare.

Quando accade° che una donna, che sia fondamentalmente una donna onesta, si disamori di° un uomo

maritalmente: come marito e moglie

mutata: cambiata

cure: premure

l'intuito: l'intuizione

nevrastenici: persone ipersensibili

un dopopranzo: un pomeriggio

si abbigliava: si vestiva

espresse: disse

un conoscente: *an acquaintance*

pugnalata: *stab*

corrugò... le ciglia: *he frowned*

un gemito: *a groan*

l'infame: *the disgraceful woman*

fargli una carezza: accarezzarlo

parò il colpo: *warded off the caress*

senza scatti: con calma

svenimento: *fainting spell*

gli occorse: dovette fare

rinvenne: si riebbe

angoscia: *anguish*

presentire: prevedere

accade: succede

si disamori di: cessi di amare

---

[1] la loro arma preferita: cioè, la bugia
[2] facendoglisi più vicina: avvicinandosi a lui

perché innamorata di un altro, lascia la casa del primo e va ad abitare col secondo. Non sapeva ancora la perpetua minorità della donna,[3] e la conseguente sua incapacità di ogni forma di indipendenza morale; e concedeva alla sua —che Dio sa quanto gli era cara!— il diritto di fare quanto pensava che, al caso, avrebbe fatto egli stesso. La colpa era di chi restava, di chi non aveva saputo farsi amare abbastanza. «Se sei innamorata di Nardi, va a stare con Nardi.»

Maria, che avrebbe dovuto desiderare questa soluzione, che infatti giurava al Nardi di non invocare° altro per la sua felicità (se non ne scriveva a Scipio, era solo per la paura di farlo soffrire troppo), provò, a quelle parole, un grande disinganno° su se stessa. Non sentiva per nulla quel senso di liberazione che s'era aspettata°; e le parve° cosa troppo dolorosa, se non del tutto impossibile, separarsi così dall'uomo che l'aveva posseduta per il primo, ed al quale doveva° tre anni (e non i peggiori) della sua vita. Quando un uomo crede di essere stato generoso facendo ad una povera donna una situazione così netta, mostra di non conoscere abbastanza le debolezze° del cuore femminile, e di ignorare a quali strazi° la sua dirittura° condanni un'infelice° colpevole.° Maria amava il suo nuovo amante (era un'appassionata e non una frivola); ma quest'amore non le toglieva di voler bene a Scipio, che era infine il suo vero marito. Come la vita religiosa è spesso più intensa dopo il peccato, così l'affetto° dell'adultera è spesso ravvivato,° come concimato,° dal rimorso. Questo spiega le lettere, piene di esaltazione affettiva, che Maria, di ritorno dall'appuntamento con l'amante, scriveva ogni sera a Scipio in viaggio; e il piangere dirotto,° e il tentativo che faceva adesso di baciargli le mani, e di trattenerlo; adesso che lo vedeva già pronto per uscire, e sapeva di perderlo per sempre. Perché, invece, non l'aveva ammazzata?

Scipio, anche quando Maria gli scrisse d'aver sgomberato[4] (e che lettera, piena di strazio° e di benedizioni!) non tornò più in quella casa: fece un sacrificio per pagare tutto in una volta il resto dell'affitto,° e passò l'inverno, eccezionalmente lungo e ventoso,

invocare: chiedere

disinganno: *disappointment*
s'era aspettata: *had expected*
parve: sembrò

doveva: *she owed*

le debolezze: *the weaknesses*
strazi: tormenti
dirittura: onestà
un'infelice: *an unfortunate person*
colpevole: *guilty*

l'affetto: *the affection*
ravvivato: *rekindled*
concimato: *fertilized*

dirotto: da disperata

strazio: tormento

affitto: *rent*

---

[3] la perpetua minorità della donna: cioè, che la donna rimane una minorenne a vita, non matura mai
[4] d'aver sgomberato: d'aver lasciata libera la casa

nascosto nel suo studio, come una bestia in letargo.° in letargo: *in hibernation*
Solo che il suo letargo non era senza soffrire; era come
una di quelle notti agitate, quando la coscienza che si
ha di sognare, non toglie alle immagini sognate il loro
carattere spaventoso. Non sentiva odio per Maria, e
nemmeno per il suo rivale fortunato, ma un grande, un
invincibile disamore° di se medesimo.° Nell'uomo disamore: indifferenza
prescelto° dalla donna che egli aveva amato non pote- medesimo: stesso
vano esserci che tutte le virtù, da quelle del corpo a prescelto: scelto
quelle dell'anima: così anche l'arte del Nardi, che non
gli era mai piaciuta, che diceva facilona,° e, sotto finte facilona: superficiale
apparenze rivoluzionarie,[5] essenzialmente bottegaia,° bottegaia: da vendere
ora gli appariva sotto un altro aspetto, e pensava in
cuor suo di essersi potuto ingannare.[6] Si rappresentava
la figura del Nardi, che era un bel giovane, fatto° per fatto: *built*
piacere alle donne, e poi la propria, poco cresciuta e
rachitica,° con la testa sproporzionatamente grande, rachitica: *suffering from rickets*
dalla barba nera incolta,° che Maria lo aveva pregato incolta: *unkempt*
tante volte, e sempre invano, di farsi aggiustare, dagli
occhi spalancati ed estatici, che quando affissavano un
oggetto qualsiasi —una stoffa, un mobile, un animale— pareva che, invece di guardarlo, lo adorassero.
Scipio aveva gli occhi «religiosi»; Nardi brillanti; e i
fanciulli e le donne sono sempre attratti da quello che
splende. Era nel suo studio una tela° vastissima, e, una tela: *canvass*
come tutte le altre, incompiuta°; dove, tra una folla incompiuta: non finita
intenta ad un avvenimento invisibile, staccava dalla
massa, con lo sguardo assorto in una visione diversa, la
sua testa di santo; grande abbozzo° di un capolavoro abbozzo: *outline*
mancato,° che Scipio aveva avuto sempre carissimo; mancato: non realizzato
adesso l'odiava per quella parte di sé che vi rivedeva eroicizzata: *given heroic dimensions*
eroicizzata°; e teneva la tela voltata° contro il muro, voltata: girata
come cosa vieta.° vieta: (dispregiativo) vecchia
Guardava invece, con amore, un ritratto, pur esso
incompiuto, di Maria, nel quale la donna figurava
seduta, con una vestaglia° bianca a fiorami° rossi. una vestaglia: *a nightgown*
L'aveva incominciato prima di mettersi in viaggio, e a fiorami: con fiori
sognava° di finirlo ora (due o tre pose° sarebbero sognava: sperava
bastate); indi° mettersi a letto, con accanto quel testa- pose: *sittings*
mento della sua tragedia di uomo e di artista, e morire, indi: poi
non di una malattia fisica, non di suicidio, ma di quel
solo disamore della vita. Ma come fare, adesso, ad avere

---

[5] sotto finte apparenze rivoluzionarie: l'arte del Nardi era rivolu-
    zionaria solo in apparenza, non in sostanza
[6] di essersi potuto ingannare: di aver potuto sbagliare

la modella? Sogni,° sempre sogni; sogno condurre a termine quel ritratto, sogno morire d'altro che di carcinoma° o di arteriosclerosi; ed anche questo chissà quando: sono sempre le pentole fesse[7] a durare di più.

Tuttavia, quando l'inverno finalmente passò, e venne la primavera, vennero quelle prime sere lunghe, che un odore porta con sé un mondo e solo i prigionieri non escono a passeggiare, Scipio si ricordò di non essere prigioniero che di se stesso, e riprese, tutt'a un tratto,° ad uscire; riprese le sue passeggiate solitarie per certe vie della città, il cui sentimento era noto a lui solo; vie che conosceva dall'infanzia, dalla sola età della vita che ancora ricordasse senza disperazione. Fu così che una sera vide, sull'altro marciapiede,° Maria insieme al Nardi. Un piccolo colpo di sangue° e, senza rendersene conto, senza sapere precisamente perché, con un moto istintivo, come se nulla fosse accaduto, camminò verso i due innamorati. Anch'essi lo videro, o meglio lo sentirono; si fermarono un momento, guardandosi negli occhi; Maria ebbe un trasalimento,° quasi° dovesse cadere; allora il Nardi le prese il braccio per sorreggerla° e condurla avanti. Ma Scipio era già lì, a due passi da loro, e restava fermo, senza dir nulla, come affascinato. Pure notò, nella vertigine,° che Maria aveva gli occhi rossi, occhi di persona che ha molto pianto. Fu questo particolare che gli dette —chissà perché!— la possibilità di parlare, e di comprendere il motivo per cui era andato così diritto incontro alla sua disgrazia.°

«Buona sera» disse togliendosi° il cappello. E poi, rivolto a Maria, con la sua voce inalterabilmente dolce: «Volevo, se non ti dispiace, chiederti un piacere».

«Volentieri» rispose la donna, i cui occhi imploranti andavano dall'uno all'altro. Non aveva mai creduto che Scipio avesse perdonato davvero, e pensava che sarebbe stata lei la causa di quanto poteva succedere.

«Oh, nulla di grave» disse Scipio, sorridendo, quasi volesse rassicurarla. «Sai quel tuo ritratto, quello che ho incominciato prima di andare in viaggio? Vorrei terminarlo, ecco.»

Maria guardò il Nardi, che si aggrondava° in faccia. Nessuno rispondeva.

Marginal glossary:
sogni: *dreams*
carcinoma: tipo di cancro
tutt'a un tratto: d'improvviso
marciapiede: *sidewalk*
colpo di sangue: *flush*
un trasalimento: *a start*
quasi: come se
sorreggerla: sostenerla
vertigine: *dizziness*
disgrazia: *misfortune*
togliendosi: levandosi
si aggrondava: *frowned*

---

[7] le pentole fesse: le persone stupide (*lit., the broken pots*)

«Due o tre pose basterebbero» riprese Scipio, con l'aria di un bambino timoroso che altri trovi qualcosa di male in un suo desiderio, che egli sa —o crede— innocente.

«Permetti?» domandò finalmente Maria al suo amante. L'intonazione era umile; ma pure voleva dire: Vediamo se hai paura!

«E perché no?» disse il Nardi. Forse non voleva mostrarsi inferiore a Scipio; che non solo era stato lui a presentarlo a Maria, appena questi° gli aveva espresso il desiderio di conoscerla; ma poi mai, né aveva mostrato paura di lasciarli soli, né impedito che si vedessero.

questi: = Scipio

«Verrò» disse allora la donna.

«Davvero?» esclamò Scipio. «Oh, quanto te ne sarò riconoscente!» E d'un subito° si mise a° parlare non solo con disinvoltura,° ma anche con gaiezza.

d'un subito: suddenly

si mise a: incominciò a

disinvoltura: lack of constraint

«Vogliamo incominciare da domani?»

«Da domani» rispose Maria, che anch'essa, ormai, non diffidava più.[8]

«Ti fa comodo alle tre?»

Maria pensò un momento; poi accennò di sì col capo.

«Dunque restiamo intesi°: alle tre nel mio studio. O forse preferisci che venga io da voi?» aggiunse, parlando a Maria e rivolgendosi al Nardi. Nardi fece un gesto vago, come per dire che la cosa gli era indifferente.

intesi: d'accordo

«Allora sono più contento nel mio studio» continuò, sempre più allegramente, Scipio. «È meglio non cambiare l'ambiente, e poi credo che non sarei capace di lavorare fuori di casa.» E sorrise.

Anche Nardi sorrise, ma in modo diverso. Era il sorriso di un uomo irritato con se stesso.

«E se non ti dispiace» riprese Scipio «porta con te la tua vestaglia bianca a fiorami rossi: è, se ti ricordi, quella del ritratto. Ce l'hai sempre?»

«Credo di sì» rispose Maria.

«Io posso lavorare poco, e mi stanco assai presto» disse Scipio al Nardi; «sono ammalato e le giornate sono ancora corte. Vorrei che Maria fosse puntuale, cosa che non è nelle sue abitudini. Mi raccomando a te, Nardi. Fa che all'ora precisa si trovi nel mio studio.»

«Te lo prometto» assicurò il Nardi. E quel particolare sorriso si accentuò° fortemente.° Ma Scipio non lo notò.

si accentuò: deepened

fortemente: greatly

---

[8] non diffidava più: *was no longer suspicious*

«Grazie» disse ancora una volta.

Ci fu un lungo silenzio, molto penoso; tutti e tre restavano fermi, e non trovavano una parola da dire. Allora Scipio ebbe il tempo di ritornare in se stesso, e di spaventarsi° di quanto aveva osato. Si levò° in fretta il cappello, salutò, e si allontanò quasi correndo. Pareva un perseguitato.°

Come stavano bene insieme! si disse poi, appena arrivato allo studio, che era adesso anche la sua abitazione. E si ricordò di quanto aveva sempre sofferto della sua figura piccola e disgraziata,° vicina a quella di Maria, che era alta di statura e di portamento° regale. Ma perché aveva gli occhi rossi? Che sia infelice?[9] E sentì che questo pensiero gli faceva odiare il Nardi.

spaventarsi: *to be terrified*
si levò: si tolse
un perseguitato: *a man being pursued*

disgraziata: *graceless*
portamento: *bearing*

Maria fu puntuale, e Scipio, animato da quell'esaltazione che in lui precedeva sempre le grandi crisi di abbattimento,° l'accolse° con semplicità, ma con la gaiezza di uno scolaro.° Aveva acceso un gran fuoco nello spogliatoio° attiguo allo° studio; ma quando Maria si cavò° il mantello, vide che, sotto, era già vestita per la posa. Vide anche che tremava in tutta la persona. Egli invece non era per nulla imbarazzato.

abbattimento: *depression*
accolse: *welcomed*
uno scolaro: *a school boy*
spogliatoio: *dressing room*
attiguo allo: *adjoining*
si cavò: si levò

«Vuoi sedere?» E le accostò° una sedia, posta vicino a una tela bianca, già preparata sul cavalletto.° Prese i pennelli e la tavolozza,° e incominciò senz'altro a dipingere.

accostò: avvicinò
cavalletto: *easel*
la tavolozza: *the palette*

«Non finisci il mio ritratto?» domandò Maria, meravigliata di vedere una tela bianca in luogo di quella di cui Scipio le aveva parlato.

«No, ne incomincio un altro» disse Scipio, sorridendo. «Ti dispiace?»

Maria tacque.°

tacque: non disse nulla

«Non temere» disse allora l'artista «in tre o quattro pose sarà tutto finito lo stesso. Anzi meglio».

Infatti, non dipingeva che da mezz'ora;[10] e già aveva ritrovato il se stesso delle rare grandi giornate. Dipingeva in silenzio, senza parlare.

Anche Maria taceva. Aveva tanto temuto,[11] era stata così piena di tragico imbarazzo, rientrando in quello studio; ed ora, ecco, tutto era così semplice, come se fra

---

[9] che sia infelice?: potrebbe essere scontenta?
[10] non dipingeva che da mezz'ora: *he had been painting for only half an hour*
[11] aveva tanto temuto: aveva avuto tanta paura

quell'uomo che dipingeva e lei che posava non ci fosse mai stato altro che l'ammirazione e il rispetto di un artista verso una modella che non si paga, e si presta solo per cortesia. Se si è consolato così presto —pensò—; se può considerarmi come niente altro che un motivo pittorico, vuol dire che non mi ha mai amata. Pure, a solo guardarlo, si vedeva l'uomo che ha terribilmente sofferto. Era stato sempre pallido e malato; adesso pareva il moribondo,° animato da quella fiamma vitale che, a volte, precede l'agonia.

il moribondo: the dying man

«Sei contento della tua giornata?» gli domandò, mentre si appuntava° il cappello per uscire.

si appuntava: she was pinning

«Molto» rispose Scipio, fregandosi° allegro° le mani. «Sono certo di non aver fatto mai nulla di meglio.»

fregandosi: rubbing
allegro: cheerfully

Il giorno dopo, un brutto giorno rannuvolato,° che pareva di essere ripiombati° in inverno, Maria, entrando, aveva di nuovo gli occhi rossi. Scipio lo notò, e Maria se ne accorse.

rannuvolato: nuvoloso
ripiombati: fallen again

«Perdonami» disse «ma bisogna che t'affretti. Non tutti sono buoni e generosi come te, e venir qui mi costa delle terribili scenate.»

«Se vuoi che lasciamo...» disse, pronto, Scipio. Ma la voce e il gesto tradivano° il suo spavento° di non poter finire il lavoro.

tradivano: betrayed
spavento: paura

«No: ti pare? Voglio anzi che tu finisca e finisca bene. L'esporrai°?»

l'esporrai?: are you going to exhibit it?

«Non credo. E in nessun caso senza il tuo consenso.»

«Anzi te ne prego. E non per vanità, credilo; non farmi peggiore di quella che sono. Sono stata molto cattiva, ti ho fatto molto soffrire. Ma non fu colpa mia; no: fu una fatalità Sapessi come mi odio, e come soffro.»

Pareva prossima al pianto, ma si contenne°; ed aggiunse, mettendosi in posa:

si contenne: she restrained herself

«Fa, amico mio, che questo sia il tuo più bel quadro. Voglio che i tuoi concittadini vedano che una volgare donnicciuola° come me non può danneggiare,° per un suo capriccio,° un uomo del tuo valore.»

donnicciuola: little slut
danneggiare: harm
capriccio: whim

Passò una settimana, e il ritratto di cui Scipio si mostrava ogni giorno più contento, e senza, questa volta, i dubbi e i raffreddamenti improvvisi che gli facevano del lavoro un martirio,° non era ancora terminato. Maria era sempre puntuale; ma si capiva che questa puntualità doveva costarle cara. Scipio lo sapeva, e gliene era riconoscente. Un po' alla volta, forse

un martirio: un tormento

non diffidando più di se stesso, si abituò a rivolgerle la parola° per primo. Sentiva che Maria era infelice, e non solo per le scenate° di gelosia. O forse queste non erano che un pretesto, e giovavano,° meglio di ogni altra cosa, a mostrare tutto il brutto di un'anima. Qualcosa doveva succedere fra i due amanti; cosa egli non lo sapeva, e non faceva nulla per saperlo, pure accorgendosi della° gran voglia° che aveva Maria di fargli le sue confidenze. Il settimo giorno parevano in tutto due amici; parlavano perfino del passato; ci fu qualche « Ti ricordi? » pronunciato da Maria con un celato° rammarico,° ascoltato da Scipio con sorridente tristezza.

« È finito » disse una sera Scipio, alzandosi trasfigurato.° « Guarda! »

Maria ebbe una fitta al cuore,° e si avvicinò, tremante, alla tela. Non era forse un capolavoro; ma tale parve° alla modella.

« Sei grande! » esclamò.

Poi subito gli occhi le si riempirono di[12] lacrime,° ed appoggiò la graziosa testina sulle spalle dell'artista. « Lasciami, te ne prego » disse « lasciami piangere. »

Scipio la lasciò piangere a lungo; guardava fisso° il ritratto, e la consolava appena con qualche buona parola.

« Quanto sei grande e buono! » disse infine la donna, asciugandosi° gli occhi, e portando il fazzoletto alla bocca, come per reprimere° gli ultimi singhiozzi.° « Ti ho sempre conosciuto buono e generoso; ma solo adesso vedo che sei il migliore degli uomini. »

Scipio taceva, con la testa bassa e gli occhi a terra. Allora Maria gli prese una mano, e gliela coperse di baci appassionati.

« Mi ami ancora? » gli domandò.

Scipio non rispose; ma Maria intese, in quel suo silenzio, che l'amava, e che l'avrebbe amata sempre, per tutta la vita.

« Anch'io » disse « ti amo. E molto più adesso di prima. »

Scipio si rannicchiò° più che mai in se stesso; curvandosi, come se avesse ricevuto un fiero° colpo.

« Mi perdoni? » domandò Maria.

« Non ho nulla da perdonarti » disse Scipio; ma piano, ma così piano, che Maria dovette, per udirne le parole, piegarsi verso di lui. « È a me stesso che devo

---

[12] gli occhi le si riempirono di: *her eyes filled with*

rivolgerle la parola: parlarle
le scenate: *the row*
giovavano: aiutavano

accorgendosi della: notando la
voglia: desiderio

celato: nascosto
rammarico: *regret*

trasfigurato: cambiato
una fitta al cuore: *a pang of grief*
parve: *sembrò*

lacrime: *tears*

fisso: *fixedly*

asciugandosi: *drying*
reprimere: *to hold back*
singhiozzi: *sobs*

si rannicchiò: si piegò
fiero: fortissimo

46

perdonare, e a nessun altro. Non ho saputo amarti
abbastanza.» E le alzò in faccia i grandi occhi d'esta-
tico, dove una fiamma passò breve, e si spense.

«Ebbene» disse Maria «poiché io ti amo di nuovo, e
tu mi ami sempre, io... se mi vuoi... io resto.» E l'ansia
della risposta le portava via il cuore. «Vuoi?»

«No» disse dolcemente Scipio «non voglio.»

Da *Ricordi-Racconti*
Milano, Arnoldo Mondadori Editore

Esercizi

I.   Rispondi oralmente o per iscritto.

A.   1. Quale cambiamento Scipio Ratta trovò in Maria?
     2. Che cosa gli confessa Maria?
     3. Come reagisce Scipio nel sentire la confessione di Maria? Quale
        soluzione le offre Scipio?
     4. Perché Maria scriveva a Scipio lettere piene di esaltazione?
     5. Come passò quell'inverno Scipio?
     6. Che opinione ha Scipio di Nardi?
     7. Descrivi brevemente Nardi.
     8. Quale ritratto incompiuto piaceva a Scipio? Perché
        non può completarlo ora?
     9. Che cambiamento provoca in Scipio la primavera?
    10. Chi incontrò durante una delle sue passeggiate?
    11. Come reagirono Maria e Scipio nell'incontrarsi?
    12. Che piacere chiede Scipio a Maria?
    13. Come reagisce Nardi alla richiesta di Maria?
    14. Dove si incontreranno Maria e Scipio? Quando?
        Cosa dovrà portare Maria?
    15. Cosa assicurò Nardi a Scipio?
    16. "Questo pensiero gli faceva odiare Nardi." Quale
        pensiero?
    17. Descrivi brevemente l'incontro tra Maria e Scipio nello studio
        di questi il giorno dopo.
    18. Perché è meravigliata Maria? Cosa farà Scipio?
    19. Cosa pensava Maria di Scipio?
    20. Di che cosa si accorse Scipio il giorno dopo?
    21. Perché Maria gli suggerisce di affrettarsi a finire il ritratto?
    22. Che opinione ha Maria di sè?
    23. Perché le era riconoscente Scipio?
    24. Che cambiamento ci fu tra i due al settimo giorno?

25. Cosa pensa Maria del ritratto e dell'arte di Scipio?
26. Che opinione ha Maria di Scipio?
27. Cosa comprese Maria nel silenzio di Scipio? Cosa gli confida?
28. Che domanda Maria a Scipio?
29. Come reagisce questi?
30. Cosa chiede Maria a Scipio? Che risposta le dà questi?

B. 1. Secondo te, Maria si è comportata bene nei riguardi del Nardi?
    2. Se tu fossi Scipio, come avresti reagito?
    3. Quale pittore italiano preferisci? Perché?

II. A chi si attribuiscono le opere seguenti di pittura, scultura, architettura?
     Accoppia l'opera nella colonna B con il nome del pittore, scultore
     o architetto menzionato nella colonna A.

Colonna A
  1. Brunelleschi
  2. Ghiberti
  3. Giotto
  4. Leonardo
  5. Michelangelo
  6. Paolo Veronese
  7. Raffaello
  8. Tintoretto
  9. Tiziano
 10. Vasari

Colonna B
  a. Il David
  b. Susanna e i vecchioni
  c. Il Martirio di San Sebastiano
  d. La Maddalena
  e. Il Crocifisso per la Chiesa di
     Santa Maria Novella
  f. Gli Uffizi
  g. La Gioconda
  h. Gli affreschi nella Cappella Bardi
     in Santa Croce, a Firenze
  i. le *Logge* e le *Stanze* nel Vaticano
  j. Le porte del Battistero di Firenze

III. Chi sono?

In base alle indicazioni seguenti, indovina l'identità della persona
che si descrive.
  1. Nacqui a Caprese il 6 marzo 1475 e morii a Roma il 18 febbraio 1564.
  2. Fui architetto, scultore e pittore.
  3. Fui anche un buon poeta: rimane di me un *Canzoniere*, tra le
     cose migliori del Cinquecento, le *Rime* che rivelano il mio amore
     per Vittoria Colonna, le *Lettere* che rivelano gli aspetti del mio
     animo di artista.
  4. Sono considerato il più grande artista del Rinascimento italiano.
  5. Gli scolari e gli imitatori, che furono moltissimi, non riuscirono
     mai a raggiungere il pathos delle mie opere.
  6. Tra le mie opere di architettura troverai: la Sacrestia nuova di San
     Lorenzo per incarico di Clemente VII e la Biblioteca
     Laurenziana per Leone X, preceduta da un vestibolo che venne
     terminato dal Vasari.

7. Dirissi anche i lavori di San Pietro e ne ideai la Cupola.
8. Tra le mie sculture troverai: la *Pietà* di San Pietro in Vaticano, il *David* nell'Accademia a Firenze, il *Mosè* nella Basilica di San Pietro in Vincoli a Roma.
9. Fui chiamato a Roma nel 1505 da Giulio II e ebbi da questo l'incarico di costruirgli la tomba e di affrescare la Cappella Sistina.
10. Sulla parete di fondo dipinsi dal 1536 al 1541 il *Giudizio Universale* che Vasari chiamò "stupenda meraviglia del secolo nostro."

IV. Trova nel diagramma i nomi dei pittori, scultori, architetti elencati a sinistra. I nomi possono essere ricercati leggendoli sia da sinistra a destra che da destra a sinistra, o dall'alto in basso o dal basso in alto, oppure anche diagonalmente sia verso il basso che verso l'alto, purché sempre in linea retta. Le lettere rimaste daranno un aforismo del famoso medico greco Ippòcrate.

Diagramma

Botticelli											
Brunelleschi											
Cellini	M	G	I	O	R	G	I	O	N	E	L	A
Cimabue	B	I	H	O	L	L	E	T	A	N	O	D
Correggio	O	V	C	I	M	A	N	T	E	G	N	A
Donatello	T	O	S	H	B	I	T	E	O	A	I	E
Ghiberti	T	L	E	V	E	E	B	R	T	I	G	M
Giorgione	I	L	L	A	R	L	R	O	T	N	U	A
Giotto	C	E	L	S	E	V	A	T	O	I	R	S
Mantegna	E	A	E	A	E	L	A	N	I	L	E	A
Masaccio	L	F	N	R	R	T	E	I	G	L	P	C
Michelangelo	L	F	U	I	E	L	U	T	N	E	G	C
Perugino	I	A	R	E	U	B	A	M	I	C	L	I
Raffaello	A	R	B	C	O	R	R	E	G	G	I	O
Tintoretto												
Vasari												

Aforismo: _____ .

V. Identifica brevemente uno dei pittori, scultori o architetti seguenti. Parla della sua vita, menziona alcune sue opere e se è possibile illustra il tuo discorsetto o con diapositive o con una serie di illustrazioni tratte da vari libri d'arte.

1. Filippo Brunelleschi
2. Lorenzo Ghiberti
3. Giotto
4. Leonardo da Vinci
5. Michelangelo Buonarroti

6. Raffaello Sanzio
7. Tintoretto
8. Giorgio Vasari
9. Tiziano Vecellio
10. Paolo Veronese

VI. Ricapitoliamo...

Scrivi un riassunto di "Un uomo" in conformità con lo schema seguente.
1. La confessione di Maria
2. Il suggerimento di Scipio
3. Scipio solo
4. L'incontro di Scipio con Maria
6. La richiesta di Scipio
7. Incontri successivi tra Scipio e Maria
8. Scipio, pittore al lavoro
9. Scenate tra il Nardi e Maria
10. Confessione finale di Maria
11. Reazione di Scipio

VII. Parliamone insieme...

Esprimi la tua opinione sull'asserzione seguente di Scipio.
1. "La colpa era di chi restava, di chi non aveva saputo farsi amare abbastanza."

L'Emilia-Romagna

Superficie: 22.123 km^2 (una delle grandi regioni italiane per estensione)
Confini: ad est, è bagnata dal Mare Adriatico, a nord confina col Veneto e la Lombardia, a ovest col Piemonte e la Liguria, a sud con la Toscana e le Marche
Province: (8) Bologna, Ferrara, Forlì, Modena, Parma, Piacenza, Ravenna, Reggio Emilia
Capoluogo: Bologna
Dopo aver consultato una carta geografica dell'Italia, traccia una cartina dell'Emilia-Romagna indicando le otto province/città.

Luca Goldoni

Luca Goldoni è nato a Parma nel 1928. Dopo essersi laureato in legge, incominciò la professione di giornalista nel 1950. Ha girato il mondo prima come inviato speciale del *Resto del Carlino* e della *Nazione,* e attualmente del *Corriere della sera,* ma è giunto alla conclusione che il paese "estero" da scoprire è l'Italia. È l'Italia infatti il paese che da tempo esplora con sguardo attento e descrive con scrittura precisa in cui la freschezza delle immagini si fonde alla scorrevolezza del linguaggio parlato, raggiungendo effetti di imprevista e ironica grazia. Goldoni è un attento e ironico osservatore del costume e delle contraddizioni che in esso si vanno sviluppando.

Goldoni ha ricevuto il premio Estense per *Dal nostro inviato,* e il premio Bordighera per la letteratura satirica per l'*Italia veniale* da cui abbiamo tratto "Per lei dottore" e "La grande sfida."

Goldoni ha anche pubblicato due saggi, uno sul mondo degli investigatori privati e l'altro sulle donne al volante.

Vive a Bologna con moglie e figli.

Tra le opere di Goldoni facilmente accessibili segnaliamo: (presso Alfa) *Dal nostro inviato;* (presso Cappelli) *Italia veniale. Viaggio fra i peccati nazionali, Ma poi sparano. Dal nostro inviato, Pesce a mezz'acqua. Viaggio fra gli italiani medi;* (presso Mondadori) *Di' che ti mando io, È gradito l'abito scuro, È successo qualcosa, Esclusi i presenti.*

51

Per lei dottore[1]

Luca Goldoni

Cambio due gomme della macchina, chiedo quant'è l'uomo tira fuori il listino° dei prezzi, prende una biro,° un foglietto di carta, comincia a segnar numeri, a far percentuali e sottrazioni: dopo un po' mi mostra tutte quelle operazioni e, senza che io abbia aperto bocca,[2] dice: *sarebbero* ventiquattromila, meno lo sconto base,° sono ventunmilatrecentosessanta, meno lo sconto extra, ventimilaottocento. Entro nel negozio di radio, chiedo informazioni su un tipo di transoceanica a transistor,[3] l'uomo fruga fra i dépliants,° mi mostra quella che fa al caso mio,° riesco appena a leggere il prezzo, duecentoquarantamila, che mi dice: naturalmente con lo sconto viene molto meno, per far bene centottantamila. Torno dal Giappone, ho comprato una macchina fotografica,° la mostro a un amico che se ne intende, sai cosa l'ho pagata? la metà esatta di quello che costa qui. Lui sorride e dice: io l'ho comprata qui e l'ho pagata diecimila in meno di te, sconto cinquantacinque.°

Viviamo veramente una stagione° fortunata, i commercianti ci regalano trenta quaranta anche centomila lire al colpo,° tolgono il pane di bocca a sé e ai loro congiunti° ma, se non ci fanno lo sconto, non sono contenti. È l'era degli sconti, francamente non si riesce a capire perché si usi ancora la parola prezzo, perché si proclami prezzi imbattibili,° perché si dica a buon prezzo. Che cosa è il prezzo, chi è che paga il prezzo che sta segnato sui cartellini° o sui listini? Il prezzo non serve ormai più neppure come punto di riferimento, come base per le nostre aste° alla rovescia, perché se

il listino: *the (price) list*

una biro: una penna a sfera

lo sconto base: *basic discount*

i dépliants [fr.]: i foglietti pubblicitari

fa al caso mio: è adatta per me

una macchina fotografica: *a camera*

sconto cinquantacinque: con uno sconto del 55%

una stagione: un periodo di tempo

al colpo: alla volta

congiunti: parenti

imbattibili: *unbeatable*

cartellini: *price tags*

aste: *auctions*

---

[1] dottore: titolo di chi ha conseguito una laurea. In alcune regioni, si dà anche se la persona con cui si parla non ha frequentato l'università

[2] senza che io abbia aperto bocca: senza che io abbia detto una parola

[3] un tipo di transoceanica a transistor: *a type of transistor short wave radio*

andate a comprare una macchina fotografica che ufficialmente costa trecentomila, si comincia a discutere da duecentocinquantamila in giù perché il primo sconto, quello « base », è ormai consacrato° e si contratta invece sugli sconti extra e sugli sconti degli sconti. Al massimo i commercianti più severi oggi potrebbero appendere le targhette°: in questo negozio si praticano sconti fissi.

 È innegabile° che l'idea di sconto in questi ultimi anni si è un po' modificata: fino a qualche tempo fa era un trattamento di riguardo,° e ottenerlo era anche abbastanza complicato, mi manda il signor Pittaluga, lo zio di un cugino di sua nuora,° l'uomo dietro il banco aggrottava la fronte° quasi un po' contrariato° e poi diceva, ventunmilacentocinquanta, faremo ventunmila, va bene?

 Adesso siamo diventati tutti amici intimi dei negozianti perché, senza che li abbiamo mai incontrati prima, ci comunicano°: sarebbero diecimila ma *a lei* faccio settemilacinque.

 Le nostre mogli hanno imparato subito la lezione e ormai non dicono più quant'è? ma, quanto mi fa?[4] Gli uomini, che di natura sono molto meno brutali delle femmine, sono un po' più restii,° ma qualcuno è diventato bravo, ha già imparato la commedia, fingere° di andarsene, farsi acchiappare° per una manica, tornare indietro, dire ancora di no, rigirarsi, farsi riacchiappare° e via discorrendo°: in una mattinata si riesce anche a portar via una cravatta che costava tremila lire per duemilacinque.

 Mi sono fatto spiegare questa logica degli sconti che ci ha reso famosi in tutto il mondo. Ho domandato candidamente°: se una macchina fotografica, una lavatrice,° un giradischi,° un televisore costano duecentomila di listino e si vendono a centoventi, perché non si invogliano° i clienti mettendo fuori, sui cartellini, centoventi? Risposta: perché i clienti sono imbecilli° e preferiscono sentirsi dire che hanno avuto ottantamila lire di sconto, anche se in realtà questo sconto non è che la differenza fra il prezzo fasullo° e quello reale.

 Nel nostro paese° il trattamento «particolare», il rapporto confidenziale è una delle massime aspirazioni: amiamo entrare nel bar e dire forte, il solito,° ci

---

consacrato: preso per scontato [lit. *sacred*]

le targhette: *the signs*

è innegabile: non si può negare

riguardo: cortesia

nuora: *daughter-in-law*

aggrottava la fronte: *would frown*

contrariato: irritato

comunicano: dicono

restii: riluttanti a farlo

fingere: *to pretend*

acchiappare: prendere

riacchiappare: prendere di nuovo

e via discorrendo: eccetera

candidamente: ingenuamente

una lavatrice: *a washer*

un giradischi: *a record player*

si invogliano: si attirano

imbecilli: stupidissimi

fasullo: falso

nel nostro paese: in Italia

il solito: *the usual*

---

[4] quanto mi fa?: *what's the best price you can give me?*

facciamo pipì addosso[5] se, a una tavolata di amici,[6] il cameriere ci dice: e per lei dottore, come sempre, senza pepe e ben cotta. E quindi ci ingrassiamo confidandoci,[7] prova a° indovinare che sconto mi ha fatto, ci mostriamo gli acquisti come se fossero prede° strappate; non compriamo, *portiamo via*, non siamo degli acquirenti,° ma dei gladiatori che hanno vinto una battaglia.

    La logica degli sconti erga omnes° potrebbe essere spiegata con le suaccennate° considerazioni sulla materia grigia° della clientela: e tuttavia le perplessità rimangono: se accettiamo il trucco° psicologico dei negozianti che trovano più conveniente «regalare» trenta o quaranta mila lire, ci chiediamo però che interesse hanno i fabbricanti ad agevolare° questa commedia: in nome di cosa rinunciano a° sparare nelle loro campagne pubblicitarie prezzi più invoglianti° in luogo di quelli gonfiati°? Seconda risposta: perché i clienti sono imbecilli anche sotto questo aspetto. Se tu gli[8] dici che una macchina fotografica o un giradischi costa appena cinquantamila lire si insospettiscono, pensano che sia un tegame,[9] costa troppo poco. Così si fissa un prezzo «di prestigio» e poi si fa lo sconto.

    Fino a poco tempo fa eravamo poveri ed eravamo ossessionati dalla ricerca delle cose a buon mercato, ora siamo pervenuti,[10] abbiamo quattro soldi da parte:[11] ancora pochi per comprare gli oggetti che costano veramente, ma sufficienti a farci storcere la bocca per un prezzo troppo modesto.[12] Ecco così risolto il divario° fra disponibilità e ambizioni: possiamo comprare per una cantata[13] cose favolose che costano un'esagerazione.°

    Potremmo malinconicamente consolarci di queste nostre ingenue e un po' ridicole astuzie° se non scoprissimo, ogni tanto, che quel cappotto o quella cinepresa°

prova a: cerca di

prede: *quarries*

acquirenti: compratori

erga omnes [lat.]: verso tutti

suaccennate: suddette

materia grigia: tessuto del cervello

il trucco: l'inganno

agevolare: facilitare

rinunciano a: rifiutano di

invoglianti: attraenti

gonfiati: *inflated*

il divario: la differenza

un'esagerazione: moltissimo

astuzie: *tricks*

cinepresa: *movie camera*

---

[5] ci facciamo pipì addosso: *we get all excited* [l'espressione deriva dal linguaggio infantile]

[6] a una tavolata di amici: *at a table full of friends*

[7] ci ingrassiamo confidandoci: *we thrive on confiding in one another*

[8] gli = loro: ai clienti. Nella lingua parlata si usa spesso *gli* sia al singolare che al plurale.

[9] un tegame: *a piece of junk (lit., frying pan)*

[10] siamo pervenuti: *we've got it made*

[11] abbiamo quattro soldi da parte: *we have a few lire saved up*

[12] farci storcere la bocca per un prezzo troppo modesto: *to make us show our disgust for a very modest price*

[13] per una cantata: per pochi soldi *(for a song)*

o quell'elettrodomestico° che ci hanno dato con uno sconto che è la fine del mondo,° —sia chiaro dottore che è per lei ma non lo dica a nessuno per favore,— un nostro amico l'ha portato via per diecimila di meno: e così cominciamo a pensare che la concessione del trenta per cento o del trentacinque o del quarantuno e mezzo corrisponda a una fredda valutazione° della nostra faccia sveglia° o suonata°: ci chiediamo se invece di ottantamila lire di meno, non abbiamo pagato diecimila lire *in più* e cominciamo a dubitare che fra tutti questi sconti non ci si raccapezzi più[14] e si perda ogni idea del vero valore di un oggetto.

Ho avuto occasione di entrare in qualche bazar[15] a Casablanca,[16] ad Algeri,[17] a Tunisi,[18] i prezzi stavano scritti sui cartellini, ho offerto qualche dollaro in meno, si non rimessi a leggere il giornale, ho finto di andarmene, mi hanno lasciato andare. Il turismo è riuscito a insegnare la serietà agli arabi e gli arabi ora potrebbero insegnarla a noi.

Quindi bisogna cominciare a boicottare° i negozi che ci offrono gli sconti fasulli: restituiamo allo sconto il valore che aveva una volta quando era veramente un favore. Perché ci mandava il signor Pittaluga, lo zio di un cugino della nuora dell'uomo dietro il banco.

Da *Italia veniale*
Bologna, Cappelli Editore

l'elettrodomestico: *the household appliance*

la fine del mondo: altissimo

valutazione: *evaluation*

sveglia: *alert*

suonata: molto sciocca

boicottare: *to boyscott*

---

[14] non ci si raccapezzi più: non si riesca più a capire niente
[15] bazar: mercato dove si vendono le merci più svariate
[16] Casablanca: città e porto del Marocco
[17] Algeri: capitale e porto dell'Algeria
[18] Tunisi: città capitale della Tunisia

Esercizi

I. Rispondi oralmente o per iscritto.

A. 1. Calcola la percentuale dello sconto base e dello sconto extra che vengono concessi per il cambiamento delle due gomme.
2. Se Goldoni decide di comprare la radio a transistor, che sconto riceverà?
3. Perché è sorpreso Goldoni dalla risposta dell'amico?
4. Che cosa rende contenti i commercianti?
5. Secondo Goldoni, perché il prezzo non serve neppure come punto di riferimento?
6. "L'idea di sconto in questi ultimi anni si è un po' modificata." Spiega questa modifica.
7. Sia le mogli che i mariti hanno imparato la commedia. Cosa fanno alcuni mariti?
8. Cosa è stato risposto alla candida domanda di Goldoni?
9. Secondo Goldoni, qual è una delle massime aspirazioni degli italiani?
10. Come si spiega la logica degli sconti verso tutti?
11. Cosa scopriamo ogni tanto?
12. "Il turismo è riuscito a insegnare la serietà agli arabi e gli arabi ora potrebbero insegnarla a noi." Perché Goldoni arriva a questa conclusione?
13. Cosa ci suggerisce Goldoni di fare?

B. 1. Chiedi uno sconto quando compri qualcosa? Come reagisce il commerciante alla tua richiesta?
2. Condividi le idee di Goldoni? Giustifica la tua risposta.

II. Un turista vuole comprare gli oggetti menzionati nella colonna A. A quale negozio, menzionato nella colonna B, deve recarsi?

Colonna A	*Colonna B*
1. un chilo di carne	a. alla gioielleria
2. delle sigarette	b. alla libreria
3. del pane	c. alla pescheria
4. un anello	d. al bar
5. un giornale	e. alla macelleria
6. del prosciutto	f. alla farmacia
7. una aragosta	g. al tabacchino
8. dei romanzi	h. alla salumeria
9. dei medicinali	i. al forno
10. una bibita	j. all'edicola

56

III. Come si chiamano le persone che gestiscono questi negozi?
   1. la gioielleria
   2. la libreria
   3. il forno
   4. la macelleria
   5. il tabacchino
   6. la farmacia
   7. la salumeria
   8. il forno
   9. l'edicola
   10. il bar

IV. Ecco dodici espressioni con la parola *prezzo*. Scegline otto e per ogni espressione scrivi una frase che ne dimostri chiaramente il significato.
   1. prezzo di favore
   2. ultimo prezzo
   3. prezzo fisso
   4. prezzo all'ingrosso
   5. prezzo al minuto
   6. prezzo complessivo
   7. prezzo medio
   8. prezzo minimo
   9. prezzo di copertina
   10. prezzo ridotto
   11. a nessun prezzo
   12. a caro prezzo

La grande sfida°

Luca Goldoni

sfida: dare

Marciavo° allegro ma responsabile, a un tratto rallentai perché davanti a me c'era una macchina che stava superando.° Aspettai che completasse la manovra e, visto che la corsia di marcia° era sgombra° per quasi duecento metri, pensai che il signore davanti rientrasse dandomi strada. Il signore non rientrò, anche perché davanti a lui c'era un'altra macchina e poi un'altra, ne contai una decina: marciavano una in fila all'altra, nella corsia di sorpasso.° La corsia di marcia era sgombra o quasi, ma loro non si sognavano di rientrarvi, facevano l'andatura,[1] centodieci all'ora, gli altri si accodassero[2]. Cominciai a suonare,° prima educatamente poi sempre più furiosamente, avevo diritto di chiedere strada perché la corsia di sinistra serve solo a superare. Il signore a ogni strombazzata° insaccava la testa fra le spalle e se ne stava lì duro, tetragono,° i bambini che erano a bordo si affacciarono al lunotto posteriore° a guardare lo spettacolo inaudito di un tizio° che pretendeva di passare e ridevano agli evidenti lazzi° del padre che non mollava.°

Capii che le soluzioni erano due: o lo speronamento° da destra oppure la resa,° una frenata° e una sosta° in corsia d'emergenza a sbollire°; scelsi ovviamente la seconda soluzione e quando, poco dopo, arrivò un'auto della polizia spiegai che ero fuori dalla grazia di Dio e questo rappresentava uno stato di necessità perché guidare in quelle condizioni sarebbe stato delittuoso°: poi raccontai il caso, gli agenti furono comprensivi° e anzi partirono all'inseguimento dei superanti° per diritto divino.

Ripartii anch'io per vedere la Giustizia all'opera ma assistetti invece a uno spettacolo edificante[3] e

marciavo: *I was driving*

superando: *passing*

la corsia di marcia: *the inside lane*

sgombra: *clear*

corsia di sorpasso: *passing lane*

suonare: *to honk my horn*

strombazzata: *(horn) blast*

tetragono: fermo
lunotto posteriore: *rear window*

un tizio: qualcuno
lazzi: *quips*

non mollava: *would not give in*
lo speronamento: *the ramming*
la resa: *the yield*
una frenata: *a braking*
una sosta: una fermata
sbollire: calmarmi

delittuoso: *criminal*
comprensivi: *understanding*
superanti: *speeders*

---

[1] facevano l'andatura: *set the pace* (davano il passo)
[2] gli altri si accodassero: *let the others line up behind*
[3] edificante: che dà buon esempio

prevedibile°: appena la sagoma° verde oliva dell'Alfa[4] affiorava sugli specchi retrovisori° ogni macchina guizzava° sulla destra, docile, rispettosa, inattaccabile.°

È un riflesso condizionato, ormai: appena s'intravede sull'asfalto qualcosa di verde oliva, gli italiani rallentano, stringono a destra,° se potessero andrebbero nei campi, smettono di fumare, spengono la radio, si levano il cappello.

Gli italiani in autostrada si comportano così, un po' perché sono dei frustrati e hanno inconsci livori° per le macchine più veloci, e un po' perché sono ignoranti°: perché credono che la corsia di sorpasso appartenga al primo che la occupa e che la cede quando, giunto a destinazione, ha terminato il sorpasso. Questi sono comunque gli imbecilli innocui,° non lasciano passare, provocano itterizia,° turbe nervose,° ma non catastrofi. I pericolosi sono gli altri imbecilli° che sempre per le due menzionate ragioni (rivalsa° sociale verso il più veloce e quindi privilegiato e ignoranza del regolamento), procedono nella corsia di marcia e schizzano fuori mentre li state superando in piena velocità a trombe spiegate.° Le trombe° è provato che non si sentono perché gli italiani in autostrada o ascoltano la radio o discutono gesticolando con gli amici o litigano con la moglie; quando fanno un sorpasso mettono la freccia° meccanicamente senza guardare nello specchietto, oppure lo guardano ma non sanno valutare la velocità di chi gli arriva alle spalle oppure la sanno valutare ma se ne fregano,° ha i freni a disco quello lì? ha il servo freno°? li adoperi.

I più brillanti automobilisti d'Europa non si lasciano superare, si tagliano la strada° perché, tanto «ha torto chi tampona°», non sanno frenare ad alta velocità. Le nostre scuole guida° insegnano cos'è lo spinterogeno° e l'albero a camme,° gli esaminatori sono molto severi, bocciano° le ragazze che non sanno rispondere al quiz dei carri funebri (che hanno il tubo di scappamento° in alto per non asfissiare il mesto° corteo) bocciano gli allievi° che, parcheggiando a marcia indietro, strisciano° la gomma contro il marciapiede. Poi i bocciati si ripreparano, rispondono fulmineamente° ai quiz, fanno due chilometri per le stradine

---

[4] la sagoma verde oliva dell'Alfa: è ovviamente la macchina della polizia stradale

prevedibile: *predictable*

la sagoma: *the outline*

specchi retrovisori: *rear-view mirrors*

guizzava: *darted*

inattaccabile: *irreproachable*

stringono a destra: *squeeze (to the) right*

livori: invidie

ignoranti: malinformati

innocui: *harmless*

itterizia: *yellow jaundice*

turbe nervose: *nervous disorders*

imbecilli: idioti

rivalsa: *revenge*

a trombe spiegate: suonando forte

le trombe: i clacson

la freccia: *the signal*

se ne fregano: *do not give a damn*

il servo freno: *power brakes*

si tagliano la strada: *cut each other off*

tampona: urta

scuole guida: *driving schools*

lo spinterogeno: *the distributor*

l'albero a camme: *the cam*

bocciano: *fail*

il tubo di scappamento: *the exhaust pipe*

mesto: triste

gli allievi: gli studenti

strisciano: *rub*

fulmineamente: rapidamente

59

del centro in prima e seconda,° vengono promossi,° pigliano° l'autostrada e volano nell'altra corsia.

Accendo i fanali,° ho sperimentato che la luce dei fari, anche in pieno giorno, fa vibrare un riflesso «insolito» nello specchietto anche del guidatore più allergico all'occhiata retrovisiva. (L'unico inconveniente dei fari accesi è che bisogna ringraziare tutti quelli che ti incrociano e ti lampeggiano° e cercare di spiegargli che lo sai e che lo fai apposta°).

Vedo lontano un autocarro che mette la freccia, rallento: l'autocarro° inizia la manovra di sorpasso di un altro autotreno°: perfetto. Rallento ancora e mi accodo al grosso veicolo in fase di superamento. Lo spettacolo comincia a delinearsi: il primo autotreno andrà a sessanta all'ora, quello che lo supera andrà a sessantuno, il sorpasso avviene col contagocce.° Mi aspetto che il primo autista compia l'eroico gesto di staccare qualche millimetro di acceleratore per facilitare la manovra. Macché,° quando la motrice° del secondo autocarro arriva faticosamente all'altezza della sua cabina, il primo camionista° riesce addirittura ad accelerare, a raggiungere la velocità del secondo autotreno. Siamo già in una ventina di automobilisti accodati, ad assistere all'avvincente,° titanica sfida: i due pachidermi° procedono appaiati a pochi centimetri e i rimorchi,° per accrescere il brivido,° scodinzolano.° Finalmente, dopo diversi chilometri, dopo l'urlo selvaggio delle nostre trombe il secondo camionista rinuncia al sorpasso, perde lentamente terreno si riporta nella sua corsia. Oltrepassiamo il primo camionista che ghigna° soddisfatto.

All'uscita ho davanti a me una «124»° e la guida uno col cappello e quelli che guidano col cappello, tanto per cominciare,° mi urtano° come quelli che se lo tengono in testa al cinema. Il tizio col cappello si ferma alla biglietteria, toglie la marcia,° cerca la scheda, la consegna° al controllore, poi si mette a parlare con sua moglie. Lo distoglie dalla conversazione il bigliettaio, ma guarda, per dirgli che deve pagare il pedaggio°: allora l'uomo col cappello si toglie i guanti, sfilandoseli° dito per dito come quando in anticamera si consegna il tutto al maggiordomo°, estrae° il portafoglio, consegna un biglietto da diecimila e si rimette a parlare con sua moglie. Il controllore poco dopo gli restituisce il resto° e lui comincia a piegare le banconote per riporle: allora gli dò un colpetto di tromba e lui si volta

prima e seconda: *first and second gear*

vengono promossi: *are passed*

pigliano: *prendono*

i fanali: *the headlights*

lampeggiano: *flash*

apposta: *on purpose*

l'autocarro: *the truck*

autotreno: *tractor trailer*

contagocce: molto lentamente

macché: *not on your life*

la motrice: il motore

camionista: *truck driver*

avvincente: *fascinating*

pachidermi: elefanti

i rimorchi: *the trailers*

il brivido: *the shiver*

scodinzolano: *swerve*

ghigna: *smirks*

una 124: *Fiat model 124*

tanto per cominciare:
to begin with

mi urtano: mi irritano

toglie la marcia: *puts the car into neutral*

consegna: dà

il pedaggio: *the toll*

sfilandoseli: *slipping them off*

maggiordomo: *butler*

estrae: tira fuori

il resto: *the change*

e mi guarda, senza malanimo,° mi sembra, con un senso di doloroso rimprovero: siamo fra gentiluomini, no? sembrava che mi ammonisse.° Poi si è rimesso i guanti, ha ingranato la marcia:[5] era la terza e gli si è spento il motore.[6]

senza malanimo: *without hostility*

ammonisse: rimproverasse

Da *Italia veniale*
Bologna, Cappelli Editore

Esercizi

I. Rispondi oralmente o per iscritto.

A. 1. Perché cominciò a suonare il clacson Goldoni?
2. Quale reazione riceve dal signore?
3. "Capii che le soluzioni erano due." Quali erano le due soluzioni?
4. Quale soluzione sceglie Goldoni? Perché?
5. Che effetto ebbe sugli automobilisti il vedere l'auto della polizia?
6. Perché, secondo Goldoni, gli italiani si comportano così al volante?
7. Perché non sentono le trombe gli automobilisti italiani?
8. Come dimostrano la loro severità gli esaminatori di guida?
9. Che effetto fanno i fanali accesi?
10. "Lo spettacolo comincia a delinearsi." Descrivi "lo spettacolo."
11. Che tipo di gente urta Goldoni?
12. Descrivi la scena finale del signore al casello.

B. 1. Che tipo di esame hai dovuto sostenere per ottenere la patente?
2. Per quali infrazioni al codice stradale fa la contravvenzione la polizia?
3. Hai mai dovuto pagare una contravvenzione? Quando? Perché?
4. Secondo te, guidi bene? Giustifica la tua risposta.

II. Che cosa significa...?

Cerca in un buon dizionario la definizione degli autoveicoli seguenti.
1. autoambulanza
2. autoarticolato
3. autocivetta
4. autocorriera
5. autobus
6. autocarro
7. autopullman
8. autosnodato
9. autotreno
10. autovettura

---

[5] ha ingranato la marcia: *he put his car in gear*
[6] era la terza e gli si è spento il motore: *it was in third gear and his car stalled*

61

III. In Italia i segnali stradali si distinguono in segnali di pericolo, segnali di prescrizione e segnali di indicazione. I segnali di pericolo hanno la forma triangolare con un vertice verso l'alto. I segnali di prescrizione hanno forma circolare e si suddividono in segnali di divieto e segnali d'obbligo. I segnali di indicazione hanno forma quadrangolare. Identifica la didascalia che descrive i segnali seguenti.

a. curva a destra
b. doppia curva
c. passaggio per pedoni
d. incrocio
e. strada sdrucciolevole
f. divieto di svolta a sinistra
g. divieto di inversione ad "U"
h. limitazione di velocità

i. parcheggio
j. ospedale
k. telefono
l. rifornimento
m. assistenza meccanica
n. lavori
o. divieto di accesso
p. bambini

IV. Come si dice...?

Trova nella colonna B la traduzione dei vocaboli elencati nella colonna A.

Colonna A
1. il casello
2. il pedaggio
3. il raccordo
4. il semaforo
5. il posteggio
6. il guardavia
7. il cimitero delle automobili
8. il passaggio a livello
9. le ore di punta
10. la circolazione
11. lo scontro
12. la cintura di sicurezza
13. fare il pieno
14. la stazione di servizio
15. i pedoni
16. la patente
17. il foglio rosa
18. la contravvenzione
19. dare la precedenza
20. il sottopassaggio

Colonna B
a. traffic light
b. seat belt
c. underpass
d. pedestrians
e. toll
f. rush hours
g. toll booth
h. to yield the right of way
i. parking
j. accident
k. ramp
l. driver's licence
m. fine
n. guardrail
o. level-crossing
p. to fill up
q. junk yard
r. service station
s. temporary driving permit
t. traffic

V. Tema

Svolgi il tema seguente.
1. Gli italiani in autostrada

Giovannino Guareschi

Guareschi scriveva personalmente i risvolti per i suoi libri. Crediamo che se fosse ancora vivo avrebbe voluto presentarsi da sé e citiamo, quindi, *in toto* quello che Guareschi diceva di sé nel risvolto di *Don Camillo e il suo gregge:*

"Adesso vi racconto tutto di me. Il primo maggio 1908, a Fontanelle di Roccabianca, ridente villa della Bassa parmese, in una delle casette che si affacciano sulla piazza, nacque una bambina cui poi venne dato il nome di Ermelinda.

Non ero io: io nacqui sì in quel paese e il primo maggio 1908, ma in una casa dall'altra parte della piazza. Tanto è vero che poi mi venne dato il nome di Giovannino.

In complesso mi chiamo Giovannino Guareschi ho l'età esatta che si addice a un giovane uomo nato nel 1908.

Ho due figli che a me sono molto simpatici. Il primo si chiama Alberto, il secondo si chiama Carlotta. Ciò dipende dal fatto che mentre il primo è di sesso maschile, il secondo è di sesso femminile; come del resto è di sesso femminile la madre, una signora che era molto più simpatica quando era ancora signorina. I miei figli e mia moglie hanno complessivamente 78 anni. L'età di mia figlia più l'età di sua madre fa 62. L'età di mio figlio più l'età di sua madre fa invece 66. Questo è tutto quello che posso dirvi dell'età di mia moglie. Per facilitarvi posso aggiungere che mia figlia ha 12 anni.

Ho frequentato con profitto il Liceo Classico dove ho imparato come non deve scrivere un giornalista. Poi ho frequentato l'Università, ma non ho ancora trovato il tempo per laurearmi: l'unico inconveniente è che, adesso, non mi ricordo più se ho frequentato il corso di Giurisprudenza o quello di Medicina. Il parere dei miei compagni di studi è discorde.

Scrivo e disegno, ma non sono in grado di dirvi se sono da disistimare più come scrittore che come disegnatore. Ciononostante tiro avanti discretamente, aiutato molto dal fatto di possedere due notevoli baffi che mi danno una certa notorietà.

Conduco una vita molto semplice. Non mi piace viaggiare, non pratico nessuno sport, non credo nelle vitamine. In compenso credo in Dio.

Sono un lavoratore tenace e, sotto questo aspetto, sono la consolazione della mia famiglia, e i miei figli mi citano sempre come esempio alla loro madre.

Da parte mia sono profondamente grato ai miei genitori d'avermi messo al mondo. E gratissimo sono al Padreterno perché non m'ha fatto né peggiore né migliore di quello che sono.

Io volevo essere esattamente così come sono.
Diverso di così mi andrei largo o stretto."
Guareschi morì improvvisamente a Cervia, vicino Rimini nel luglio del
1968.

Scrittore e giornalista, Guareschi fu redattore capo del settimanale
umoristico *Bertoldo* dal 1936 al 1943; dal 1945 condirettore con Giovanni
Mosca e dal 1951 al 1957 direttore di *Candido*. Guareschi è il più valente
e popolare umorista italiano rivelatosi durante e dopo la seconda guerra
mondiale. Si è conquistato sia in Italia che all'estero una rinomanza grandis-
sima. Il suo successo è dovuto al ciclo di don Camillo, reso ancor più popolare
da una serie di riduzioni cinematografiche.

Nella prefazione a *Mondo Piccolo,* Guareschi ci offre questa spiegazione
della sua opera: "Adesso c'è il fatto che in queste storie parla spesso il Cristo
crocifisso. Perché i personaggi principali sono tre: il prete don Camillo, il
comunista Peppone e il Cristo crocifisso. Ebbene, qui occorre spiegarsi: se i
preti si sentono offesi per via di don Camillo, padronissimi di rompermi un
candelotto in testa; se i comunisti si sentono offesi per via di Peppone, padronissimi di rompermi una stanga sulla schiena. Ma se qualcun altro si sente
offeso per via dei discorsi del Cristo, niente da fare; perché chi parla nelle mie
storie, non è il Cristo, *ma il mio Cristo:* cioè la voce della *mia* coscienza."

Tra le opere ancora disponibili, tutte pubblicate dalla casa editrice
Rizzoli, segnaliamo: *Il compagno don Camillo, Corrierino delle famiglie,
Il destino si chiama Clotilde, Diario clandestino, Don Camillo e i giovani
d'oggi, Don Camillo e il suo gregge, Don Camillo — Mondo piccolo, La
favola di Natale, Il marito in colleggio, La scoperta di Milano, Vita in
famiglia, Lo zibaldino.*

La febbre dell'oro

Giovannino Guareschi

L'atomica[1] scoppiò verso il mezzogiorno del lunedì, quando arrivarono i giornali.

Uno del paese aveva fatto il colpo° al totocalcio[2] vincendo dieci milioni. I giornali precisavano che si trattava di certo Pepito Sbezzeguti: ma in paese non vi era nessun Pepito e nessun Sbezzeguti.

<small>aveva fatto il colpo: era riuscito a vincere</small>

Il gestore° della ricevitoria,° assediato dal popolo in agitazione,° allargò le braccia:

«Sabato c'era mercato° e ho venduto un sacco di° schedine a dei forestieri.° Sarà uno di quelli. Comunque salterà° fuori.»

<small>il gestore: *the manager*</small>
<small>ricevitoria: *receiving office for lottery money*</small>
<small>in agitazione: *in upheaval*</small>
<small>c'era mercato: *was market day*</small>
<small>un sacco di: molte</small>

Invece non saltò fuori niente di niente, e la gente continuò a tormentarsi perché sentiva che quel Pepito Sbezzeguti era un nome che suonava° falso. Passi lo Sbezzeguti: ci poteva essere uno Sbezzeguti tra i forestieri venuti al mercato. Ma un Pepito, no.

<small>forestieri: persone di altri paesi</small>
<small>salterà: verrà</small>
<small>suonava: sembrava</small>

Quando uno si chiama Pepito non può partecipare a un mercato di paese dove si trattano granaglie,° fieno,° bestiame° e formaggio grana.[3]

<small>granaglie: *corn*</small>
<small>fieno: *hay*</small>
<small>bestiame: *livestock*</small>

«Per me quello è un nome finto°» disse nel corso di una lunga discussione l'oste del Molinetto. «E se uno adopera° un nome finto questo significa che non è un forestiero ma uno del paese che non vuol farsi conoscere.»

<small>finto: non reale</small>
<small>adopera: usa</small>

Si trattava di un'argomentazione° piuttosto approssimativa: ma fu accolta come la più rigorosamente logica e la gente, disinteressatasi dei° forestieri, accentrò° la sua attenzione sugli indigeni.°

<small>un'argomentazione: un ragionamento</small>
<small>disinteressatasi dei: *taking no interest in*</small>
<small>accentrò: *focused*</small>
<small>sugli indigeni: su quelli del paese</small>

E le ricerche vennero condotte con ferocia,° come se si trattasse di trovare non il vincitore d'una lotteria ma un delinquente.°

<small>con ferocia: intensamente</small>
<small>un delinquente: un criminale</small>

---

[1] l'atomica = la bomba atomica: la grande notizia

[2] totocalcio: forma abbreviata di *tot (alizzatore del) calcio,* pubblico concorso settimanale a premi in cui risulta vincitore chi pronostica esattamente i risultati delle partite di calcio che devono essere giocate in Italia la domenica seguente

[3] formaggio grana: tipo di formaggio simile al parmigiano

Senza ferocia, ma con indubbio° interesse, si occupò della faccenda anche don Camillo. E, poiché gli pareva che il Cristo non vedesse con eccessiva benevolenza questa sua attività di segugio,° don Camillo si giustificò°:

«Gesù, non è per insana curiosità che io faccio questo, ma come un dovere. Perché merita di essere additato° al disprezzo del prossimo° chiunque, ricevuto un grande beneficio dalla Divina Provvidenza, lo tenga nascosto.»

«Don Camillo,» rispose il Cristo «dato e non concesso[4] che la Divina Provvidenza si occupi di totocalcio, ho l'idea che la Divina Provvidenza non abbia bisogno di pubblicità. Inoltre è il fatto in sé che conta: e il fatto è noto in tutti i particolari essenziali: c'è qualcuno che ha vinto al gioco una grossa somma. Perché ti affanni° nel voler sapere chi sia quest'uomo fortunato? Interessati piuttosto della gente non favorita dalla fortuna, don Camillo.»

Ma don Camillo aveva ormai il chiodino piantato in mezzo al cervello[5] e il mistero del Pepito lo affascinava sempre di più.

Finalmente un lampo° illuminò le tenebre.°

A don Camillo venne voglia di mettersi a suonare il campanone° quando scoperse la chiave di quel nome: seppe resistere alla tentazione di aggrapparsi° alla corda della «Geltrude»[6], però non seppe° resistere all'altra tentazione. Quella di buttarsi addosso il tabarro° e di andare a fare un giretto° in paese.

E, arrivato dopo pochi istanti davanti all'officina° di Peppone, non seppe neppur resistere alla tentazione di fermarsi e di mettere dentro la testa per dare un salutino al sindaco:

«Buongiorno, compagno° Pepito!»

Peppone smise° di smartellare° e gli piantò addosso due occhi spiritati:[7]

«Cosa vorreste dire, reverendo?»

«Niente: Pepito, in fondo, non è che un diminutivo di Peppone. E poi si dà pure il caso curioso che,

---

indubbio: forte

segugio: agente investigativo
si giustificò: si scusò

additato: mostrato
prossimo: *fellow men*

ti affanni: ti preoccupi

un lampo: *lightning*
le tenebre: *the darkness*
il campanone: la grande campana
aggrapparsi: *to cling*
seppe: riuscì a
il tabarro: *the cloak*
fare un giretto: *to go about*
officina: *shop*

compagno: *comrade*
smise: cessò
smartellare: *to hammer*

---

[4] dato e non concesso: *let us say for the sake of argument*
[5] il chiodino piantato in mezzo al cervello: *a bug in his ear (lit., a little nail planted in the middle of his brain)*
[6] Geltrude: nome che don Camillo ha dato alla campana
[7] gli piantò addosso due occhi spiritati: *stared at him with two terrified eyes*

anagrammando Pepito Sbezzeguti, salta fuori qualcosa che somiglia stranissimamente° a Giuseppe Bottazzi.»

Peppone riprese° a smartellare tranquillamente. «Andatelo a raccontare al direttore° della *Domenica Quiz*»[8] disse. «Qui non si fanno degli indovinelli; qui si lavora.»

Don Camillo scosse il capo:

«Mi dispiace sinceramente che tu non sia il Pepito che ha vinto i dieci milioni.»

«Dispiace anche a me» borbottò Peppone. «Se non altro, adesso potrei offrirvene due or tre per convincervi a tornare a casa vostra.»

«Non ti preoccupare, Peppone, io i piaceri li faccio gratis»[9] rispose don Camillo andandosene.

Dopo due ore tutto il paese sapeva alla perfezione° che cosa fosse un anagramma e non c'era casa dove il povero Pepito Sbezzeguti non venisse spietatamente° vivisezionato° per vedere se davvero avesse nella pancia il compagno Giuseppe Bottazzi.

La sera stessa ci fu alla Casa del Popolo una riunione straordinaria dello stato maggiore° dei rossi.°

«Capo,» spiegò lo Smilzo prendendo la parola «i reazionari hanno ripreso in pieno la loro tattica propagandistica° della calunnia.° Il paese è in subbuglio.° Ti accusano di essere tu quello che ha vinto i dieci milioni. Bisogna intervenire con energia e inchiodare° al muro i diffamatori.°»

Peppone allargò le braccia: «Dire che uno ha vinto dieci milioni al totocalcio non è una persona accusandola di aver compiuto un atto disonesto. Vincere al totocalcio non è una cosa disonesta.»

«Capo,» replicò lo Smilzo «la diffamazione politica avviene anche accusando l'avversario di aver commesso un'azione onesta. Quando un'accusa porta del danno al Partito allora è da considerare diffamazione.»

«La gente ride alle nostre spalle» aggiunse il Brusco. «Bisogna farla smettere.»

«Ci vuole un manifesto°!» esclamò il Bigio. «Un manifesto che parli chiaro.»

---

stranissimamente: *very strangely*

riprese: ricominciò

direttore: *editor*

alla perfezione: perfettamente

spietatamente: crudelmente

vivisezionato: *vivisected*

stato maggiore: *staff*

rossi: *reds, i.e., communists*

propagandistica: *advertising*

calunnia: *slander*

in subbuglio: in agitazione

inchiodare: *to nail*

i diffamatori: *the slanderers*

una diffamazione: *slander*

un manifesto: *a public announcement*

---

[8] *Domenica Quiz:* settimanale di parole crociate pubblicato dalla casa editrice Rizzoli

[9] io i piaceri li faccio gratis: *I don't charge for favours*

68

Peppone si strinse nella spalle.° «Va bene, domani ci pensiamo.»

Lo Smilzo cavò di saccoccia° un foglio:

«Per non darti fastidi° lo abbiamo già preparato noi. Se ti va, lo si fa stampare° subito e domattina lo appiccichiamo°.»

Lo Smilzo lesse ad alta voce:

«Il sottoscritto° Giuseppe Bottazzi dichiara di non aver niente in comune col Pepito Sbezzeguti vincitore dei dieci milioni del totocalcio. È inutile che i reazionari cerchino di calunniarmi identificandomi col neo° milionario suddetto°: qui di neo c'è soltanto il loro fascismo.[10]

Giuseppe Bottazzi»

Peppone scosse il capo.

«Sì, va bene; però fino a quando non vedo roba stampata non rispondo con roba stampata.°»

Lo Smilzo non era d'accordo:

«Capo, mi pare che sia sciocco aspettare che uno ci dia una schioppettata° per rispondergli con una schioppettata. La regola è di sparare un minuto secondo prima degli altri.»

«La regola è quella di sparare una pedata nel sedere a quelli che si occupano dei fatti miei personali. Non ho bisogno di difensori: so difendermi benissimo da solo.»

Lo Smilzo si strinse nelle spalle°: «Se la prendi così» borbottò «non c'è più niente da dire.»

«La prendo così!» urlò Peppone pestando un pugno sul tavolo. «Ognuno per sé e il Partito per tutti!»

Lo stato maggiore se ne andò poco convinto.

«Lasciarsi accusare di aver vinto dieci milioni, per me è un segno di debolezza» osservò lungo la strada lo Smilzo. «Tanto più che c'è la complicazione dell'anagramma.»

«Speriamo bene!» sospirò il Bigio.

Dopo le chiacchiere arrivò la roba stampata: il giornale degli agrari° pubblicò un trafiletto[11] intitolato: *Gratta*° *il Peppone e troverai il Pepito.* Il paese si

---

si strinse nelle spalle: *shrugged his shoulders*

saccoccia: tasca

darti fastidi: disturbarti

lo si fa stampare: *we'll have it printed*

lo appiccichiamo: *we'll hang it up*

il sottoscritto: *the undersigned*

neo: nuovo

suddetto: menzionato sopra

roba stampata: *printed "stuff"*

una schioppettata: *gunshot*

si strinse nelle spalle: *shrugged his shoulders*

agrari: *landowners*

gratta: *scratch*

---

[10] neo-fascismo: movimento che in Italia, dopo il 1945, ha ripreso l'azione politica del fascismo
[11] trafiletto: breve notizia pubblicata con rilievo tipografico

spaccò le budella per il gran ridere[12] perché il trafiletto
era scritto da uno che ci sapeva fare.° Allora lo stato
maggiore si riunì alla Casa del Popolo e disse chiaro e
tondo° che un intervento energico era necessario. «Sta
bene» rispose Peppone: «fate stampare il manifesto e
appiccicatelo.»

Lo Smilzo volò[13] in tipografia° e, un'ora dopo, don
Camillo riceveva dalle mani del Barchini la primis-
sima° bozza.°

«È un brutto colpo per il giornale» osservò malinconicamente don Camillo. «Se i milioni li avesse vinti
lui si guarderebbe bene dal far stampare una cosa del
genere. A meno che non abbia già incassato° o fatto
incassare la vincita.°»

«Non si è mosso di qui» lo rassicurò il Barchini. «È
sorvegliato da tutto il paese.»

Era già tardi e don Camillo andò a letto. Ma alle tre di
notte lo vennero a svegliare. Ed era Peppone.

Peppone entrò dalla parte dell'orto[14] e, quando fu
nell'andito,° stette a spiare° attraverso la porta socchiusa.° Era agitatissimo.

«Spero che non mi abbia visto nessuno» disse alla
fine. «Mi pare sempre di essere spiato.»

Don Camillo lo guardò preoccupato.

«Non sei diventato matto, per caso?»

«No: ma ho paura che lo diventerò.»

Si sedette e si asciugò il sudore.

«Parlo col prete o con la gazzetta del paese°?» si
informò Peppone.

«Dipende da quello che vieni a dirmi.»

«Vengo per parlare col prete.»

«Il prete ti ascolta» disse gravemente don Camillo.

Peppone rigirò° un poco il cappello tra le mani poi si
confessò: «Reverendo, ho detto una grossa bugia.
Pepito Sbezzeguti sono io.»

Don Camillo ricevette la bomba atomica proprio
sulla cima della testa e rimase qualche minuto senza
fiato.°

«Dunque, sei tu quello che ha vinto i dieci milioni al
totocalcio!» esclamò quando ebbe ritrovato il numero

uno che ci sapeva fare:
una persona abile

chiaro e tondo: francamente

tipografia: *printing shop*

la primissima: *the very first*

bozza: *galley proof*

incassato: ricevuto

la vincita: *the winnings*

andito: vestibolo

spiare: osservare attentamente

socchiusa: un po' aperta

la gazzetta del paese:
the town crier

rigirò: *turned again*

senza fiato: *breathless*

---

[12] si spaccò le budella per il gran ridere: *split its sides with laughter*
[13] volò: *(lit., flew) rushed*
[14] entrò dalla parte dell'orto: *entered from the orchard's side; entered
through the back door*

70

di casa.[15] « E perché non l'hai detto prima?»

« Non l'ho detto neanche adesso perché io sto parlando col prete. A voi deve interessare soltanto la bugia.»

Ma a don Camillo interessavano i dieci milioni e, dopo aver guardato con disprezzo° Peppone, lo fulminò° con roventi° parole:

« Vergogna°! Un compagno, un proletario che vince dieci milioni! Lasciale fare ai borghesi capitalisti queste porcherie. Un bravo comunista, i quattrini se li deve guadagnare col sudore della fronte.»

Peppone sbuffò°:

« Reverendo, non ho voglia di scherzare. Non sarà mica un delitto giocare al totocalcio!»

« Non scherzo e non dico che sia un delitto vincere al totocalcio. Affermo semplicemente che un buon comunista non gioca al totocalcio.»

« Stupidaggini! Giocano tutti.»

« Male. E malissimo nel caso tuo perché tu sei un capo, uno di quelli che debbono guidare la lotta° del proletariato. Il totocalcio è una delle più subdole° armi inventate dalla borghesia capitalista per difendersi dal proletariato. Un'arma efficacissima e che non costa niente alla borghesia. Anzi le dà dei grossi guadagni. Un buon comunista non aiuta, ma combatte fieramente° il totocalcio!»

Peppone scrollò le spalle° con stizza.

« Non ti agitare,° compagno! Tutto quanto serve a illudere il lavoratore di potersi procurare il benessere con mezzi che non siano la rivoluzione proletaria, è contrario al benessere del popolo e favorevole alla causa dei nemici del popolo! Tu favorendo il totocalcio tradisci la causa del popolo!»

Peppone agitò le braccia:

« Reverendo,» gridò « piantiamola di buttare sempre le cose in politica!»[16]

« Compagno! E la rivoluzione proletaria?»

Peppone pestò i piedi.

« Ti capisco, compagno» concluse sorridendo don Camillo. « In fondo hai ragione. Meglio dieci milioni oggi che la rivoluzione proletaria domani.»

disprezzo: *contempt*
fulminò: *dumbfounded*
roventi: *fiery*
vergogna!: *shame on you!*

sbuffò: *snorted*

la lotta: *the struggle*
subdole: insidiose

fieramente: *proudly*
scrollò le spalle: si strinse nelle spalle
non ti agitare: non ti arrabbiare

---

[15] quando ebbe ritrovato il numero di casa: quando si riebbe dalla sorpresa

[16] piantiamola di buttare sempre le cose in politica: *do we always have to make a political issue out of everything?*

Don Camillo attizzò° il fuoco poi dopo qualche minuto si volse verso Peppone.

attizzò: pohed

«Sei venuto qui per dirmi soltanto che hai vinto i dieci milioni?»

Peppone sudava.

«Come faccio a incassarli senza che nessuno sappia niente?»

«Vai direttamente.»

«Non posso, mi sorvegliano. E poi non posso più andare io: domattina esce la dichiarazione.»

«Manda uno di tua fiducia.»[17]

«Non mi fido di nessuno.»

Don Camillo scosse il capo: «Non so cosa dirti.»

Peppone gli mise davanti al naso[18] una busta:

«Andate voi, reverendo.»

Peppone si alzò e si avviò verso la porta e don Camillo rimase lì a guardare la busta.

Don Camillo partì la mattina stessa e tre giorni dopo era di ritorno. Arrivò che era sera tarda e, prima di entrare in canonica, andò a parlare col Cristo dell'altar maggiore.

Aveva con sé una valigetta che posò sulla balaustra dell'altare° e aprì. «Gesù,» disse con voce molto severa «questi sono dieci pacchi di cento biglietti da diecimila ciascuno. Totale dieci milioni per Peppone. Io mi permetto di farvi notare semplicemente che quel senza Dio° non meritava un premio di questo genere.»

balaustrada dell'altare: altar rail

quel senza Dio: quell'ateo

«Dillo a quelli del totocalcio» lo consigliò il Cristo.

Don Camillo se ne andò con la sua valigia e, salito al primo piano della canonica, accese e spense tre volte la luce, secondo quanto convenuto° con Peppone.

secondo quanto convenuto: as previously agreed

Peppone, che era in vedetta,° rispose accendendo e spegnendo due volte la luce della sua camera da letto.

in vedetta: on the look out

Arrivò in canonica dopo due ore, intabarrato° fino agli occhi. Entrò dalla parte dell'orto, sbarrò la porta col catenaccio.[19]

intabarrato: wrapped up in a cloak

«E allora?» domandò a don Camillo che aspettava in tinello.[20]

Don Camillo si limitò a fargli un cenno per indicargli la valigetta che stava sulla tavola.

Peppone si appressò° e con mani tremanti aperse la valigetta.

si appressò: si avvicinò

---

[17] uno di tua fiducia: *one you can trust*
[18] gli mise davanti al naso: *placed right under his nose*
[19] sbarrò la porta col catenaccio: *locked the door securely*
[20] tinello: stanza attigua alla cucina, salotto

Vedendo i pacchi di banconote° gli si riempì la fronte di sudore.°

«Dieci milioni?» sussurrò.

«Dieci milioni: puoi contarli.»

«No, no!»

Continuò a guardare i pacchi di banconote, come affascinato.

«Certo» sospirò don Camillo: «dieci milioni sono un bel malloppo,° oggi come oggi. Però cosa saranno domani? Basta una notizia preoccupante per distruggere il valore del denaro, e fare di questi quattrini un mucchio di cartaccia.»

«Bisognerebbe investirli subito» disse Peppone con un po' d'ansia. «Con dieci milioni si può comprare un discreto° podere.° La terra è sempre terra...»

«'La terra ai contadini' dice il comunismo. Non 'la terra ai fabbri'.° Ti porteranno via tutto. Il comunismo è destinato a trionfare. Il mondo va a sinistra, caro compagno...»

Peppone continuava a guardare le banconote.

«Oro» disse. «Bisognerebbe comprare dell'oro. Quello lo si può nascondere.»

«E poi, quando l'hai nascosto cosa ne fai? Se viene il comunismo tutto è razionato° e statizzato° e l'oro lo devi lasciare dov'è perché non puoi comprare niente.»

«E mandarlo all'estero°?»

«Ohibò! Come un capitalista qualsiasi! E poi bisognerebbe portarlo in America perché l'Europa è destinata a diventare tutta comunista. E poi anche l'America, rimasta isolata, dovrà capitolare° davanti all'Unione Sovietica.»

«L'America è forte» disse Peppone. «In America non ci arriveranno mai.»

«Non si sa: l'avvenire° è nelle mani della Russia, compagno.»

Peppone sospirò poi si mise a sedere:

«Mi gira la testa, reverendo. Dieci milioni!»

«Pigliati su la merce° e portatela a casa. Però rimandami la valigia. Quella è mia.»

Peppone si alzò:

«No, reverendo! Per favore, tenete voi tutto. Ne parliamo domani. Adesso non capisco più niente.»

Peppone se ne andò e don Camillo presa la valigia salì al primo piano e si buttò nel letto.

Era stanco morto ma non riuscì a dormire molto perché, alle due di notte, lo svegliarono e dovette

banconote: *bills*
sudore: *sweat*

un bel malloppo: *a nice bundle*

discreto: *sizable*
podere: *farm*
fabbri: *blacksmiths*

razionato: *rationed*
statizzato: controllato dallo stato
all'estero: *abroad*

capitolare: arrendersi

l'avvenire: il futuro

pigliati su la merce: *pick up the goods*

73

scendere. Erano Peppone e sua moglie tutti imbacuc-
cati.°

« Reverendo, » spiegò Peppone « cercate di capir-
mi... Mia moglie vorrebbe vedere come sono fatti dieci
milioni... »

Don Camillo andò a prendere la valigia e la pose di
nuovo sulla tavola.

La moglie di Peppone appena vide le banconote,
impallidì. Don Camillo aspettò pazientemente che lo
spettacolo fosse finito. Poi richiuse la valigia e andò ad
accompagnare alla porta Peppone e la donna :

« Cercate di dormire » disse don Camillo.

Tornò a letto, ma, alle tre del mattino, dovette
scendere ancora.

E ancora si trovò davanti Peppone.

« Be'? Non è ancora finito il pellegrinaggio°? »

Peppone allargò le braccia : « Reverendo, sono
venuto a prendere la valigia. »

« Adesso? Neanche per sogno : l'ho già nascosta in
solaio° e sta' sicuro che non salgo a prenderla. Vieni

domani. Ho sonno e ho freddo... Forse non ti fidi? »

« Non è questione di fidarsi. Mettete il caso che, si fa
per dire, vi venga un accidente qualsiasi[21]... Come
faccio a dimostrare che quei soldi sono miei? »

« Vai a letto tranquillo : la valigia è sigillata° e c'è

scritto il tuo nome. Io penso a tutto. »

« Capisco, reverendo... Comunque è meglio che i
soldi siano in casa mia. »

Don Camillo avvertì un tono di voce che non gli
piacque. E allora cambiò improvvisamente tono anche
lui.

« Di che soldi parli? » domandò.

« Dei miei! Di quelli che siete andato a ritirare per me
a Roma. »

« Tu sei pazzo, Peppone. Tu sogni. Io non ho mai
ritirato soldi tuoi! »

« La schedina° era mia! » ansimò Peppone. « Pepito

Sbezzeguti sono io! »

« Ma se c'è stampato su tutti i muri che non sei tu. La
dichiarazione è tua! »

« Sono io! Pepito Sbezzeguti è l'anagramma di
Giuseppe Bottazzi. »

---

[21] mettete il caso che, si fa per dire, vi venga un accidente qualsiasi :
*let's suppose, for the sake of argument, that something were to
happen to you...*

« Niente affatto : Pepito Sbezzeguti è l'anagramma di Giuseppe Bottezzi. Tu ti chiami Bottazzi, non Bottezzi. Mio zio si chiama Giuseppe Bottezzi; io ho ritirato la schedina per lui.»

Peppone scrisse con mano tremante Pepito Sbezzeguti sul margine del giornale disteso sul tavolo, poi scrisse il suo nome e controllò:

« Maledizione!» urlò « ho messo una E al posto della A! Ma i soldi sono miei!»

Don Camillo si avviò lungo° la scala per tornare a letto e Peppone lo seguì, sempre insistendo che i soldi erano suoi.

si avviò lungo: incominciò a salire

« Non agitarti, compagno» lo ammonì° don Camillo entrando nella camera e mettendosi a letto. « Io i dieci milioni non me li mangerò. Li userò per la tua causa, per la causa del popolo, distribuendoli ai poveretti.»

ammonì: avvertì

« Al diavolo i poveretti°!» urlò fuori di sé Peppone.

al diavolo i poveretti!: the Devil take the poor!

« Porco reazionario!» esclamò don Camillo accomodandosi tra le coltri.° « Vattene e lasciami dormire.»

le coltri: le coperte

« Datemi i miei soldi o vi ammazzo come un cane!» urlò Peppone.

« Pigliati la tua porcheria° e vattene!» borbottò don Camillo senza voltarsi.

porcheria: filthy "stuff"

La valigia era lì sul comò.° Peppone l'agguantò° e nascostala sotto il mantello scappò via.

comò: chest of drawers

l'agguantò: la prese subito e con violenza

Don Camillo lo udì sbattere la porta dell'andito° e sospirò.

dell'andito: del vestibolo

« Gesù » disse severamente. « Perché farlo vincere, rovinargli la vita? Quel poveretto non meritava una punizione simile!»

« Prima mi rimproveri perché quel danaro è un premio non meritato, adesso mi rimproveri perché quel danaro è una punizione ingiusta... Evidentemente non ne azzecco più una con te,[22] don Camillo » rispose il Cristo.

« Gesù, non parlo con voi, parlo col totocalcio » precisò don Camillo prendendo finalmente sonno.

Da *Il compagno don Camillo*
Milano, Rizzoli Editore

---

[22] non ne azzecco più una con te : *I can't seem to please you any more*

Esercizi

I. Rispondi oralmente o per iscritto.

A. 1. Che notizia importante davano i giornali?
    2. Che spiegazione dà il gestore della ricevitoria?
    3. "Si trattava di un'argomentazione piuttosto approssimativa." Che argomentazione dà l'oste del Molinetto?
    4. Oltre alla gente del paese, chi altro s'interessò?
    5. Perché don Camillo si giustifica col Cristo?
    6. Che consiglio dà il Cristo a don Camillo?
    7. Allo scoprire la chiave di quel nome, che voleva fare don Camillo? Che decise invece?
    8. Dove si recò don Camillo?
    9. Che spiegazione dà don Camillo a Peppone?
   10. Come reagisce questi?
   11. Perché fu chiamata una riunione alla Casa del Popolo?
   12. Che suggerisce il Bigio?
   13. Riassumi brevemente il contenuto del manifesto preparato dallo Smilzo.
   14. Perché esita Peppone ad accettare il suggerimento dello Smilzo?
   15. Perché lo stato maggiore si riunì alla Casa del Popolo?
   16. Che decise finalmente Peppone?
   17. Con chi voleva parlare Peppone alle tre di notte?
   18. Come riceve la notizia don Camillo?
   19. Perché, secondo don Camillo, Peppone non avrebbe dovuto giocare al totocalcio?
   20. Perché non poteva andare Peppone a ritirare i soldi?
   21. Chi voleva che andasse il vece sua?
   22. Al ritorno, cosa fece notare don Camillo al Cristo?
   23. Come indicò don Camillo il suo ritorno a Peppone?
   24. Che effetto ebbe la veduta di dieci milioni su Peppone?
   25. Che cosa si propone di fare Peppone con i dieci milioni?
   26. Chi svegliò don Camillo alle due di notte? Perché?
   27. "Alle tre del mattino, don Camillo dovette scendere ancora." Perché?
   28. "Io penso a tutto." A che cosa aveva pensato don Camillo?
   29. Che grave errore aveva fatto Peppone nell'anagramma?
   30. Come vuole usare i soldi don Camillo?
   31. Perché si lamenta alla fine don Camillo?

B. 1. Cosa faresti, se vincessi dieci milioni?
    2. Hai mai vinto qualcosa? Che cosa?
    3. Secondo te, le lotterie sono utili o dannose? Perché?
    4. Qual è il tuo atteggiamento nei riguardi dei giuochi d'azzardo?
    5. A tuo avviso, cosa vuole dimostrare Guareschi in "La febbre dell'oro"?

76

II. Metti le frasi seguenti in ordine cronologico.
1. Ma in paese non vi era nessun Pepito e nessun Sbezzeguti.
2. Ma alle tre di notte Peppone andò da don Camillo e gli confessò la verità.
3. Peppone suggerì a don Camillo che tenesse lui i soldi fino al giorno dopo.
4. Peppone montò su tutte le furie e finalmente don Camillo gli consegnò i dieci milioni, convinto che questa vincita avrebbe provocato dei grandi cambiamenti nella vita di Peppone.
5. La grande notizia si seppe verso il mezzogiorno del lunedì, quando arrivarono i giornali.
6. Alle tre del mattino, don Camillo dovette svegliarsi di nuovo: Peppone era venuto a reclamare la valigetta.
7. Tutti quelli del paese volevano sapere chi fosse quel Pepito Sbezzeguti.
8. Don Camillo ritornò al paese con la valigetta che conteneva dieci pacchi di cento biglietti da diecimila ciascuno.
9. Infastidito, don Camillo fece notare che l'anagramma era di Giuseppe Bottezzi non Bottazzi e che un suo zio si chiamava così.
10. Uno del paese, un certo Pepito Sbezzeguti, aveva vinto dieci milioni al totocalcio.
11. Dopo due ore tutto il paese sapeva alla perfezione che cosa fosse un anagramma.
12. Fu don Camillo a scoprire il segreto e andò da Peppone.
13. Diede l'incarico a don Camillo di ritirare il grosso premio.
14. Forzato dallo stato maggiore, Peppone fece appiccicare un manifesto nel quale negava di esser lui il vincitore.
15. Ma alle due di notte Peppone e sua moglie svegliarono don Camillo perché la moglie di Peppone voleva sapere come erano fatti dieci milioni.

III. Immagina che il direttore di un giornale ti abbia chiesto di scrivere un trafiletto intitolato: "Gratta il Peppone e troverai il Pepito." Cosa avresti scritto?

IV. Nelle citazioni seguenti da' il nome della persona che parla e della persona che ascolta. Spiega brevemente le circostanze nelle quali le frasi sono dette.
1. "Sabato c'era mercato e ho venduto un sacco di schedine a dei forestieri."
2. "Perché ti affanni nel voler sapere chi sia quest'uomo fortunato? Interessati piuttosto della gente non favorita dalla fortuna, don Camillo."
3. "Andatelo a raccontare al direttore della *Domenica Quiz*."
4. "La diffamazione politica avviene anche accusando l'avversario di aver commesso un'azione onesta."

77

5. "Per non darti fastidi lo abbiamo già preparato noi. Se ti va, lo si fa stampare subito e domattina lo appiccichiamo."
6. "Parlo col prete o con la gazzetta del paese?"
7. "Dunque, sei tu quello che ha vinto i dieci milioni al totocalcio!"
8. "Come faccio a incassarli senza che nessuno sappia niente?"
9. "Adesso? Neanche per sogno: l'ho già nascosta in solaio e sta' sicuro che non salgo a prenderla."
10. "Prima mi rimproveri perché quel danaro è un premio non meritato, adesso mi rimproveri perché quel danaro è una punizione ingiusta..."

V. Esprimi un tuo giudizio sulle citazioni seguenti.
   1. "Le lotterie sono immorali."
   2. "Bisognerebbe legalizzare solo le lotterie di beneficenza."

VI. Ecco dieci espressioni con la parola *oro*. Trova nella colonna B il significato dell'espressione elencata nella colonna A.

Colonna A	*Colonna B*
1. a peso d'oro	a. è buono e generoso
2. per tutto l'oro del mondo	b. essere molto ricco
3. vale tant'oro quanto pesa	c. l'apparenza non è sostanza
4. un affare d'oro	d. a carissimo prezzo
5. parole d'oro	e. vale molto
6. non è tutt'oro quel che riluce	f. credere a tutto
7. è un cuore d'oro	g. un affare eccellente
8. consiglio d'oro	h. a nessun prezzo
9. nuotare nell'oro	i. parole piene di saggezza
10. prendere tutto per oro colato	j. a nessun prezzo
	k. consiglio prezioso e interessato

VII. Cruciverba

Orizontali
   2. Dopo due ore tutto il paese sapeva che cosa fosse un _____ .
   4. Un bravo comunista, i quattrini se li deve guadagnare col _____ della fronte.
   7. Un _____ comunista non aiuta, ma combatte fieramente il totocalcio.
   9. Reverendo, ho detto una grossa _____ .
   13. Peppone smise di _____ e gli piantò addosso due occhi spiritati.
   14. L' _____ scoppiò verso il mezzogiorno del lunedì, quando arrivarono i giornali.

15. Il giornale degli agrari pubblicò un _____ .
17. Parlo col prete o con la _____ del paese?
18. Reverendo, sono venuto a prendere la _____ .
19. Ma don Camillo aveva ormai il _____ piantato in mezzo al cervello.
20. Seppe resistere alla _____ di aggrapparsi alla corda della "Geltrude."
21. Il _____ della ricevitoria, assediato dal popolo in agitazione, allargò le braccia.

Verticali
1. Bisognerebbe comprare dell' _____ .
3. Peppone si appressò e con _____ tremanti aperse la valigetta.
5. Dire che uno ha vinto dieci milioni al totocalcio non è una _____ .
6. La terra ai _____ dice il comunismo.
8. Vincere al totocalcio non è una cosa _____ .
10. " _____ il Peppone e troverai il Pepito."
11. "Ci vuole un _____ !" esclamò il Bigio.
12. "Non sarà _____ un delitto giocare al totocalcio!"
16. Basta una notizia preoccupante per distruggere il _____ del denaro, e fare di questi quattrini un mucchio di cartaccia.

La Toscana

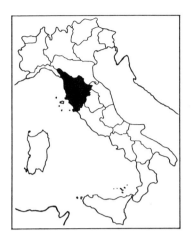

Superficie: 22.992 km² (la quinta regione per estensione)
Confini: a ovest è bagnata dal Mare Tirreno, a nord confina con l'Emilia-Romagna, a est per un breve tratto con le Marche e per un tratto più lungo con l'Umbria, a sud con il Lazio
Province: (9) Arezzo, Firenze, Grosseto, Livorno, Lucca, Massa Carrara, Pisa, Pistoia, Siena *Capoluogo:* Firenze
Dopo aver consultato una carta geografica dell'Italia, traccia una cartina della Toscana indicando le nove province/città.

Dino Provenzal

Nato a Livorno nel 1877, Dino Provenzal fu insegnante e quindi preside delle scuole secondarie. Deve la sua fama di umorista ad alcuni libri in cui sono prospettati certi aspetti della scuola italiana, spesso attraverso tipiche figure d'insegnanti e di presidi, di alunni e dei loro familiari.

Provenzal pubblicò altresì opere di cultura e di critica e studi sul costume. Ha scritto ottimi commenti per le scuole di autori "classici" quali Dante, Boccaccio, Manzoni, ecc. Provenzal fu anche collaboratore assiduo di quotidiani e riviste e di periodici per ragazzi.

Di origine israelita e oppositore del fascismo, si isolò in volontaria segregazione all'ospedale degli Innocenti a Firenze e ivi scrisse *Coi pargoli innocenti*, libro di ricordi della sua lunga carriera d'insegnante e di scrittore. Dino Provenzal si spense a Voghera nel 1972.

Tra le numerosissime opere scritte da Provenzal segnaliamo: *Una ghirlanda di spropositi, Manuale del perfetto professore, Carta bollata da due lire, Le passeggiate di Bardalone, Tre ragazzi di sole, Uomini, donne e diavoli, Un uomo con dieci pollici, L'arte di scrivere le lettere, Dizionario umoristico, I riformatori della bella letteratura italiana, Usanze e feste del popolo italiano, La chiave magica, Il gomitolo delle novelle, Un po' di buon vento, I cenci della nonna, La città delle belle scale, Dizionario delle immagini, Perché si dice così?, ecc.*

Vita d'albergo

Dino Provenzal

Averlo in casa non è una consolazione perché si leva° alle undici e va a letto alle due dopo mezzanotte e bisogna aspettarlo alzati perché a dargli° la chiave la perde di sicuro°; e bisogna ricordargli di prendere il fazzoletto, di portar l'ombrello, di chiudersi la tasca di petto per non farsi rubare il portafogli°: ed è capace di alzarsi da tavola per andare in camera a scrivere una lettera e scordarsi° di tornar giù, di romperti il sonnellino° del pomeriggio per domandarti qual è, secondo te, l'etimologia° di una parola inglese, di urlar° come un dannato se vede un ragno,° perché gli fa ribrezzo° vederlo e non ha cuore d'ammazzarlo: e via e via e via. S'intende° poi che non fa nulla da sé, né lustrarsi° le scarpe, né spazzolarsi° il vestito, né mettersi i gemelli° alla camicia, né tagliarsi il pane, né mescersi da bere,[1] né disporsi° a dormire se qualcuno non gli rincalza il letto.[2]

> si leva: si alza
>
> a dargli: se gli diamo
> di sicuro: certamente
>
> il portafogli: *the wallet*
>
> scordarsi: dimenticarsi
> romperti il sonnellino: svegliarti
> l'etimologia: l'origine
> urlar: gridar
> un ragno: *a spider*
> gli fa ribrezzo: *it repels him*
> s'intende: si capisce
> lustrarsi: pulirsi
> spazzolarsi: *to brush*
> i gemelli: *the cufflinks*
> disporsi: prepararsi

Non è una consolazione avere in casa Pietro de Caesaris, ma come negargli° l'ospitalità quando se l'offre tanto cordialmente da sé?[3]

> negargli: rifiutargli

—Fra due giorni vengo a Roma per una settimana: mi vuoi a casa tua?— mi disse.

E io, con una franchezza anche più eroica della sua:

—A Roma? Ho piacere che tu venga a Roma, perché ci sono alberghi° bellissimi, per tutte le borse,[4] e ci starai magnificamente... Perché mi guardi così male? Non ci sei mai stato all'albergo?

> alberghi: *hotels*

—Sì, per due giorni, proprio a Roma: e non posso tornarci più.

—Perché? Racconta.

—Arrivato a Roma, non stetti lì a scegliere:[5] salii nel

---

[1] mescersi da bere: *to pour himself a drink*
[2] se qualcuno non gli rincalza il letto: *if someone does not tuck up the sides of the bed*
[3] quando se l'offre tanto cordialmente da sé: quando si invita tanto cordialmente lui stesso
[4] per tutte le borse: *to suit every pocketbook*
[5] non stetti lì a scegliere: *I didn't waste time choosing (a hotel)*

primo omnibus° che mi vidi davanti e che era dell'albergo Italia, o Europa, o forse —non ricordo bene— d'Angleterre o de France o di Vattelappesca:[6] forse albergo Roma, anzi, o del Cervo o del Leone o dell'Elefante o di qualche altra bestia.

Dopo un quarto d'ora eccomi,° con la valigia in terra accanto a me, davanti a un signore gallonato° seduto alla scrivania. Volle° il mio nome e cognome: glielo dissi: volle sapere di dove venivo e glielo dissi: e poi:

—Professione?

—Ecco —incominciai— io veramente sarei un vagabondo; quando fui bocciato° alla licenza ginnasiale,[7] mio padre pensò...

—Scusi: non ho tempo; mi dica qual è la sua professione e basta.

—Ma se non mi lascia parlare! Faccia così: scriva «disoccupato»° oppure...

Mi guardò ironico.

—Attendente a casa°?

—Per carità! Si figuri° che io non son capace neppure di cuocere un uovo! Una casa in mano mia sarebbe rovinata in ventiquattr'ore: attendente a fuori, piuttosto...

Si seccò°: tirò un fregaccio° sulla riga della professione e continuò:

—Età?

—Non glielo saprei dire con sicurezza: io sono nato alla fine di dicembre, sicché, se considera la leva,° avrei un anno di più; se invece vuol contare gli anni e i mesi allora... aspetti che faccio il conto.

Discorrevo ancora, ma l'uomo si fece° serio e severo:

—Camera 125 al signore!

Un'alzata di spalle° e basta.

Il facchino° entrò con me nella cabina dell'ascensore: anzi, mi ci spinse dentro° ed ebbi una paura maledetta perché avevo sentito dire che da quel bussolotto[8] spesso si esce informi° cadaveri. Zuzùm, zuzùm, zuzùm: non avevo ancora finito di leggere le

Margin glossary:

omnibus: *bus*

eccomi: *there I was*
gallonato: *in a braided coat*
volle: mi chiese

fui bocciato: *I failed*

disoccupato: *unemployed*

attendente a casa: *domestic helper*
si figuri: s'immagini
si seccò: si annoiò
un fregaccio: *a rough stroke*

la leva: il servizio militare

si fece: diventò

un'alzata di spalle: *a shrug of the shoulders*
il facchino: *the bellhop*
mi ci spinse dentro: *pushed me inside*
informi: *shapeless*

---

[6] Vattelappesca: espressione familiare che significa "Va a indovinarlo," "Che ne so io?" L'espressione è composta dall'imperativo *va'*, con le particelle rafforzative *te, lo e a pesca* (popolare per *a pescare*)

[7] licenza ginnasiale: *junior high school diploma (a prerequisite for the liceo classico, high school)*

[8] bussolotto: *juggler's box* (evidentemente si riferisce all'ascensore)

norme° necessarie per non farsi male nell'ascensore, che già eravamo arrivati. Volevo leggere ancora (e se no, perché le scrivono tutte quelle cose?) quando mi trovai, illeso° per fortuna, al quarto o quinto piano, non so. Lì il facchino m'aprì la camera, mi consegnò la valigia e mi piantò sul più bello.[9]

Per prima cosa° mi misi a leggere i cartellini attaccati alle pareti,° aiutandomi un po' colle° versioni in francese, in inglese e in tedesco, perché la prosa italiana era assai contorta° e non sempre facile.

Imparai così che se non mangiavo giù nella trattoria° dell'albergo, la camera costava di più: e questa mi parve una prepotenza bell'e buona:[10] poi, che era proibito sputare° in camera e pulirsi le scarpe con le lenzuola° e questa mi sembrò un'offesa: finalmente che i viaggiatori senza bagaglio dovevano pagare anticipato.° Capii benissimo; in cinque righe m'avevano già sospettato d'essere un sudicione° ed un ladro.

Tanto per rintuzzare° almeno la prima ingiuria, volli lavarmi, ma per quanto sudassi e sbuffassi[11] intorno alla valigia, non mi riuscì aprirla.[12] Mia sorella, poveretta, m'aveva dato tutte le istruzioni prima della partenza, ma avevo avuto il gravissimo torto di non scrivermele sul taccuino,° sicché non me ne ricordavo più. Avevo voglia di girar la chiavetta° nella serratura°! la valigia rimaneva con le labbra suggellate° e impenetrabili.

Nella valigia avevo la saponetta° e la camicia da notte: le sole due cose strettamente necessarie: il resto poteva rimaner dentro. Ma insomma io volevo aprire.

M'accosto° al letto e vedo un altro cartellino che m'era sfuggito prima.[13] C'era scritto: «Per la cameriera sonare una volta, per il cameriere due volte, per il facchino° tre volte.».

Ottimo avvertimento,° ma avrebbe anche dovuto dire quale dei tre aveva l'incarico di° aprire le valige; commettere un errore di competenza, sbagliar la giurisdizione sarebbe stato deplorevole.° E poi, non c'era spiegato come si misuravano gl'intervalli: se io suono così: «Tin!... Tin!...» vuol dire che voglio il cameriere

le norme: le regole

illeso: sano e salvo

per prima cosa: anzitutto
pareti: *walls*
colle: con le
contorta: non chiara
nella trattoria: nel ristorante

sputare: *to spit*
le lenzuola: *the bed sheets*

anticipato: *in advance*
un sudicione: *a filthy person*
rintuzzare: respingere

taccuino: *notebook*
la chiavetta: piccola chiave
serratura: *lock*
suggellate: *sealed*
la saponetta: *the bar of soap*

m'accosto: mi avvicino

il facchino: *the porter*

avvertimento: avviso
aveva l'incarico di: *was in charge of*

deplorevole: *deplorable*

---

[9] mi piantò sul più bello: mi abbandonò nel momento culminante
[10] una prepotenza bella e buona: *a downright outrage* (gli aggettivi *bella e buona* sono usati ironicamente)
[11] per quanto sudassi e sbuffassi: *but sweat and puff as I might*
[12] non mi riuscì (a) aprirla: non fui capace di aprirla
[13] che m'era sfuggito prima: che non avevo notato prima

o invece che chiamo con insistenza la cameriera?

Pensai a lungo° e poi decisi di chiamare tutti e tre, cameriera, cameriere e facchino: avrei dato da fare a tutti e tre.[14] A quest'ultimo[15] avrei detto che non avevo forza di trasportar la valigia dal portabagagli al tavolino: al cameriere avrei domandato come si faceva ad aprir la finestra che veramente era di un tipo non mai visto prima, e poi avrei pregato la cameriera di spiegarmi il segreto della valigia. Ma il campanello dov'era? C'era una peretta° e l'afferrai°: volli fare una scampanellata lunga a precipizio,[16] tin tin tin tin tin tin. Uno, due e tre: pigiai° la peretta non so quante volte, ma non venne nessuno.

Allora guardai meglio: quasi nascosta dietro la spalliera° del letto c'era un'altra peretta e tra le due un altro cartellino: «I signori viaggiatori sono pregati di spegner la luce quando non se ne servono».

Capii subito che una delle due perette serviva ad accender la luce: forse quella che avevo premuta io: e probabilmente la corrente veniva soltanto la sera e perciò non avevo visto accendersi la lampada; ma poteva anche essere che la peretta premuta da me fosse veramente un campanello e non agisse° per un guasto° e l'altra peretta fosse l'interruttore della luce°: che la luce venisse anche di giorno e io, se avessi acceso, sarei stato rimproverato per spreco di corrente.°

Nel dubbio, aprii l'uscio, infilai° le scale, scrissi sul taccuino il numero della camera e il nome dell'albergo e uscii.

Proprio di fronte,° per fortuna, trovai una profumeria e una camiceria; comprai dunque una saponetta e una camicia da notte, anzi qualcosa di più, perché nei negozi di Roma i commessi° sono così gentili che ti offrono sempre molta più roba di quella che ti occorre, sicché mi trovai in mano due fagotti°: in uno c'era la camicia, sei paia di calze° e una dozzina di° fazzoletti e nell'altro una saponetta, un dentifricio,° un paio di forbici da unghie° e una bottiglia di lozione per i capelli. Coi due involti° girai per Roma finché a mezzogiorno mangiai in una trattoria,° poi andai in biblio-

a lungo: per molto tempo

una peretta: *a pear-shaped bell ringer*
l'afferrai: la presi
pigiai: premetti

la spalliera: *the headboard*

agisse: funzionasse
un guasto: *break-down*
l'interruttore della luce: *the light switch*
spreco di corrente: *wasting electricity*
infilai: scesi

di fronte: davanti (all'albergo)

i commessi: *the clerks*

fagotti: *parcels*
paia di calze: *pairs of socks*
una dozzina di: dodici
un dentifricio: *a tube of toothpaste*
forbici da unghie: *nail clippers*
involti: fagotti
una trattoria: un ristorante

---

[14] avrei dato da fare a tutti e tre: *I would have given all three of them something to do*
[15] a quest'ultimo: al facchino
[16] volli fare una scampanellata lunga a precipizio: *I decided to ring at length and quickly*

84

teca, andai a fare una visita e, insomma, la sera, stanco morto,° tornai all'albergo.

Lì, subito, cameriere, ascensore, camera, luce e via.

Disgraziatamente° non feci a tempo a osservare se il cameriere aveva premuto la peretta di destra o quella di sinistra. Per sincerarmene,° ne premetti una a caso e mi trovai al buio. Non avevo cerini°: a tastoni° trovai una peretta (forse quella che avevo lasciato cadere inavvertitamente°?) e poi un'altra: me le girai un bel pezzo fra le dita tutt'e due senza saper che fare. Era mezzanotte sonata[17] e chiamar gente a quell'ora mi sembrò una sconvenienza°: d'altra parte non sapevo quale fosse la peretta della luce e quale quella dei camerieri e avevo paura, per accender la lampada, di mettermi a rischio° di far venir gente.

Pazienza! Brancolando° riuscii a spogliarmi, ma non a trovare l'involto della biancheria,° quantunque rovesciassi° una sedia, mi rovinassi una mano contro uno spigolo° del tavolino e battessi una stincata° maledetta nel cassettone: sicché alla fine, con una camicia da notte nella valigia e un'altra, nuova nuova, nell'involto, mi ficcai a letto con quella da giorno: e tu sai come si dorme male con la camicia che ti copre, sì e no, le ginocchia![18]

La mattina dopo sentii bussare dolcemente° all'uscio: entrò una cameriera molto graziosa e gentile: mi disse che in quella camera numero 125 ci dormiva da anni un senatore quando veniva a Roma, che, se per me era lo stesso,[19] potevo passare nella camera 34 che era assai più bella, più ampia, con due letti... Se non voleva altro! Tutt'al più° mi dava un po' noia l'idea dei due letti,[20] perché io mi conosco: se mi mettevo in mente che non c'era nessuna ragione per preferire il letto di destra a quello di sinistra, ero capace, per non saper quale scegliere, di dormire in terra sul tappetino°: ma lasciamo andare![21] Risposi che sarei passato volentieri al numero 34 e per farmi pagar subito la mia cortesia pregai la cameriera d'insegnarmi ad aprire la valigia. Che brava ragazza! Una specie di mia sorella, che anche

stanco morto: stanchissimo

disgraziatamente: sfortunatamente

sincerarmene: accertarmene

cerini: fiammiferi

a tastoni: *gropingly*

inavvertitamente: senza volerlo fare

una sconvenienza: una scortesia

mettermi a rischio: rischiare

brancolando: procedendo a tastoni

biancheria: *linen*

rovesciassi: *I overturned*

uno spigolo: *a corner edge*

una stincata: *a blow of the shin*

dolcemente: pian piano

tutt'al più: al massimo

tappetino: *little rug*

---

[17] era mezzanote sonata: era dopo mezzanotte

[18] che ti copre, sì e no, le ginocchia: *that doesn't quite cover your knees*

[19] se per me era lo stesso: se per me non aveva importanza

[20] mi dava un po' noia l'idea dei due letti: *the idea of two beds irked me a bit*

[21] ma lasciamo andare: *but that's another story*

lei capisce tutto. Dio la benedica. Subito indovinò[o] che bisognava tirare i catenaccini[o] dalle due parti prima di girare la chiave: e io non ci avevo pensato!

Con la valigia aperta, da cui emanava[o] come un odore di casa mia, da tutta quella roba piegata con garbo,[o] qui gli utensili da toeletta,[o] lì la biancheria, e i libri sotto le camicie, e i colletti[o] in una scatolina tonda[o] e la spazzola per i vestiti a portata di mano,[o] mi sentii rinascere.

Pregai la cameriera d'andarsene e mi vestii.

Proprio in quel giorno lessi nel *Messaggero*[22] un fatto terrificante accaduto la sera prima al Testaccio[23] e benché la strada fosse piena di sole e tutto invitasse alla gioia, al sorriso, alla serena fiducia nel prossimo, comprai una rivoltella[o] come se Roma fosse una selva[o] di banditi e bisognasse difendere a ogni passo la propria pelle.

Gironzolai[o] tutto il giorno, poi trovai alcuni amici e ci lasciammo verso mezzogiorno: mi domandarono se sapessi la via dell'albergo e risposi spavaldamente[o] di sì. In fondo pensavo che se tutte le vie portano a Roma,[24] reciprocamente Roma doveva portare a tutte le vie, anche a quella dell'albergo: e ci arrivai, infatti, dopo non so quanto domandare, sbagliare e andare avanti e indietro.

Erano le due: mi aprì un portinaio[o] assonnato[o] che per prima cosa mi sbadigliò[o] in viso: «Scusi, l'ascensore è guasto[o]: le dispiace[o] salire a piedi?» «Tutt'altro[o]!» «Che numero ha?» «125» risposi distrattamente.

Il portinaio girò un interruttore[o] che illuminò subito tutte le scale e quando io dall'alto gli dissi: «Sono arrivato, grazie», lui brontolò[o] «felice notte» e spense.[o]

Con una mano tenevo la scatola dei cerini, con l'altra il cerino acceso: al solito deplorai la mancanza di una terza mano per la chiave: ma alla meglio riuscii a trovare la toppa[o] e cominciai a lavorarci intorno. Non

Glossary (right margin):

indovinò: *guessed*
i catenaccini: *the small bolts*

emanava: usciva

con garbo: con esattezza
toeletta: *grooming*
i colletti: *the collars*
tonda: *round*
a portata di mano: *within reach*

una rivoltella: un revolver
una selva: una foresta

gironzolai: *I walked about*

spavaldamente: *boldly*

un portinaio: *a doorman*
assonnato: *sleepy*
sbadigliò: *yawned*
è guasto: non funziona
le dispiace: *do you mind...?*
tutt'altro: *not at all*
un interruttore: *a light switch*
brontolò: *grumbled*
spense: *turned off the lights*

la toppa: *the lock*

---

[22] *Messaggero:* quotidiano pubblicato a Roma (fondato nel 1878 da Luigi Cesana)

[23] Testaccio: monticello sulla sinistra del Tevere, a Roma presso Porta San Paolo

[24] tutte le vie portano a Roma: *all roads lead to Rome.* (Secondo lo stesso Provenzal, questo proverbio dev'essere nato molti anni fa, quando i pellegrini si recavano a piedi dai più lontani paesi, attratti da curiosità o da interessi commerciali, a visitare la Roma imperiale.)

capivo, però, perché la chiave non entrasse: raspai° un po' con la mano, cercai la maniglia,° urtai col ginocchio e mi ritrassi spaventato sentendo dal di dentro un «chi è?» che parve il rantolo° di una belva.°

Il senatore! Scappai in punta di piedi salendo la prima scala che mi trovai davanti: sentii di lassù un altro «chi è?» più fievole° e poi silenzioso. Allora ridiscesi pian piano e cercai di ricordarmi dove fosse il numero 34. Scesi una scala, poi un'altra, poi mi misi la mano in tasca per prendere i cerini: maledizione! mi dovevano essere caduti nella furia,° perché non li trovavo più.

Reggendomi ai braccioli[25] scesi ancora; poi, temendo di essere andato troppo in giù, risalii ed eccomi in un corridoio lunghissimo. Mi ricordai che un corridoio assai lungo l'avevo percorso la mattina, ma non sapendo più se lo sbocco° era a destra o a sinistra provai prima da una parte, poi dall'altra: intanto sentivo qua un russare° profondo, là un barbugliar° di parole e da una stanza lontana veniva un ronfo° accompagnato a intervalli da un fischiettìo°: aomf... iiih, aomf... iiih; un misto di rumori strani che faceva pensare a una stalla,° a un manicomio° e a un serraglio.° Io andavo su e giù, e su, disperatamente: ogni tanto inciampavo in un paio di scarpe[26] e mi ritraevo° trattenendo il respiro: con le mani, che mandavo sempre avanti, sentii un tavolino su cui doveva essere un bricco° e una zuccheriera di metallo a giudicarne dal tintinnìo.[27]

Pensai di scendere, svegliare il portinaio, ammansirlo° con una mancia,° farmi accendere la luce: ma scendere dove? A quale piano mi trovavo? credetti d'essere a pianterreno,° e allora, se fossi sceso verso le cantine,° mi avrebbero preso per un ladro. Un ladro? Ma era vero che nella notte, dentro gli alberghi, girano i ladri? Magari ne fosse venuto uno e mi avesse acceso in faccia una lampadina tascabile°!

Io gli avrei regalato il portafogli e in cambio mi sarei fatto accompagnare in camera, perché, oltre a tutto, avevo le gambe rotte a furia di salire e scendere e il sonno mi appesantiva° la testa...

raspai: *I scratched*
la maniglia: *the handle*

il rantolo: *the death cry*
una belva: *un animale selvaggio*

fievole: *feeble*

nella furia: *in my hurry*

lo sbocco: l'uscita

un russare: *snoring*
un barbugliar: *muttering*
un ronfo: *a snore*
un fischiettìo: *a whistle*
una stalla: *a stable*
un manicomio: *a mental hospital*
un serraglio: *a harem*
mi ritraevo: *I withdrew*
un bricco: *a (coffee) pot*

ammansirlo: *to soften him up*
una mancia: *a tip*
a pianterreno: *on the ground floor*
le cantine: *the wine cellars*

una lampadina tascabile: *a flashlight*

mi appesantiva: *made heavy*

---

[25] reggendomi ai braccioli: *holding on to the handrails*
[26] inciampavo in un paio di scarpe: *I would stumble over a pair of shoes* (i clienti che volevano le scarpe spazzolate le lasciavano davanti alla porta della loro camera)
[27] a giudicare dal tintinnìo: *judging by the clinking*

Mi sedetti in terra disposto ad aspettare l'alba e promettendo solennemente a me stesso di non addormentarmi. Infatti mi assopii° quasi subito e sognai la mia stanza illuminatissima, coi due letti candidi° sotto la gran luce delle due lampade. Io ero seduto, guardando i due letti, ma il dorsale° della poltrona era duro, il bracciòlo° di destra più duro ancora e m'indolenziva il braccio[28] senza ch'io riuscissi a muoverlo. Mentre continuavo a guardare i letti e non trovavo la forza di alzarmi e d'andare a riposare, di sotto dai due letti strisciavan° fuori due figuri, uno vecchio e uno giovane; m'imbavagliavano,° mi legavano: io volevo urlare e divincolarmi,° ma avevo le membra° pesanti, la gola chiusa. Finalmente, con uno sforzo doloroso, mi scossi, diedi un balzo° e mi vidi a sedere in terra con un uomo davanti a me che mi guardava sinistramente. Tirai fuori la rivoltella e sparai un colpo.

—Semplicemente!

—Già. L'uomo, ch'era un povero cameriere, si mise a urlare come un ossesso° mentre non l'avevo neppure sfiorato,° perché la palla aveva colpito un uscio: dall'uscio partirono grida pietose e da tutte le stanze si sentirono «oh Dio! Madonna mia! i ladri! aiuto! soccorso!» Com'è vigliacco° l'uomo, davvero! Far tanto strepito° e spaventarsi a quella maniera per nulla...

—E come andò a finire?

—Male andò a finire: malissimo. Tutto l'albergo fu in subbuglio;° sentii parlar di omicidio, di suicidio, di omicidio-suicidio, di doppio suicidio... Francamente, anche se li avessi ammazzati tutti, l'Italia non avrebbe perso dei cittadini molto valorosi: che roba! Fui trascinato° giù a spintoni,° a gomitate,° a pedate: mi vidi davanti al direttore come un delinquente in cospetto al° giudice. Spiegai, raccontai e quando, volendo farmi intendere° meglio con l'aiuto della mimica,° misi in tasca la mano per dire «cerco i cerini e non li trovo», eccoti la dannata scatola, che quando l'avevo cercata e m'avrebbe salvato la vita non s'era fatta trovare e ora, che non sapevo che farmene, saltava fuori. Interruppi il racconto per prendermela° con la scatola e tanto la insultai, a denti stretti e a pugni chiusi, che fui preso per matto.°

Sai che l'egregio° signor direttore, invece di ringraziarmi che avevo ceduto la camera al senatore, invece di

mi assopii: mi addormentai
candidi: bianchi

il dorsale: *the back*
il bracciòlo: *the arm rest*

strisciavan: *were crawling*

m'imbavagliavano: *gagged me*

divincolarmi: *to wriggle*

le membra: *the limbs*

un balzo: *a leap*

un ossesso: *a madman*
sfiorato: *grazed*

vigliacco: *coward*

strepito: *fuss*

subbuglio: tumulto

trascinato: *dragged*
spintoni: *shoves*
gomitate: *nudges*
in cospetto al: davanti al
intendere: capire
mimica: *mimicry*

prendermela: arrabbiarmi

matto: pazzo

l'egregio: l'illustre

---

[28] m'indolenziva il braccio: *my arm was aching*

darmi un tanto che avevo dormito in terra dopo aver pagato una camera con due letti, mi cacciò° dall'albergo?

Purtroppo non mi ricordo più come si chiamava: hôtel d'Angleterre... albergo del Leone? Non me lo rammento° più e io sono così disgraziato° che, ci scommetto, se scelgo un albergo a caso,° càpito° per l'appunto° in quello lì, dove io non riconoscerei nessuno, perché non sono fisionomista, ma direttore, portinaio, camerieri, facchino riconoscerebbero me e mi tratterebbero come un cane.

Dunque vengo sabato da te, va bene? Scrivimi il tuo indirizzo qui sopra perché me lo dimentico sempre; e poi fammi un altro piacere: dimmi quale treno mi conviene°: èccoti l'orario;[29] guardaci tu, perché io negli orari ferroviari non ci ho mai capito nulla.

Da *Un uomo con dieci pollici*
Pistoia, Grazzini

mi cacciò: mi mandò via

rammento: ricordo
disgraziato: sfortunato
a caso: *at random*
càpito: *I'll end up*
per l'appunto: *exactly*

mi conviene: *will be suitable for me*

---

[29] l'orario = l'orario ferroviario: un libro che contiene le partenze e gli arrivi dei treni in tutta l'Italia

Esercizi

I. Rispondi oralmente o per iscritto.

A. 1. "Non è una consolazione avere in casa Pietro de Caesaris."
Quali ragioni spingono l'autore a fare quest'affermazione?
2. Secondo l'autore, cosa troverà a Roma Pietro de Caesaris?
3. Perché fa tante domande l'albergatore?
4. Descrivi brevemente il viaggio nell'ascensore.
5. "La prosa italiana era assai contorta e non sempre facile." Che cosa
apprende da questa "prosa" il signor de Caesaris?
6. Perché voleva aprire la valigia?
7. Chi chiamò? Che avrebbe detto loro di fare? Chi venne?
8. Cosa finì col comprare alla profumeria e alla camiceria?
9. Come passa la giornata Pietro de Caesaris?
10. Perché decide di non accendere la lampada?
11. Cosa gli accade mentre cerca l'involto della biancheria?
12. Perché la cameriera gli chiede di cambiar camera?
13. Perché accetta di mala voglia il signor de Caesaris?
14. Perché compra una rivoltella?
15. "Risposi spavaldamente di sì." Qual è il risultato di questa sua
spavalderia?
16. Come dimostra la sua distrazione Pietro de Caesaris?
17. "Scappai in punta di piedi." Perché?
18. Come avrebbe cercato di ammansire il portinaio?
19. Cosa avrebbe fatto Pietro de Caesaris se avesse visto un ladro in
albergo?
20. Cosa decise finalmente di fare?
21. Perché tirò fuori la rivoltella?
22. Descrivi brevemente la scena in albergo dopo lo sparo.
23. Come reagì il direttore dell'albergo?
24. Perché de Caesaris non vuole assolutamente pernottare
in albergo?
25. Quale favore chiede de Caesaris a Provenzal?

B. 1. Come reagisci se un amico si invita da sé a casa tua?
2. Se hai invitati a casa, cosa proponi per far passare loro una bella
serata?

II. Immagina di essere l'impiegato dell'albergo. Con un tuo amico che
faccia la parte di Pietro de Caesaris, crea un dialogo simile a quello
nel testo tra l'impiegato e de Caesaris.

III. Immagina che tu e un tuo amico (una tua amica) siate arrivati a Roma,
stanchi morti, dopo un volo di varie ore. Vi trovate all'entrata di un

albergo con cinque valige. L'impiegato dell'albergo vi annuncia che non ha ricevuto la vostra prenotazione. Inventa un dialogo tra te e l'impiegato (il quale finalmente decide di darvi l'ultima camera che rimane libera!)

IV. Il proverbio cifrato.

Decifra i sinonimi seguenti basati sulla definizione a sinistra.
Dopo averli decifrati, trasferisci la lettera che corrisponde al numero (a lettera uguale, numero uguale) e troverai un proverbio.

1. dimenticarsi

__	__	__	__	__	__	__	__	__
7	11	6	8	14	10	8	7	5

2. narrare

__	__	__	__	__	__	__	__	__	__
8	10	11	11	6	13	15	10	8	2

3. rifiutare

__	__	__	__	__	__
13	2	3	10	8	2

4. domandare

__	__	__	__	__	__	__	__
11	12	5	2	14	2	8	2

5. dire

__	__	__	__	__	__	__
9	10	8	4	10	8	2

6. spezzare

__	__	__	__	__	__	__
8	6	1	9	2	8	2

Proverbio:

__	__	__	__	__	__		__	__	__	__	__	__
1	2	3	4	5	6		2	7	7	2	8	2

__	__		__	__	__	__	__		__
5	4		9	8	5	1	6		10

__	__	__	__		__	__	__	__	__	__	__
11	10	7	10		9	8	6	9	8	5	10

__	__	__		__	__		__	__	__	__	__	__	__
11	12	2		5	4		7	2	11	6	13	14	6

__		__	__	__	__		__	__
10		11	10	7	10		14	5

__	__	__	__	__ |,
10	4	15	8	5

V. Completa le frasi seguenti.
   1. Mi piacerebbe visitare Roma perché...
   2. Dormivo profondamente quando...
   3. Il corridoio era buio...
   4. Il facchino gentilmente...
   5. Avevo una fame da lupo e ho chiesto all'impiegato...

VI. Ricapitoliamo...

   Scrivi un riassunto di "Vita d'albergo" in conformità con lo schema seguente.
   1. Descrizione di Pietro de Caesaris
   2. Riluttanza di andare in albergo
   3. Dialogo tra de Caesaris e l'impiegato dell'albergo
   4. De Caesaris nella camera dell'albergo
   5. Inabilità di de Caesaris di aprire la valigia
   6. De Caesaris alla profumeria, alla camiceria
   7. Ritorno in camera
   8. Il trasferimento dalla camera 125 alla camera 34
   9. L'articolo nel *Messaggero*
   10. Una giornata a Roma
   11. Ritorno in albergo
   12. In cerca della camera
   13. De Caesaris imbavagliato
   14. De Caesaris e il direttore dell'albergo
   15. Conclusione

VII. Temi

   Svolgi uno dei temi seguenti.
   1. Ritratto di Pietro de Caesaris
   2. Un albergo in cui ho pernottato
   3. L'umorismo in "Vita d'albergo"

Le Marche

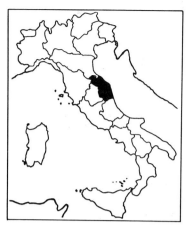

Superficie: 9.694 km² (sest'ultima regione d'Italia per estensione)
Confini: sono bagnate a est dal Mare Adriatico e confinano a sud col Lazio e con L'Abruzzo, a ovest con la Toscana e l'Umbria, a nord con l'Emilia-Romagna
Province: (4) Ancona, Ascoli Piceno, Macerata, Pesaro Urbino
Capoluogo: Ancona
Dopo aver consultato una carta geografica dell'Italia, traccia una cartina delle Marche indicando le quattro province/città.

Libero Bigiaretti

Libero Bigiaretti nasce il 16 maggio 1906 a Matelica, in provincia di Macerata. Vive a Roma, sposato, dove è segretario nazionale del Sindacato degli scrittori. Bigiaretti ha trascorso la fanciullezza nel paese natio —divenuto poi centro di tanta sua ispirazione— prima di trasferirsi a Roma dove si diplomò al liceo artistico. I suoi primi interessi si dividono fra pittura, poesia e giornalismo.

Scrive sin da giovane su moltissimi giornali e riviste: *Augustea, La Tribuna, Domenica, La Fiera letteraria, Paese sera, Vie nuove.* La sua formazione, in parte autodidattica, è sostanziata di severa disciplina culturale. Accanto alla produzione letteraria ha esercitato per molti anni attività di pubbliche relazioni presso l'industria Olivetti a Ivrea e serba di questa attività una particolare sensibilità per gli attuali problemi sociali.

La narrativa di Bigiaretti si snoda in temi che interessano più il tempo che lo spazio; i suoi personaggi manifestano nostalgia e rimpianto per il passato. Nel 1968, gli è stato assegnato il premio Viareggio per il romanzo *La controfigura*, e, precedentemente, nel 1948 il Premio Fiuggi per *Un Discorso d'amore* e nel 1955 il premio Marzocco per *I figli.*

"L'autografo" è tratto da *Racconti di sport,* una raccolta curata da Giuseppe Brunamontini, nella quale figurano pezzi di vari scrittori contemporanei.

Tra le opere di Bigiaretti tuttora disponibili citiamo: (presso Bompiani) *Carlone, Il congresso, La controfigura, Dalla donna alla luna, Disamore, Il dissenso, Esterina —Un'amicizia difficile, Le indulgenze, La scuola dei ladri, L'uomo che mangia il leone, Il villino;* (presso Garzanti) *Disamore;* (presso Mondadori) *Il congresso, La controfigura;* (presso Scheiwiller) *Schedario;* (presso Vallecchi) *I figli.*

L'autografo

Libero Bigiaretti

Può anche darsi il caso[1] che il proprietario del Bar[2] di fronte a casa mia, sull'angolo, non sia in regola° con la legge sul lavoro dei minorenni.° Affari suoi, però a me sembra che il suo garzone,° o meglio l'aiutante del barista, un po' sguattero,° un po' cameriere, un po' galoppino,° non abbia ancora quindici anni; ne avrà dodici, tredici, oppure è un po' in ritardo fisicamente; il suo aspetto è ancora quello di un bambino, senza i lividori° e le impurità dell'adolescenza. È un maschietto, non un ragazzo. Furbo, simpatico, ciarliero,° si adatta volentieri a essere preso in giro dal barista,[3] un tipo di pallidone grasso sui trent'anni,[4] e dai clienti abituali.° Remo sa di poter rifarsi°: ha la risposta pronta, l'invettiva che stende, specialmente se lo stuzzicano° sull'argomento dove può sfoggiare,° insieme con la passionalità,° una competenza frutto° di letture, di osservazioni e di discorsi colti° da dietro il bancone.° L'argomento è quello del gioco del calcio e, in particolare, della « Roma », sua squadra° del cuore.° Dire che Remo è un tifoso° è dir poco, forse si avvicina più al vero la definizione di fanatico, nell'accezione° romana, pronunciata spesso dal padrone del bar. Fortunatamente il padrone del bar non sta tutto il giorno nel locale, altrimenti non sopporterebbe° la furente° saccenteria calcistica[5] di Remo, le sue dispute col barista sornione° e, quel che è peggio, le sue rispostacce° ai clienti i quali si divertono a cimentarlo° come si fa con un cagnolino petulante. Remo è tanto saputo° che tutti

in regola: *in order*

minorenni: *minors*

garzone: *errand boy*

sguattero: lavapiatti

galoppino: *errand boy*

i lividori: *the bruises*

ciarliero: loquace

abituali: regolari

rifarsi: prendersi la rivincita

stuzzicano: provocano

sfoggiare: ostentare

la passionalità: *the passionate temperament*

frutto: risultato

colti: *gathered*

il bancone: *the counter*

squadra: *team*

del cuore: preferita

un tifoso: *a fan*

nell'accezione: nel significato

sopporterebbe: tollererebbe

furente: furiosa

sornione: *crafty*

rispostacce: brutte risposte

cimentarlo: provocarlo

saputo: *cocksure*

---

[1] può anche darsi il caso: è anche possibile

[2] bar: locale pubblico in cui si consumano, stando in piedi o seduti su alti sgabelli *(stools)*, caffè, bibite, liquori, ecc.

[3] si adatta volentieri a essere preso in giro dal barista: *he good-naturedly lets the barman make fun of him*

[4] un tipo di pallidone grasso sui trent'anni: *a fat pale-faced individual about thirty years old*

[5] saccenteria calcistica: presunzione di sapere tutto riguardo al calcio

fanno finta di interrogarlo seriamente sulla formazione della squadra, domenica prossima. Lui spara°
subito undici nomi, più due di riserva. Hanno cominciato a chiamarlo il Mago.° Il «Maghetto» ha retti-
ficato° il barista. «A maghe',[6] come sarà domenica?» E
lui, serio, ispirato, visionario, risponde più o meno a
questo modo: «Due li segna Spadoni, e uno Cordova.»
Poi invece va male e il pronostico° fa cilecca,° ma Remo
è pronto a nascondersi dietro una montagna di giu-
stificazioni tecniche, di interventi imprevedibili, di
fatalità che hanno falsato il risultato: tutto l'Olimpo[7]
ha tradito, Giove[8] stesso ha congiurato, ha fatto fat-
ture,° spediti malefizi.° E dunque? Che si poteva fare?
Parlo qualche volta con Remo e cerco di farmi raccontare un po' della sua vita. Breve com'è, appena
abbozzata,° la sua vita è tutta una catasta° di guai,°
miseria,° fatica e scomodità: somiglia,° in peggio,
forse, a quella di tanti altri ragazzi che scendono dalle
borgate° più lontane alla periferia° classica della città e
i più fortunati trovano un lavoro da cascherini,[9] fatto-
rini,° «ragazzo, spazzola». Il calcio, quello parlato e
quello giocato alla meglio, nell'intervallo, su un pra-
taccio privo di° erba e ricco di buche, pozzanghere,°
barattoli° e contornato da montarozzi° di rifiuti,° è la
vacanza a portata di mano, o qualche cosa di più: parlare di calcio esalta, consola, a volte amareggia,° ma è
pur sempre un parlare, un comunicare, un partecipare.
Proprio a causa del calcio e della solita disputa
Lazio-Roma, da qualche giorno Remo è caduto dentro
un guazzabuglio° di pensieri contradditori e di ten-
tazioni opposte. Martedì scorso, sarà stato mezzogiorno e mezzo, così mi ha riferito il cameriere, entrarono nel bar due giovanottoni, due fusti,° col maglione
alto dolcevita,[10] e la giacca stretta, quei tipi che hanno
l'aria di essere famosi calciatori o gente del cinema.
Uno dei due, specialmente, alto e massiccio,° con due
spalle così, un collo così, i basettoni,° il ciuffo° come un
cimiero° dal mezzo della fronte fino all'incastro° del

spara: *spouts forth*	
il Mago: *the Wizard*	
rettificato: corretto	
il pronostico: *the forecast*	
fa cilecca: non riesce	
fatture: *witchcraft*	
malefizi: *spells*	
abbozzata: *sketched*	
una catasta: *a heap*	
guai: problemi	
miseria: povertà	
somiglia: *it resembles*	
borgate: *hamlets*	
periferia: *outskirts*	
fattorini: *messengers*	
privo di: senza	
pozzanghere: *puddles*	
barattoli: *cans*	
montarozzi: *heaps*	
rifiuti: *garbage*	
amareggia: *embitters*	
un guazzabuglio: *a mass of contradictions*	
fusti: giovani atletici	
massiccio: *stout*	
i basettoni: *sideburns*	
il ciuffo: *bangs*	
un cimiero: *a crest*	
incastro: *joint*	

---

6 a maghe' [dialetto romano]: ehi, maghetto
7 Olimpo: la più alta montagna della Grecia anticamente ritenuta
  sede degli dei *(gods)*
8 Giove: divinità suprema della religione romana, identificato con
  lo Zeus dei greci
9 cascherini: voce gergale per indicare coloro che sono addetti a
  lavori umili e servili
10 maglione alto dolcevita: *turtleneck sweater*

collo nelle spalle. Remo lo inquadrò° subito come faccia nota, celebre.° Chi è, chi non è, mentre sciacquava° le tazzine, Remo lo guardava di sotto in su come si guarda un monumento, finché dal modo come i due parlavano, da come si appellavano° tra di loro, ebbe la rivelazione, subito convalidata° dalla memoria visiva. Davanti a lui stava Chinaglia, il famoso centro attacco° della Lazio: come dire il Nemico Numero Uno, quello di cui, per sacrosanta° parzialità sportiva, Remo aveva sempre messo in dubbio il valore. «Spadoni se lo mangia»°: aveva ripetuto cento volte. E adesso lo aveva davanti e lo guardava con una confusione dentro la quale, a volerla analizzare, c'erano tracce cospicue° di ammirazione. Era sempre un Campione. Remo aveva ostentato° disprezzo per quel Campione, perché così deve fare, secondo lui, ogni vero tifoso; ma un conto° è parlarne, un conto trovarsi a un metro da lui.

«Signor Chinaglia,» disse finalmente Remo con voce bassa e incerta: «mi mette una firma?» L'interpellato fece il Gigante Buono, fece l'Idolo Comprensivo, fece il Campione Simpaticone, cioè disse volentieri,° ma mentre stava per firmare, quel giallone del barista si mise di mezzo°: «Sor[11] Chinaglia, badi che 'sto° ragazzo è un tifoso fanatico della Roma.»

Il Gigante Buono scosse il testone come a dire° che a lui non glie ne importava, e il cameriere maligno°: «Guardi che parla sempre male di lei e della Lazio.»

Remo stringeva già tra le dita il prezioso foglietto con la firma, lo svolazzo° e la data e non riusciva a negare né a confermare, era sempre più confuso, quando l'altro giovanotto, allungandogli° uno scappellotto° scherzoso, gli disse: «Vedrai, vedrai, che diventerai laziale anche tu.» Remo era diventato tutto rosso: uno scatto, la testa in sù, una beccata da galletto: «No,» disse, «questo mai.»

Ridevano tutti. «Bravo, bravo,» gli disse il goleador,[12] e gli porse la mano. Remo asciugò la propria nel grembiulone° e gliela strinse. L'altro gli passò il palmo sul collo: «Ciao, e forza Lazio.» Remo alzò le spalle. I due se ne andarono ridendo. Se ne andò anche l'altro cliente. Nel silenzio di quel momento vuoto, il cameriere disse: «Sei un venduto.° Sei passato alla Lazio. Lo dirò a tutti.»

---

[11] sor [dialetto romano]: signor
[12] goleador: *the great goal scorer* (*combination of* gol *and* toreador)

inquadrò: *identified*
celebre: famosa
sciacquava: *rinsed out*

si appellavano: si chiamavano
convalidata: confermata
centro attacco: *centre forward*

sacrosanta: *indubitable*

se lo mangia: lo batte facilmente

cospicue: evidente

ostentato: *feigned*
un conto: una cosa

volentieri: con piacere
si mise di mezzo: intervenne
'sto: = questo
come a dire: *as if to say*
maligno: malizioso

lo svolazzo: *flourish*

allungandogli: dandogli
uno scappellotto: *a slap*

grembiulone: *large apron*

sei un venduto: *you're a turncoat*

97

Remo gli avrebbe tirata la tazza sul muso. Era furibondo° ma un po' della propria ira la stornava° anche contro se stesso. Lui non era un venduto, glielo aveva detto chiaro, non era di quelli che cambiano bandiera, come fanno tanti, perché il campionato butta° male. Però doveva confessare (ma soltanto a se stesso) di aver provato una emozione, un non so che a stringere° la mano di Chinaglia. La mano, del resto, se la stringono sul campo anche i due Capitani avversari. Ma se Chinaglia gli avesse detto, che so: « Vieni con noi, ti diamo la tessera,° ti facciamo giocare,» lui ci sarebbe andato? Su questa ipotesi inverosimile, Remo si tormentò per più giorni. Poi, a poco a poco, a furia di rintuzzare° le accuse che gli muovevano i clienti, messi sù° dal barista, Remo ritrovò lo spirito, la battuta,° l'aggressività. Più di prima. Intanto aveva qualche cosa che gli altri non avevano e magari° avrebbero pagato per avere ma lui non avrebbe mai venduto: l'autografo.

furibondo: arrabbiato
stornava: *warded off*

butta: va

a stringere: *in shaking*

la tessera: *the membership card*

rintuzzare: respingere
messi su: *prompted*
la battuta: *the witty remark*
magari: forse

In *Racconti di sport*
Milano, Aldo Garzanti

Esercizi

I.   Rispondi oralmente o per iscritto.

A.   1. Descrivi brevemente Remo.
   2. Che funzioni svolge Remo nel bar?
   3. Perché il barista si diverte a prendere in giro Remo?
   4. Qual è l'argomento preferito di Remo?
   5. "Il padrone non sopporterebbe la furente saccenteria calcistica di Remo." Come dimostra Remo questa "saccenteria calcistica"?
   6. Parla brevemente della vita di Remo.
   7. Cosa avvenne un martedì verso mezzogiorno e mezzo?
   8. Descrivi brevemente il giocatore Chinaglia.
   9. Che opinione aveva Remo del giocatore?
  10. Che cosa chiede Remo al giocatore?
  11. Come reagisce il giocatore alla richiesta di Remo?
  12. Che informazione dannosa dà il barista al giocatore?
  13. Che pronostica l'altro giocatore nei confronti di Remo?
  14. Quale risposta dà Remo a questo pronostico?
  15. "Sei un venduto." Perché Remo non condivide l'opinione del cameriere?
  16. Che cosa tiene caro Remo? Perché?

B. 1. Qual è il tuo sport preferito? Perché?
   2. Chi è il tuo campione preferito? A quale sport gioca?
   3. Qual è lo sport nazionale del tuo paese?
   4. Menziona la tua squadra favorita e indicane le tue ragioni.

II. Completa le frasi seguenti con aggettivi adatti tratti dal testo.
   1. Furbo, simpatico, _____, si adatta volentieri a essere preso in giro dal barista.
   2. Il padrone del bar non sopporterebbe la furente saccenteria _____ di Remo.
   3. E lui, serio, ispirato, _____, rispondeva più o meno a questo modo.
   4. Remo lo inquadrò subito come faccia nota, _____.
   5. Lo guardava con una confusione dentro la quale c'erano tracce _____ di ammirazione.

III. Usa ciascuna delle espressioni seguenti in una frase che ne dimostri chiaramente il significato.
   1. può darsi che   4. a volte
   2. far cilecca   5. parlar male di
   3. a causa di   6. stringer la mano a

IV. Come si dice...?
    Trova nella colonna B la traduzione dei nomi degli undici giocatori elencati nella colonna A.

Colonna A
   1. portiere
   2. terzino destro
   3. terzino sinistro
   4. centromediano
   5. mediano destro
   6. mediano sinistro
   7. ala destra
   8. mezzala destra
   9. mezzala sinistra
  10. ala sinistra
  11. centrattacco

Colonna B
   a. *left-hand*
   b. *left inside-forward*
   c. *left back*
   d. *left wing*
   e. *right back*
   f. *centre-forward*
   g. *goalkeeper*
   h. *right-half*
   i. *right inside-forward*
   j. *right wing*
   k. *centre-half*

V. Di che sport si tratta?
   Ho trovato nel *Dizionario Garzanti della lingua italiana* le definizioni di alcuni sport. Sapresti dirmi a quale sport si riferiscono? Per facilitare il tuo compito, ti dirò che si tratta delle voci seguenti: alpinismo, badminton, baseball, calcio, cricket, golf, hockey, karatè, lotta, pallacanestro, pallavolo, ping-pong, pugilato, rugby, scherma, tennis.

a. gioco che si svolge tra due squadre di undici giocatori ciascuna, che si disputano un pallone colpendolo col piede o con la testa e cercano di farlo entrare nella porta avversaria

b. sport a squadre, simile al calcio, in cui un disco viene sospinto mediante bastoni ricurvi nella rete avversaria difesa da un portiere

c. gioco simile al tennis da prato, che si gioca con una palla leggerissima di forma speciale

d. sport a squadre in cui due formazioni di sei giocatori ciascuna, su un campo relativamente piccolo e diviso da una rete alta circa due metri e mezzo, devono inviarsi la palla con le mani senza lasciare che tocchi terra e senza colpirla più di tre volte di seguito nello stesso campo

e. gioco nazionale inglese praticato da due squadre di undici giocatori che colpiscono a turno la palla con una mazza, cercando di abbattere la porta avversaria

f. combattimento sportivo in cui due atleti si colpiscono con pugni, secondo determinate regole

g. sport di montagna il cui fine è la scalata delle pareti rocciose e la conquista delle vette

h. arte del battersi con armi bianche (fioretto, spada, sciabola), oggi coltivata soprattutto come esercizio sportivo

i. gioco all'aperto che consiste nel mandare in una serie di buche successive, col minor numero di colpi possibile, una pallina colpendola con una mazza

j. gioco simile al tennis effettuato su un'apposita tavola di legno divisa da una reticella

k. gioco di origine inglese, fra due o quattro giocatori, che stanno in due campi divisi da una rete, e si rimandano una palla per mezzo di racchette

l. gioco assai diffuso negli Stati Uniti, praticato su un campo sul quale è tracciato un quadrato, i cui vertici si chiamano basi, tra due squadre di nove giocatori che si lanciano una palla durissima con una mazza

m. gioco simile al calcio, che si gioca tra due squadre di quindici o tredici o undici giocatori i quali devono portare oltre una meta una palla ovale, che può essere giocata anche con le mani

n. combattimento a corpo a corpo, che esclude l'uso delle armi

o. sport di origine statunitense in cui due squadre di cinque giocatori cercano di gettare con le mani la palla in un canestro di rete posto in alto all'estremità del campo avversario

p. pugilato giapponese che prevede l'uso dei piedi e nel quale i colpi con le mani vengono portati di taglio

VI. Immagina che un tuo amico (una tua amica) venga da un altro paese. Spiegagli (spiegale) lo sport nazionale del tuo paese menzionando
a. il tipo di campo su cui questo sport viene giocato
b. il numero dei giocatori
c. le regole del gioco

Il Lazio

Superficie: 17.203 km² (nona regione italiana per estensione)
Confini: a nord con la Toscana, l'Umbria e le Marche, a est con l'Abruzzo e il Molise, a sud con la Campania, è bagnato a ovest dal Mar Tirreno
Province: (5) Frosinone, Latina, Rieti, Roma, Viterbo
Capoluogo: Roma
Dopo aver consultato una carta geografica dell'Italia, traccia una cartina del Lazio indicando le cinque province/città.

Achille Campanile

Giornalista, scrittore, commediografo, Achille Campanile nacque a Roma nel 1900. Collaborò a vari quotidiani e periodici quali il *Corriere italiano, La Fiera letteraria, La Tribuna, Gazzetta del popolo, Corriere d'informazione, Corriere lombardo, 900, Settebello, L'Europeo* (dove fino a qualche tempo fa tenne la rubrica, spassosissima, di critica televisiva), *Omnibus e Scenario.*

Campanile diede al teatro brevi commedie umoristiche, quali *Centocinquanta, la gallina canta* (1925), *L'inventore del cavallo* (1925), *L'amore fa fare questo e altro* (1930), *L'anfora della discordia, Visita di condoglianze* (1941). La sua attività come novelliere è più vasta. Appartengono a questa produzione i volumi: *Ma cosa è questo amore?* (1927), *Se la luna mi porta fortuna* (1928), *Giovinotti, non esageriamo* (1929), *Agosto, moglie mia non ti conosco* (1930), *In campagna è un'altra cosa* (1931), *Battista al giro d'Italia* (1932), *Cantilena all'angolo della strada* (1933), premiato a Viareggio, *Amiamoci in fretta* (1933), *Chiarastella* (1934), *La moglie ingenua e il marito malato* (1941), *Celestino e la famiglia Gentilissimi* (1942), *Benigno* (1942), *Avventura di un'anima* (1945), *Viaggio di nozze in molti* (1946), *Il giro dei miracoli* (1946), *Trac Trac Puf. Fiaba per adulti e per piccini* (1956), *Codice dei fidanzati*

101

(1958), *Il povero Piero* (1959), *Trattato delle barzellette* (1961), *Manuale di conversazione* (1973), premiato a Viareggio, *Gli asparagi e l'immortalità dell'anima* (1974).

Come è nata la vocazione di Campanile di scrittore umorista? Ecco la spiegazione che lui stesso ce ne dà: "Io credo che sia stata soprattutto una rivincita. Mio padre, che lavorava nel cinema muto, mi portava spesso con sé; mi faceva conoscere grossi personaggi: Lucio D'Ambra, Fausto Maria Martini, Pirandello... Io ero timidissimo, non riuscivo a spiccicare parola; dopo quegli angosciosi incontri, mio padre mi diceva: 'Ma perché fai queste figure da cretino? Di' almeno una battuta, una frase spiritosa.' Io pensavo: me ne vengono in mente tante, ma non ho il coraggio di dirle... Le scriverò; vedrete se non sarò capace di scriverle. Così sono diventato umorista."

Achille Campanile si è spento nella sua casa di Lariano (Roma) il 3 gennaio 1977.

"Pantomima" e "Il commercio ideale" sono tratti dalle sue ultime raccolte *Gli asparagi e l'immortalità dell'anima* e *Manuale di conversazione*.

Tra le opere di Campanile tuttora disponibili citiamo: (presso Dall'Oglio) *Ma cosa è quest'amore?*; (presso Editalia) *Umoristi francesi, Umoristi inglesi*; (presso Einaudi) *L'inventore del cavallo e altre quindici commedie*; (presso Rizzoli) *Agosto, moglie mia non ti conosco!*, *Gli asparagi e l'immortalità dell'anima, Manuale di conversazione, La moglie ingenua e il marito malato, Il povero piero, Se la luna mi porta fortuna, Vita degli uomini illustri.*

Pantomima

Achille Campanile

La bella Angelica Ribaudi, coi biondi capelli in disordine e le fresche gote° di diciottenne[1] arrossate, affannando° per aver fatto le scale a quattro a quattro,[2] si fermò un attimo° sul pianerottolo° per calmarsi; indi° mise pian pianino[3] la chiave nella serratura,° girò delicatamente, spinse° la porta senza far rumore e scivolò° in casa come una ladra.°

gote: *cheeks*
affannando: *panting*
un attimo: un momento
pianerottolo: *landing*
indi: poi
serratura: *key hole*
spinse: *pushed*
scivolò: entrò
una ladra: *a burglar*

Voleva arrivare prima di sua madre, ch'ella aveva intravisto[4] in fondo alla strada scendere dal tram. Non già che la turbasse l'idea di rincasare tardi per la cena, ma una volta tanto ch'era arrivata un po' meno tardi del solito° poteva esser comodo evitare i rimproveri e le frasi amare della madre[5] e magari° farle credere d'essere arrivata molto prima. Non le capitava mai di rincasare° quando la mamma non era ancora in casa.

del solito: *than usual*
magari: forse

rincasare: ritornare a casa

In punta di piedi percorse° il corridoio. Davanti alla camera del padre si fermò un attimo, trattenendo il fiato;° spinse appena la porta socchiusa,° guardò dentro e respirò: la camera era buia.° Il babbo non era ancora rientrato. Quanto ai fratelli, non c'era pericolo° che rincasassero prima dell'alba.° E la donna di servizio,° sempre chiusa in cucina, non si accorgeva mai di chi entrava e usciva e di quello che avveniva° nella grande casa.

in punta di piedi percorse: *tip-toed through*
trattenendo il fiato: senza respirare
socchiusa: un po' aperta
buia: *dark*
pericolo: *danger*
alba: *dawn*
la donna di servizio: *the maid*
avveniva: accadeva

Angelica si chiuse nella propria stanza. Senza accendere la luce si sfilò° in fretta l'abito, infilò° precipitosamente° una vestaglia° e allo scuro° corse a stendersi sul letto,[6] perché voleva che i familiari, rincasando, la

si sfilò: *she slipped off*
infilò: *she slipped on*
precipitosamente: in fretta
una vestaglia: *a dressing gown*
allo scuro: nel buio

---

[1] diciottenne: persona che ha diciotto anni di età
[2] per aver fatto le scale a quattro a quattro: *for having climbed the stairs four steps at a time*
[3] pian pianino: molto lentamente. Il diminutivo di *piano* (*pianino*) rafforza l'avverbio.
[4] ch'ella aveva intravisto: *of whom she had caught a glimpse*
[5] poteva esser comodo evitare i rimproveri e le frasi amare della madre: *it might have been convenient to avoid her mother's reproaches and bitter words*
[6] corse a stendersi sul letto: *ran to stretch out on the bed*

trovassero così e pensassero che era in casa da molto tempo. E intanto tese l'orecchio° per sentire da un momento all'altro girar la chiave nella porta di casa e il passo° di sua madre che entrava e la sua voce che domandava alla domestica°: «È rientrata la signorina?»[7] e la domestica che avrebbe risposto: «Non ancora» e la mamma che si sarebbe lamentata per i continui ritardi di lei e che poi l'avrebbe trovata in camera dormiente.° Una volta tanto,° una piccola rivincita.° Ma non s'udiva nulla.

La ancor° giovanile° e piacente° signora Iride Ribaudi, coi capelli un po' in disordine e affannando per aver fatto le scale di corsa,[8] mise pian piano la chiave nella serratura, girò delicatamente, spinse la porta senza far rumore e scivolò in casa come una ladra. Voleva arrivare prima di suo marito che aveva intravisto in fondo alla strada. In punta di piedi traversò il corridoio. Nel passare davanti alla camera di sua figlia respirò°: la camera era buia e silenziosa, Angelica non era ancora rientrata. Non già che dovesse render conto.° Ma in certi casi è noiosa° la testimonianza° dei figli; e, poi, d'una figlia come Angelica!

La signora Iride si chiuse nella propria stanza, senza accender la luce si spogliò° in fretta, infilò precipitosamente la vestaglia e allo scuro corse a stendersi sul letto poiché voleva che i familiari, rincasando, credessero che ella era in casa da tempo.

Giovanni Ribaudi, affannato° per aver fatto le scale di corsa, mise pian pianino la chiave nella serratura, girò delicatamente, spinse la porta senza far rumore e scivolò in casa come un ladro. Voleva che i familiari non s'accorgessero° ch'egli rincasava così tardi. La casa era grande e con qualche accorgimento° si poteva farla in barba a tutti.° In punta di piedi traversò il corridoio, si fermò un attimo e udendo un perfetto silenzio, respirò: le donne dormivano.

Dopo un po', udì la voce di sua moglie che chiedeva alla domestica:

«Il signore è rientrato?».

«Nossignora» disse la domestica.

«Chi è in casa?»

«Nessuno.»

Giovanni s'affacciò dalla propria stanza.

---

[7] è rientrata la signorina?: *has my daughter returned?*
[8] per aver fatto le scale di corsa: *for having run upstairs*

Margin glosses:

tese l'orecchio: ascoltò con attenzione
il passo: *the footsteps*
domestica: donna di servizio
dormiente: che dormiva
una volta tanto: ogni tanto
rivincita: vittoria
ancor: *still*
giovanile: *youthful*
piacente: attraente
respirò: *she sighed with relief*
render conto: giustificare
noiosa: *bothersome*
la testimonianza: *the evidence*
si spogliò: *she undressed*
affannato: *out of breath*
s'accorgessero: notassero
accorgimento: astuzia
farla in barba a tutti: *fool everybody*

«Ma sì, cara» disse «sono qua da un'ora. Siccome ti ho trovata che dormivi non ho voluto svegliarti.»

«Già,» disse la signora Iride «sono rincasata due ore fa e poiché non c'era nessuno in casa, mi sono messa un po' a riposare.»

Aggiunse con un sospiro:

«Angelica non è ancora tornata».

Bugiarda,° pensò Angelica, con la voglia di piangere per la rabbia.

bugiarda: *liar*

Ma in quel momento il padre aprì la porta della camera di Angelica.

«È qui» esclamò.

«Oh,» fece° la signora Iride «non lo sapevo.»

fece: esclamò

Angelica finse di svegliarsi.

«Non sono uscita affatto,°» disse «ho dormito tutto il pomeriggio.»

affatto: per nulla

Cenarono in silenzio.

Da *Gli asparagi e l'immortalità dell'anima*
Milano, Rizzoli Editore

Esercizi

I. Rispondi oralmente o per iscritto.

A.   1. Perché Angelica Ribaudi avrà i capelli in disordine e le gote arrossate?
   2. "Scivolò in casa come una ladra." Perché l'autore paragona Angelica a una ladra? Perché è efficace la similitudine?
   3. Perché Angelica voleva arrivare a casa prima di sua madre?
   4. Quali azioni di Angelica rafforzano ancora l'immagine della ladra del primo paragrafo?
   5. Come crea l'impressione Angelica che era in casa da molto tempo?
   6. "Ma non s'udiva nulla." Che cosa avrebbe dovuto udire la bella Angelica?
   7. "Ma in certi casi è noiosa la testimonianza dei figli." Quali precauzioni prende la signora Ribaudi per non esser notata?
   8. Che impressione vuol dare la signora Ribaudi ai familiari?
   9. I movimenti del signor Ribaudi ripetono quelli della figlia e della moglie. Quali sono questi movimenti?

10. Che spiegazione offre ognuno dei tre?
11. "Cenarono in silenzio." Perché?

B. 1. Perché è adatto il titolo del racconto?
   2. Secondo te, cosa avrà da nascondere ognuno dei tre?
   3. A tuo parere, che relazione esiste fra i membri di questa famiglia? Giustifica la risposta.

II. Trova gli aggettivi la cui definizione appare a sinistra e scrivili sulle lineette a destra (una lettera per lineetta). Quindi trasferisci ogni lettera al numero che corrisponde e otterrai un noto proverbio.

1. aggettivo che descrive
   Angelica

   __ __ __ __ __
   3 2 1 1 8

2. lo è una porta non
   completamente aperta

   __ __ __ __ __ __ __ __ __
   15 10 12 12 7 6 4 15 8

3. con "piacente"
   quest'aggettivo
   descrive la signora
   Ribaudi

   __ __ __ __ __ __ __ __ __
   5 6 10 16 8 9 6 1 2

4. non dolce

   __ __ __ __ __
   8 11 8 13 10

5. incessante,
   ininterrotto

   __ __ __ __ __ __ __ __
   12 10 9 14 6 9 4 10

Proverbio:

__ __   __ __ __ __ __   __ __ __ __ __
1 2   3 4 5 6 2   7 8 9 9 10

__ __   __ __ __ __ __   __ __ __ __ __
1 2   5 8 11 3 2   12 10 13 14 2

III. Spiega il significato di questo proverbio.

IV. Tema

   Svolgi oralmente e in breve il tema seguente.
   1. Una bugia che non avrei dovuto dire

Un commercio ideale

Achille Campanile

«Ho trovato» mi disse lo sconosciuto° mentre scende-
vamo dal tram al capolinea° «il commercio ideale:
sbarco il lunario[1] vendendo un mio oggetto personale.»

Il discorso non m'interessava molto. M'ero
accompagnato con costui° per fare assieme il tratto° a
piedi fino a casa poiché la notte, di questi tempi, non è
prudente girar° da soli per certe strade deserte o mal frequentate. Tuttavia non potei fare a meno di[2] osservare:

«Come, vendendo un suo oggetto personale? Lei
vuol dire: vendendo dei suoi oggetti personali».

«No,» fece° lui «ripeto: un mio oggetto personale.
L'oggetto che vendo è uno soltanto ed è sempre
quello.»

«L'avrà venduto una volta e col ricavato°...»

«No. Lo vendo continuamente.»

«Ne ha molti uguali?»

«Ne ho uno solo.»

«E come fa a venderlo più volte?»

«Non riesco io stesso a spiegarmelo.[3] Fatto si è° che
lo offro, mi viene subito pagato e nessuno lo ritira.°»

«È curioso» feci° «e volentieri ne saprei qualcosa di
più. Che oggetto è?»

«La mia rivoltella.° Dovunque mi presento per ven-
derla, tutti appena la mostro, me la pagano quasi senza
lasciarmi parlare e, quel che è più strano, senza riti-
rarla. Invano° talvolta° li inseguo° per consegnar loro
l'oggetto. S'allontanano in fretta e spesso addirittura°
correndo.»

«Senti, senti.[4] Ma forse lei avrà la parlantina sciolta,[5]
saprà fare, come suol dirsi, l'articolo; ne decanterà° il

lo sconosciuto: *the stranger*
capolinea: *terminus*

costui: questo tipo
il tratto: parte della strada
girar: andare in giro

fece: rispose

ricavato: denaro ricevuto

fatto si è: *the fact is*
ritira: prende
feci: dissi

rivoltella: *(hand) gun*

invano: inutilmente
talvolta: a volte
li inseguo: vado dietro loro
addirittura: persino
decanterà: loderà

---

[1] sbarco il lunario: *I make ends meet*
[2] non potei fare a meno di: *I couldn't help*
[3] non riesco io stesso a spiegarmelo: *I don't quite know myself*
[4] senti, senti: (espressione di meraviglia) *really?!*
[5] lei avrà la parlantina sciolta: molto probabilmente lei è molto
   eloquente

107

funzionamento° perfetto, la maneggevolezza,° la precisione?»

«Non faccio in tempo. Di solito° mi limito a spiegare che non sono un commerciante di professione (il che è la verità; perché non voglio ingannare° nessuno), ma che il bisogno mi costringe a privarmi di quest'oggetto. Comincio presentando la rivoltella: "Sono in miseria,° mi occorrono un po' di quattrini... ".[6] Non faccio in tempo a finire: il cliente paga e via di corsa°: io l'inseguo per consegnargli la merce,° grido: "Senta... Aspetti!": ma sì! Hanno le ali° ai piedi quei dannati.°»

Il mio interlocutore[7] riprese fiato.°

«Certo» continuò «mi attengo° scrupolosamente° alle regole fondamentali degli scambi economici,° e forse debbo a questo il mio successo.»

«Come sarebbe a dire?»[8]

«Per esempio, buona norma° commerciale è offrire in vendita un oggetto dove e quando è più necessario. Dove e quando è più necessaria una rivoltella? Dove occorra difendersi quando si è minacciati, senza che altri° possa difenderci. E dove può capitare d'esser minacciati, senza che altri possa difenderci? Nelle strade solitarie o mal frequentate, di notte. E chi è che, in questo caso, ha più bisogno d'una rivoltella? Chi ne è senza, chi è solo e indifeso° e teme° aggressioni, eccetera eccetera. Certo, sarebbe assurdo offrirla a chi ha già, per esempio, un mitra.°»

«Evidentemente.»

«Perciò, io cominciai per l'appunto° con l'andare di notte nelle strade solitarie e malfamate° e, quando vedevo un passante° solo, timido, indifeso e pavido,° gli presentavo la rivoltella. Per invogliarlo all'acquisto,[9] qualche volta, alle frasi già dette, ne aggiungevo qualcuna d'imbonimento,° del genere di: "Guardi, è carica,° basta premere il grilletto°... provoca morte istantanea... ".»

«E il passante?»

«Cosa strana: me la pagava più di quel che vale, in danaro o in natura.° Qualcuno, dopo avermi consegnato il portafogli e prima che potessi parlare s'affrettava a

---

6 mi occorrono un po' di quattrini: ho bisogno di un po' di denaro
7 interlocutore: persona con cui si parla
8 come sarebbe a dire?: cosa vuol dire? Si spieghi.
9 per invogliarlo all'acquisto: per fargli venire il desiderio di comprarlo

lasciarmi anche il cappotto e rinunziando all'oggetto comperato, se la dava a gambe.°»

Il mio interlocutore riprese fiato.

«Non mi sono fermato a questo» disse. «Ho pensato (segua il mio ragionamento):[10] chi altro può avere bisogno d'una rivoltella? È chiaro: chi, per esempio, ha ritirato una forte somma alla banca e deve trasferirla altrove.° Naturalmente, non ne ha bisogno nelle strade frequentate, in mezzo alla gente; sa benissimo che in questi casi basta un grido, un allarme, per mettere in fuga° un rapinatore.° Altro avviene[11] nelle strade solitarie. Così, io mi metto nelle banche e, quando vedo uscire uno che ha riscosso° una forte somma, lo seguo alla lontana.° Soltanto se e quando lo vedo giunto° in zone deserte, mi faccio avanti e gli presento la mia merce col solito preambolo.°»

Il mio interlocutore mi fissò come chi si prepara a dir cosa incredibile.

«Ebbene,» disse «anche in questo caso il più delle volte il presunto° cliente, invece di profittare della rara occasione che gli si presenta, di fornirsi° con poca spesa° di un'arma con cui potrebbe difendersi da eventuali rapinatori, non mi lascia nemmeno il tempo di dirgli il prezzo. Mi consegna la borsa contenente il pacco delle banconote,° prezzo sproporzionato° alla modestia° dell'oggetto da me offerto, e che del resto costui non ritira nemmeno, affrettandosi a svignarsela.°»

Nuovamente l'interlocutore s'interruppe per riprender fiato.

«Incuriosito da così strano contegno°» disse «volli vederci chiaro. Un giorno entrai perciò da un armaiuolo° e mostrandogli l'arma stavo per domandargli se essa non avesse per caso un qualche pregio° a me ignoto.° Naturalmente, per non fargli perder tempo, non ci andai nelle ore in cui c'è gente nel negozio. Scelsi le cosiddette ore morte,° quando il negoziante s'appisola° seduto dietro il banco nella bottega° deserta. Ebbene, feci appena in tempo a dirgli con la rivoltella tesa: "Sono in miseria..." (volevo fargli° un po' la storia del mio caso fin dalle origini); l'armaiuolo, un vecchietto che sonnecchiava° dietro la cassa,° aperse gli occhi al suono delle mie parole e, vista l'arma, s'affret-

se la dava a gambe: se ne andava correndo

altrove: in un altro posto

mettere in fuga: far scappare
un rapinatore: un ladro
riscosso: ritirato
alla lontana: a distanza
giunto: arrivato
preambolo: introduzione

presunto: supposto
fornirsi: ottenere
spesa: denaro

banconote: *banknotes*
sproporzionato: eccessivo
modestia: piccolezza
svignarsela: *to slip away*

contegno: comportamento

un armaiuolo: *a gunsmith*
pregio: valore
ignoto: non conosciuto

ore morte: *slow hours*
s'appisola: s'addormenta
nella bottega: nel negozio
fargli: raccontargli

sonnecchiava: *was dozing*
la casa: *the cash register*

---

[10] segua il mio ragionamento: *please follow my line of reasoning*
[11] altro avviene: *it's another story*

tò a consegnarmi l'incasso,° riparando nel retrobottega.[12] Idem° avvenne con altri competenti.° Provai
anche con passanti. Andavo dicendo: "Ps! Senta!" e
mostravo l'arma. L'interpellato° mi gettava quanto
aveva in tasca e via di corsa.°»

Superate le ultime case della via deserta, eravamo
arrivati quasi in campagna, all'imboccatura° del ponte
sotto la ferrovia.° Qui lo sconosciuto si fermò.

«In conclusione» disse fissandomi «non sono riuscito a scoprire quali occulte° virtù possegga
quest'arma e ancor oggi la cosa è per me un mistero.
Guardi se ci capisce lei qualche cosa.»

Tirò fuori la rivoltella.

«È normale» disse: «Premendo il grilletto...».

«Ho capito, ho capito!» gridai.

Gli consegnai il portafogli e me la diedi a gambe°
sotto il ponte della ferrovia, mentr'egli continuava a
farmi cenni° di richiamo. Di lontano lo vidi poi allontanarsi con fare sconsolato,° dopo aver messo in tasca il
portafogli e l'arma di cui non riusciva a disfarsi.°

Direte che ero stato un po' precipitoso[13] a consegnargli il portafogli e che m'ero messo in un bell'impiccio,° non avendo altro danaro. No. Per la semplice
ragione che contavo di rifarmi° con lo stesso sistema
dello sconosciuto.

In fondo,° anch'io potevo benissimo "vendere" come
faceva lui, un mio oggetto personale, facendomelo
pagare senza che fosse ritirato. Non avevo una rivoltella —non ho mai portato addosso simili aggeggi°—
ma questo non voleva dire; avrei potuto tentare con
qualche altro oggetto, magari anche di maggior valore.
L'orologio, per esempio.

Avevo per l'appunto un magnifico orologio svizzero°
di marca,° d'oro, che poteva invogliare° molto qualche
passante che ne fosse sprovvisto.[14] Perché, come giusta-
mente aveva detto il mio compagno di strada, questa è
sempre buona norma commerciale: offrire la merce a
chi ne ha bisogno.

Difatti, mentre stavo appostato° all'uscita del ponte,
vidi arrivare un tale piuttosto male in arnese.° Quello,
certo, l'orologio non doveva averlo. E, poi, d'oro! Mi

l'incasso: *the daily takings*
idem [lat.]: lo stesso
competenti: esperti
l'interpellato: l'interrogato
di corsa: rapidamente

imboccatura: ingresso
la ferrovia: *the railway tracks*

occulte: nascoste

me la diedi a gambe: fuggii

cenni: segni
sconsolato: triste
disfarsi: liberarsi

impiccio: situazione
complicata
rifarmi: *to recover my losses*

in fondo: dopotutto

aggeggi: *gadgets*

svizzero: *Swiss-made*
di marca: di qualità
invogliare: attirare

appostato: *in ambush*
male in arnese: vestito male

---

12 retrobottega: stanza dietro il negozio
13 ero stato un po' precipitoso: avevo agito con fretta, senza pensarci
14 che ne fosse sprovvisto: che non avesse un orologio

110

feci coraggio. Lo affrontai,° porgendogli il prezioso oggetto:

«Le farebbe comodo» gli dissi «questo orologio? È d'oro, di marca, con le frazioni di secondo e il contasecondi,° diciotto rubini...»

Non mi fece finire.[15]

Invece di pagarmi e darsi alla fuga senza ritirare l'oggetto, come capitava all'altro, e come mi aspettavo, costui ritirò l'oggetto e si dié alla fuga,° senza pagarmi.

Misteri del commercio!

Da *Manuale di conversazione*
Milano, Rizzoli Editore

lo affrontai: gli andai incontro

il contasecondi: *the stopwatch*

si dié alla fuga: fuggì

---

[15] non mi fece finire: non mi diede l'occasione di terminare il mio discorso

Esercizi

I. Rispondi oralmente o per iscritto.

A. 1. Perché l'autore si lascia accompagnare dallo sconosciuto?
2. Che cosa incuriosisce l'autore?
3. A che cosa attribuisce l'autore il risultato che ottiene lo sconosciuto?
4. "Buona norma commerciale è offrire in vendita un oggetto dove e quando è più necessario." Illustra questa asserzione dando un esempio.
5. Nelle strade solitarie, come cercava lo sconosciuto di invogliare i passanti?
6. Come reagivano questi?
7. Perché lo sconosciuto si reca nelle banche?
8. Come reagisce il presunto cliente?
9. Perché lo sconosciuto entrò un giorno da un armaiuolo?
10. Cosa fece l'armaiuolo nel vedere lo sconosciuto con la rivoltella in mano?
11. Perché l'autore consegnò il portafogli allo sconosciuto?
12. Cosa pensava di fare eventualmente l'autore?
13. Quale oggetto vuole "vendere" l'autore? Descrivilo.
14. Che risultato ottiene l'autore quando si avvicina a un presunto cliente?

B. 1. Se fossi legislatore, quali leggi proporresti per controllare le armi da fuoco?
2. Secondo te, una persona che commette una rapina a mano armata dovrebbe ricevere una doppia condanna? Giustifica la tua risposta.
3. Parla dell'umorismo del "Commercio ideale."
4. Se fossi in posizione di potere, cosa faresti per eliminare la violenza nella nostra società?

II. Immagina di essere una delle persone seguenti:
   a. un passante in una strada solitaria
   b. un cliente che ha ritirato una forte somma da una banca
   c. un armaiuolo

In ogni caso,
1. descrivi il luogo dove incontri lo sconosciuto
2. indica l'ora del giorno (o della notte) in cui avviene l'incontro
3. descrivi le azioni dello sconosciuto
4. riferisci il "dialogo" fra te e lo sconosciuto
5. da' i suoi connotati (colore degli occhi e dei capelli, statura, peso, vestito, ecc.)
6. parla della tua reazione davanti allo sconosciuto
7. dichiara ciò che ti ruba lo sconosciuto.

III. Immagina di essere un giornalista di un quotidiano. Scrivi un trafiletto descrivendo una delle rapine a mano armata menzionate nel "Commercio ideale." Includi sufficienti dettagli da rendere il tuo articolo chiaro e interessante. Da' un titolo appropriato.

IV. Parliamone insieme...
Esprimi la tua opinione sulle asserzioni seguenti. Discutila con i tuoi compagni.
1. "I programmi televisivi promuovono la violenza."
2. "Bisognerebbe abolire le scene di violenza nei film."
3. "Nessuno dovrebbe possedere un'arma da fuoco."

V. Cruciverba

Orizzontali
1. respiro
3. andar attorno a un luogo
6. nè noi, nè loro
8. persona non identificata
12. valore
13. non protetto
14. non meno
16. situazione complicata
17. inutilmente
19. uguali
21. persona con cui uno parla

Verticali
1. probabilmente
2. numero
4. arma da fuoco
5. ripetutamente
7. esperti
9. segni
10. riprendo; mi faccio consegnare
11. lo sono le strade non frequentate
15. nascosto
18. nè voi, nè loro
20. nè tuo, nè suo

Alba de Céspedes

Narratrice e giornalista, Alba de Céspedes è nata a Roma nel 1911. Di antica e nobile famiglia cubana, Alba de Céspedes, ha vissuto a Parigi, all'Avana, a Washington. Collaboratrice di molte riviste e giornali, specialmente *La Stampa* e *Epoca*, fondò nel 1944 la rivista culturale *Mercurio* che diresse fino al 1948.

Dopo la pubblicazione di alcuni brevi romanzi, conseguì fama internazionale con il romanzo *Nessuno torna indietro* (1938) che fu in quegli anni uno dei libri italiani più tradotti. Precedentemente la de Céspedes aveva pubblicato altri volumi di novelle e romanzi, *L'anima degli altri* (1935), *Io, suo padre* (1935) e *Concerto* (1937) il cui pregio risiede nell'osservazione precisa di ambienti e personaggi. Dopo la pubblicazione di *Nessuno torna indietro*, Alba de Céspedes pubblicò una piacevolissima raccolta di novelle, *Fuga* (1941), raccolta anch'essa tradotta in numerose lingue straniere.

Alba de Céspedes continuò a dare prova delle sue innate doti di narratrice con *Dalla parte di lei* (1949) e *Quaderno proibito* (1952) nei quali vengono presentati problemi sociali, soprattutto certe situazioni morali domestiche femminili, per lo più in chiave di critica. La scrittrice compose anche due libri di versi, *Prigionie* (1930) e *Chanson des filles de mai* pubblicato a Parigi nel 1969 e nell'anno successivo a Milano, dalla casa editrice Mondadori, col titolo italiano, *Le ragazze di maggio*.

"*La ragazzina*" è tratto dalla raccolta di racconti *Invito a pranzo* pubblicata dalla Mondadori nel 1955.

Tra le opere della de Céspedes ancora disponibili, pubblicate tutte dalla Mondadori, segnaliamo: *La bambolona, Dalla parte di lei, Invito a pranzo, Nel buio della notte, Nessuno torna indietro, Prima e dopo, Quaderno proibito, Le ragazze di maggio, Il rimorso*.

La ragazzina

Alba de Céspedes

Ero ingenua,° allora. Avevo quindici anni, ero già alta, grande e grossa, ma a casa tutti dicevano che ero una ragazzina. Mi faceva rabbia,[1] e mi rivoltavo.° Quelli scotevano la testa,° ridendo, e ripetevano: "È proprio una ragazzina." Avrei dato qualsiasi cosa per avere qualche anno di più e poter dire, come i grandi: "Ti ricordi?" Lavoravo presso una sarta,° da qualche tempo; mi mandavano a comperare rocchetti,° a consegnare° vestiti, per ogni sciocchezza° dicevano "manda giù la ragazzina". Era d'estate; nel pomeriggio scendevo dal lattaio,[2] tornavo col vassoio° pesante, e svelta, acciocché° le granite[3] non si squagliassero.° Mi piaceva essere servizievole° con le ragazze; le ammiravo perché già conoscevano il mestiere ma, soprattutto, perché avevano il fidanzato.° Il lunedì mattina Gisella, che era fidanzata con un ingegnere, appoggiava i piedi alla sedia di una compagna e raccontava sottovoce.° Io, seduta su uno sgabello° basso, cucivo l'orlo° del vestito° al quale lei lavorava e mi pareva di tenere la coda° della regina. Poi d'improvviso° taceva° e mi mandava a prendere un bicchier d'acqua. Tornavo in un baleno,° ma il discorso importante era finito.

Ogni volta che uscivo passavo davanti all'officina° di Osvaldo. Appena mi accorsi che mi guardava, non volli più° portare il vassoio: portavo i bicchieri incartati° e quando Osvaldo per la prima volta mi parlò, il ghiaccio mi scottava° le mani sicché dovetti scappare via facendo la figura della stupida[4] che ha paura di fermarsi a discorrere.° La notte ci piansi, ma il giorno dopo Osvaldo, scorgendomi,° venne sulla porta della bottega.° «Buongiorno, ragazzina» disse. «Non sono

ingenua: *naive*

mi rivoltavo: mi ribellavo

scotevano la testa: *shook their heads*

una sarta: *a seamstress*

rocchetti: *spools*

consegnare: *to deliver*

sciocchezza: stupidaggine

vassoio: *tray*

acciocché: affinché

non si squagliassero: *would not melt*

essere servizievole: rendermi utile

avevano il fidanzato: *were engaged*

sottovoce: a bassa voce

uno sgabello: *a stool*

l'orlo: *the hem*

vestito: *dress*

la coda: *the train*

d'improvviso: tutto d'un tratto

taceva: non parlava più

in un baleno: in un attimo

officina: *shop*

non volli più: mi rifiutai di

incartati: *wrapped up in paper*

scottava: *stung*

discorrere: conversare

scorgendomi: vedendomi

della bottega: del negozio

---

[1] mi faceva rabbia: *that made me angry*
[2] lattaio: persona che vende latte. Una *latteria*, negozio del lattaio, è spesso attrezzata per il consumo, al banco, o in tavolini, di colazioni o di pasti a base di latte, uova, burro, formaggio.
[3] le granite: *cold drinks poured over crushed ice* (es. una granita di limone, di caffè ecc.)
[4] facendo la figura della stupida: *looking like a fool*

una ragazzina: ho diciassette anni» dichiarai mentendo,° e Osvaldo scoppiò a ridere. Aveva bei denti bianchi che spiccavano° sulla pelle bruna e portava la tuta da meccanico° stretta alla vita° sottile.° Disse che, se non ero una ragazzina, potevo uscire con lui dopo il lavoro. Tutta rossa in viso dalla gioia, dissi che quella sera ero occupata e lui, canzonandomi,° domandò se già c'erano i turni.[5] Avrei voluto rispondere con uno schiaffo;[6] invece, sullo stesso tono, risposi che era fortunato giacché era libero il turno della sera seguente.

Mi aspettava al cantone.° Fino allora l'avevo visto sempre in tuta e nel trovarlo vestito di tutto punto° mi resi conto che, per la prima volta, avevo un appuntamento con un uomo. Io avevo rubato i soldi a mia madre per comperarmi le calze° che, sotto la gonna corta a fiorami,° mi davano un'aria sfacciata.° Pensavo che se mio padre mi avesse vista mi avrebbe preso a scoppole,[7] ma, in ogni caso, ormai avrei avuto anch'io qualcosa da ricordare. Lui mi prese sottobraccio e poco dopo eravamo sul Lungotevere.[8] Vi andavo raramente; sicché, guardando il fiume e gli alberi fioriti di piumini° rosa e le ville con le spalliere° di caprifoglio,° mi pareva d'essere in villeggiatura. Ma non volevo farlo capire a Osvaldo il quale raccontava che, finora, aveva sempre frequentato donne mature, l'ultima era cassiera in un bar e aveva più di trent'anni. Lo stuzzicai° domandandogli se gli piacessero le vecchie. Rispose che con le ragazzine non c'è gusto.° «Tu mi piaci» soggiunse «ma se ti chiedessi un bacio saresti capace di dire di no». Io feci una risata e lui subito disse: «Scommetto° che sarebbe il primo.». Al cinema avevo visto che gli innamorati si baciavano sul mento;° perciò, dopo aver guardato attorno, chiusi gli occhi e gli tesi il viso.° Mi baciò e non capivo bene che facesse; avrei voluto divincolarmi,° ma il pensiero della cassiera di trent'anni mi teneva ferma. «Lo sapevo che era il primo, ragazzina» egli disse trionfante. Pensai che fosse un uomo straordinario, se indovinava tutto, e mi vergognai di non essere alla sua altezza.° Perciò

mentendo: non dicendo la verità

spiccavano: risaltavano

la tuta da meccanico: *the mechanic's overalls*

vita: *waist*

sottile: *thin*

canzonandomi: prendendomi in giro

al cantone: all'angolo

di tutto punto: elegantemente

le calze: *the nylon stockings*

a fiorami: con disegno di fiori

un'aria sfacciata: *a brazen look*

piumini: *leaves*

le spalliere: *rows of shrubs against a wall*

caprifoglio: *honeysuckle*

stuzzicai: *I teased*

non c'è gusto: *there's no pleasure*

scommetto: *I'll bet*

mento: *chin*

il viso: la faccia

divincolarmi: *to shake myself loose*

alla sua altezza: *his equal*

---

[5] se già c'erano i turni: *if there was already a waiting line*
[6] rispondere con uno schiaffo: rispondere col dargli uno schiaffo
[7] mi avrebbe preso a scoppole: *would have given me a thrashing*
[8] Lungotevere: viale con molti alberi che costeggia il fiume Tevere, a Roma

116

dissi, spavalda°: «Ci sei cascato».[9] Lui domandò: «Che vuoi dire?». «Non ti sei accorto che ho fatto la commedia°». Restò male e io risi dicendo che non doveva prendersela;° accade a tutti, una volta, di essere presi in giro.° Voleva baciarmi ancora, ma lo respinsi° ricordandogli che eravamo in strada; quello che era arrivato prima di lui almeno aveva la macchina. Sùbito, scuro in viso, Osvaldo s'informò: « Che macchina?». «La giardinetta.°» Fece una smorfia° di sprezzo,° ma era rimasto ferito e io godevo nel sentirmi più furba di lui che aveva venticinque anni. Per tutto il tempo mi domandò di quest'uomo, che io chiamavo Armando, finché si fece tardi e andammo ad aspettare la circolare.[10] Quando arrivò avrei voluto dire tante cose, confessare che avevo mentito, ma gli altri salivano e lui mi salutò dicendo: «Scusami se ti ho disturbato». In piedi sulla piattaforma del tram schiacciavo° il viso contro il finestrino: vedevo i viali della periferia° neri come l'inchiostro e, riflessi nel vetro, i passeggeri, tutte persone adulte. Arrivata a casa corsi al piano° di sopra da un'amica maggiore° di me, già fidanzata. Gli chiesi come facevano l'uomo e la donna quando si baciavano. Lei prima esitò, vergognosa, poi disse che facevano così e così.

La notte, per quei discorsi, non dormii; e anche perché temevo di aver perduto Osvaldo. Il mattino seguente andando alla merceria° lo vidi intento al suo lavoro. Per farmi notare chiamai la sarta, che s'affacciò, ma lui non si mosse. Durante tutta la giornata mi fu impossibile di raccapezzarmi.° «Sei proprio una ragazzina» diceva la sarta «non ti si può far fare nulla». Mi misi a piangere e scappai in cucina; Gisella mi raggiunse per domandarmi che avessi. Risposi che tutti i giorni non sono eguali, che càpita di avere qualche grattacapo° e di non riuscire a lavorare. «A chi lo dici...» sospirò Gisella che era stata lasciata° dall'ingegnere. Sentirmi alla pari con° lei mi lusingò;° e la sera uscivo riconfortata quando, all'angolo, vidi Osvaldo che m'aspettava. «Non pensare che sia venuto per te, ragazzina» disse avvicinandosi: «sono venuto per dirti che non credo niente di quello che hai raccontato». Aggiunse che non poteva soffrire° le bugie, perciò mi salutava. Intanto si dirigeva verso il Lungotevere

spavalda: *boldly*

ho fatto la commedia: *I played a part*

prendersela: offendersi

essere presi in giro: *to be teased*

respinsi: spinsi indietro

la giardinetta: *the station wagon*

una smorfia: *a grimace*

sprezzo: *scorn*

schiacciavo: premevo fortemente

periferia: zona esterna della città

piano: *floor*

maggiore: più grande

merceria: *haberdasher's shop*

raccapezzarmi: *to get a hold of myself*

grattacapo: preoccupazione

lasciata: abbandonata

alla pari con: uguale a

mi lusingò: sentii soddisfazione

soffrire: tollerare

---

[9] ci sei cascato: *you fell for it*
[10] la circolare: *tram (which follows a circular route around the city)*

tenendomi astiosamente° per il braccio. Io avrei voluto
dirgli che aveva ragione: ero una ragazzina e l'amavo.
Ma, proprio per dimostrare la mia sincerità, dovevo
seguitare a mentire. «Vuoi convincerti che non sono
bugiarda°?» gli dissi: «Dammi un bacio». Infatti,
dopo, sembrò placato.° «Dov'è questa giardinetta?» mi
domandò diffidente°: «Non l'ho mai vista ed è parec-
chio° che ti tengo d'occhio°». Gli dissi che Armando
era a Napoli. Lui insisteva, chiedendo particolari, e io
li inventavo tanto facilmente che, alla fine, mi pareva
di dire la verità. Ormai ogni sera Osvaldo veniva a
prendermi; mi baciava come un innamorato e poi
m'interrogava come un questurino.° Non sapevo più
come liberarmi di Armando: raccontavo che era ancora
a Napoli, che era un benestante° e voleva sposarmi, ma
lasciavo intendere che io, invece, ero incerta. Nonostante questi discorsi, eravamo felici. Rincasavo° tardi,
mia madre diceva che la sarta mi sfruttava° e che il
mattino seguente, scendendo per la spesa,[11] le avrebbe
telefonato. Ma poi, per fortuna, aveva tanto da fare e se
ne dimenticava.

Così passarono due settimane. Osvaldo non aveva
mai detto di volermi bene,° sembrava che venisse solo
per parlare di Armando. Eppure spesso confessava:
«Sto bene con te» e una sera che discorrevamo,° stretti
contro il muro, poco lontano da casa mia, non riusciva
a lasciarmi. «Se tu non fossi una ragazzina» disse
«quasi quasi ti sposerei. Ma a me piacciono le donne
che per provarmi° il loro amore non hanno bisogno del
curato.[12] Peccato che Armando sia stato un cretino°». A
forza di° parlarne m'ero affezionata ad Armando: mi
dispiaceva di sentirlo disprezzare. «Perché?» chiesi
risentita. «Perché così non posso esser sicuro che tu
non sia a caccia di un merlo di marito.° In fondo, sarà
colpa di Armando se sposerò la cassiera». Non so che
mi prese: ero disperata di lasciarmi battere da una
vecchia di trent'anni. Attorno vedevo le luci al neon
brillare allegramente, la gente passeggiare godendo
l'aria dolce dell'estate. Pensai che nulla sarebbe più
stato bello per me, senza Osvaldo. «Be', senti...»
incominciai e il cuore mi batteva forte. «Che c'è?» disse
lui con un mezzo sorriso. «C'è che Armando non è stato

astiosamente: *angrily*

bugiarda: *liar*

placato: calmato
diffidente: incredulo
parecchio: molto tempo
ti tengo d'occhio: ti sorveglio

un questurino: *a plain clothes
policeman*

un benestante: *a well-to-do
man*

rincasavo: rientravo (a casa)

mi sfruttava: *took advantage
of me*

volermi bene: amarmi

discorrevamo: parlavamo

provarmi: dimostrarmi
un cretino: un idiota
a forza di: *by dint of*

un merlo di marito: qualche
ingenuo da sposare

---

[11] scendendo per la spesa: quando sarebbe andata a fare la spesa
[12] non hanno bisogno del curato: *don't need a priest, i.e., don't have
to be married*

poi tanto cretino,° come tu credi.» Osvaldo si fece pallido: temevo che mi picchiasse° perciò mi coprii il viso. Invece mi voltò le spalle e s'allontanò, rapido, con le mani in tasca. Subito lo rincorsi° chiamando: «Osvaldo! Osvaldo!». Ero a due passi da lui, ma non riuscivo a raggiungerlo: «Fèrmati, Osvaldo!» imploravo. «Lo sapevo» diceva lui senza voltarsi: «volevo sentirtelo dire.» Infine gli fui accanto, camminavamo a fianco, quasi di corsa,° disordinatamente.° «Non è vero» dicevo ansimando°: «sono tutte bugie, Armando non esiste, l'ho inventato per farti ingelosire°». Lui si fermò, di colpo°: eravamo al portone di casa mia. «Ah» fece: «E chi mi prova che questa non è un'altra frottola°?». Non sapevo che dire, non immaginavo l'amore se non dopo il matrimonio. «Sposami» dissi supplicante: «sposami e vedrai». Allora lui perse la testa e incominciò a gridare: «Ecco, questo volevi! Ma ti sbagli». Passava gente e io lo pregavo: «Parla piano». «No» diceva lui, sempre più infuriato°: «Anzi, ti porto a casa, racconto tutto, ti svergogno° di fronte a tua madre». E, prendendomi duramente per un braccio, entrò nell'androne.° Passammo davanti alla portiera;° lui mi trascinava e io sorridevo per far vedere che scherzava, era un uomo gioviale. Si avviò su per le scale intimandomi°: «Fila°!». Cercavo di convincerlo mentre salivo a spintoni°: «Scherzavo, Osvaldo, tu dicevi che la cassiera...». Lui seguitava a salire, senza rispondere, e io ero disperata: lo colpivo coi pugni, gli tiravo calci,° dicendo: «No, non mi rovinare...». Udii qualcuno scendere e dovetti ubbidire, in silenzio. Giunti° sul pianerottolo° non protestavo più: ero rassegnata. «Qual è la porta?» disse lui. Gliel'indicai. Osvaldo suonò il campanello, sempre stringendo il mio braccio. Mia madre venne ad aprire.

Non s'aspettava mia madre così: è alta un metro e ottanta e pesa più di un quintale.° Ebbe un momento d'incertezza: una donna, al posto mio,° avrebbe saputo approfittarne: io, invece, mi trovai perduta. «Parla» gli dissi furiosa: «Che aspetti?». «Credi che abbia paura?» ribatté° lui e cominciò: «Vostra figlia...». Io protestai: «Non è vero!».

Mia madre, con un viso terribile, mi disse: «Zitta,° tu» e a Osvaldo: «Conosco questo modo di presentarsi. Ho già due figlie maritate. Poche chiacchiere: avete un mestiere°?». «Sono meccanico» Osvaldo

---

cretino: stupido

picchiasse: would hit

lo rincorsi: I ran after him

di corsa: correndo

disordinatamente: tutta confusa

ansimando: panting

ingelosire: diventare geloso

di colpo: all'improvviso

frottola: bugia

infuriato: furioso

svergogno: I'll shame

androne: lobby

portiera: concierge

intimandomi: comandandomi

fila!: move!

salivo a spintoni: I was being pushed upstairs

gli tiravo calci: I kicked him

giunti: arrivati

pianerottolo: landing

un quintale: = 100 kg

al posto mio: in my shoes

ribatté: rispose

zitta: silenzio

un mestiere: a trade

disse: «ma questo non c'entra...». «Tutti sono meccanici» obiettò lei e, richiusa la porta, s'avvicinò alla tavola apparecchiata°: «Sediamoci e discorriamo,° prima che venga il padre». Vedere Osvaldo al posto segnato dal mio portasalviette° mi fece scoppiare a piangere. «Va' di là, commediante°» disse mia madre. Volevo replicare,° ma lei mi fulminò con un'occhiata[13] e io andai in cucina rimanendo in ascolto° e pensando aiutami aiutami madonna mia. Osvaldo riprese: «Sono venuto per dirvi che vostra figlia...». «Ho capito» troncò° mia madre: «Non sono sorda.° Ma avete la faccia del bel giovane che ha poca voglia di lavorare. A me basta uno sguardo° per conoscere gli uomini». Aveva ragione: Osvaldo era orgoglioso° e si sentì sfidato.° Disse che lui, all'officina, guadagnava cinquanta° e, con gli incerti, anche sessantamila. «Uhm...» fece mia madre che tanto danaro insieme non l'aveva visto mai: «E se vi mandano via?». «Meglio» replicò° lui spavaldo°: «Proprio stamani ho dato tutto quello che avevo da parte° per comperare una macchina. Mica una giardinetta» aggiunse a voce più alta: «Una millecento[14] nuova d'occasione.° Era per andarci a spasso,[15] ma, se voglio, la trasformo in tassì». Non potei resistere e venni fuori dicendo: «Osvaldo!». «Ce l'hai fatta°» brontolò mia madre: «tu che volevi camminare su quattro ruote». Avevo le mani giunte, gli occhi pieni di lacrime: mi pareva d'essere vestita di bianco e sentivo la musica che al cinema suonano quando entrano gli sposi. Mia madre si fece° brusca,° come sempre quando è commossa: «Avete un bel coraggio» disse a Osvaldo: «una ragazzina di quindici anni!...». «M'ha detto diciassette» mormorò lui. «Inventa tutto» rispose mia madre scrollando° la testa. «Io ve l'avverto: è ancora una ragazzina. Una ragazzina stupida».

Osvaldo osservò: «Mica tanto».[16]

apparecchiata: *set*
discorriamo: *parliamo*
portasalviette: *napkin holder*
commediante: *clown*
replicare: *rispondere*
rimanendo in ascolto: *ascoltando*

troncò: *interruppe*
sorda: *deaf*

uno sguardo: *a glance*
orgoglioso: *fiero*
sfidato: *challenged*
cinquanta: 50.000 lire al mese

replicò: *rispose*
spavaldo: *cockily*
da parte: *risparmiato*
d'occasione: *a buon prezzo*

ce l'hai fatta: *you got your wish*

si fece: *diventò*
brusca: *severa*

scrollando: *shaking*

Da *Invito a pranzo. Racconti*
Milano, Arnoldo Mondadori Editore

---

[13] mi fulminò con un'occhiata: *dumbfounded me with a glance*
[14] una millecento: automobile di circa 1100 cc. di cilindrata
[15] andarci a spasso: *to have a good time; to drive around*
[16] mica tanto: *not that much. Mica* si usa nel linguaggio familiare come rafforzativo di una negazione.

Esercizi

I. Rispondi oralmente o per iscritto.

A.   1. Descrivi la ragazzina.
2. "Manda giù la ragazzina." Quali incarichi venivano spesso dati alla ragazzina?
3. Descrivi brevemente il primo incontro tra Osvaldo e la ragazzina.
4. "Avrei voluto rispondere con uno schiaffo." Perché avrebbe voluto far ciò la ragazzina? Che cosa fa invece?
5. Descrivi brevemente Osvaldo e le ragazzina al loro primo appuntamento.
6. Come passano la serata Osvaldo e la ragazzina?
7. Come agisce la ragazzina al primo bacio di Osvaldo?
8. "Ho fatto la commedia." Perché dice ciò la ragazzina?
9. Perché non si lasciò baciare una seconda volta la ragazzina?
10. Chi era "Armando"?
11. "La notte, per quei discorsi, non dormii." Quali discorsi fanno passare una notte insonne alla ragazzina?
12. Perché andò Osvaldo ad incontrare la ragazzina la sera dopo?
13. Come vuole mostrare la sua sincerità la ragazzina?
14. "Lui insisteva, chiedendo particolari." Quali particolari dava la ragazzina a Osvaldo?
15. Che tipo di donne piacciono a Osvaldo?
16. "In fondo, sarà colpa di Armando se sposerò la cassiera." Che effetto provocano queste parole nella ragazzina?
17. Perché la ragazzina temeva che Osvaldo la picchiasse?
18. Che cosa gli confessa?
19. Che decisione prende Osvaldo?
20. Descrivi brevemente la scena tra Osvaldo e la ragazzina mentre salgono le scale.
21. Descrivi la madre della ragazzina.
22. "Conosco questo modo di presentarsi." Cosa conclude la madre dalla presenza di Osvaldo e della ragazzina?
23. "Ma avete la faccia del bel giovane che ha poca voglia di lavorare." Come si difende Osvaldo contro questa asserzione?
24. Perché piange la ragazzina?
25. Che opinione ha Osvaldo della ragazzina?

B.   1. Generalmente, dove ti incontri col tuo fidanzato (con la tua fidanzata)?
2. Dove andate a passare la serata?
3. Preferisci uscire con un giovane (una ragazza) più grande di te? Perché?

4. Parla brevemente del tuo primo appuntamento.
5. Come reagisce tua madre (o, tuo padre) quando ritorni tardi a casa?
6. Secondo te, perché Alba de Céspedes non dà un nome alla ragazzina?
7. Secondo te, è appropriato il titolo di questo racconto? Giustifica la tua risposta.

II. Scegli nella colonna B la frase che completa logicamente quella della colonna A.

Colonna A

1. Avevo quindici anni, ero già alta e grossa,
2. Per ogni sciocchezza
3. Ogni volta che uscivo
4. Un giorno Osvaldo disse che,
5. Nel trovarlo vestito così elegantemente
6. Io avevo rubato i soldi a mia madre
7. Se mio padre mi avesse vista,
8. Osvaldo voleva baciarmi ancora,
9. Per farlo ingelosire,
10. Non potendone più,
11. Mia madre disse che
12. Osvaldo le parlò della macchina

Colonna B

a. se non ero una ragazzina, potevo uscire con lui dopo il lavoro.
b. ma lo respinsi ricordandogli che eravamo in strada.
c. ma a casa tutti dicevano che ero una ragazzina.
d. che aveva comprato e dell'ottimo salario che percepiva.
e. Osvaldo mi prese per il braccio e mi avviò verso casa mia.
f. passavo davanti all'officina di Osvaldo.
g. inventai Armando, ma poi non sapevo come liberarmi di lui.
h. queste cose le capiva benissimo.
i. mi avrebbe dato delle scoppole.
j. dicevano manda giù la ragazzina.
k. per comprarmi le calze.
l. mi resi conto che, per la prima volta, avevo appuntamento con un uomo.

III. Nelle citazioni seguenti, da' il nome della persona che parla e della persona che ascolta. Spiega brevemente le circostanze nelle quali le frasi sono dette.
1. "Non ti sei accorto che ho fatto la commedia?"
2. "Sono venuto per dirti che non credo niente di quello che hai raccontato."
3. "Non è vero: sono tutte bugie, Armando non esiste, l'ho inventato per farti ingelosire."
4. "Conosco questo modo di presentarsi. Ho già due figlie maritate."
5. "Proprio stamani ho dato tutto quello che avevo da parte per comperare una macchina."

IV. Cruciverba

Orizzontali

1. luogo dove Osvaldo aspettava la ragazzina
5. articolo indeterminativo, femminile
7. gli anni della ragazzina
8. la macchina di "Armando"
9. persona presso la quale lavorava la ragazzina
12. in questo modo
13. il mestiere di Osvaldo
17. silenzio, ragazzina!
18. accade a tutti, una volta, di essere presi in _____
19. il nome di una compagna della ragazzina

Verticali

1. luogo dove la ragazzina aveva visto per la prima volta gli innamorati baciarsi
2. luogo dove lavorava Osvaldo
3. uguale
4. bibite di sciroppo e ghiaccio finemente tritato
6. voleva _____ ancora, ma lo respinsi ricordandogli che eravamo in strada
10. il nome del "fidanzato" napoletano
11. il "peso" della madre della ragazzina
14. le comprò col denaro rubato alla madre
15. l'ha detta la ragazzina per fare ingelosire Osvaldo
16. quello del vestito lo cuciva spesso la ragazzina

V. Da ogni riga cancella le lettere formanti il vocabolo a cui si riferisce il sinonimo o la definizione. Le lettere rimaste daranno un proverbio.

1. dire di nuovo   i r l i p p e t r e i r e

2. conversare   m d o i s a c o m r r o e r e

3. affermare, attestare   d r i c h e i n a r o a r n e

4. rivolgersi a qualcuno
per sapere qualcosa   s d i o s m a n c d a o r r e

5. parlare o scrivere a chi
ha rivolto una domanda per
soddisfare la richiesta   d r i s p a m o n a d e i r e

Proverbio: _____ .

VI. Usa ciascuna delle espressioni seguenti in una frase che ne dimostri chiaramente il significato.
1. mettersi a
2. da qualche tempo
3. rendersi conto che
4. scoppiare a (piangere, ridere)
5. d'improvviso
6. prendere in giro
7. tener d'occhio (qualcuno)
8. a spintoni
9. a forza di
10. di colpo

VII. Trova nella colonna B il significato dell'espressione con la parola *amore* elencata nella colonna A.

1. per amore
2. per amore o per forza
3. per amor di qualcuno
4. per amor di qualcosa
5. d'amore e d'accordo
6. con amore
7. essere un amore

a. volentieri, con zelo
b. per causa di, a cagione di
c. essere una cosa graziosa
d. in perfetto accordo, senza contrasti
e. con le buone o con le cattive, a ogni costo
f. di spontanea volontà
g. per far piacere a qualcuno

124

Alberto Moravia

Indubbiamente tra i più noti scrittori italiani di questo secolo, Alberto Moravia è nato a Roma, nel quartiere Parioli, il 28 novembre 1907. Proveniente da una famiglia di agiata borghesia, (il padre era architetto e pittore), Moravia trascorre un'infanzia affatto regolare fino a nove anni, quando viene colpito dalla tubercolosi ossea, malattia che lo tormenta per lunghi anni dell'adoloscenza. Costretto da questa sua malattia ad interrompere gli studi, è ricoverato in un sanatorio a Cortina d'Ampezzo, ove, durante la degenza, si dedica alla lettura dei classici italiani e stranieri.

Moravia collabora alla rivista *900* diretta da Massimo Bontempelli nella quale pubblica racconti in francese. Nel luglio del 1929 pubblica a spese proprie, presso la casa editrice Alpes di Milano, *Gli indifferenti* e il romanzo gli dà successo di pubblico e di critica. Poco dopo, Moravia inizia anche la sua attività giornalistica andando prima in Inghilterra come inviato della *Stampa* e poi in altri paesi d'Europa. Collabora intensamente oltre alla *Stampa*, a *La Gazzetta del Popolo, Corriere della sera*, e periodici fra i quali *L'Espresso* dove tiene una rubrica di critica cinematografica. Nel 1943 fonda e dirige con Alberto Carrocci la rivista *Nuovi argomenti*.

Moravia è uno degli scrittori nostri contemporanei di maggiore notorietà. Letto anche all'estero, i suoi libri sono stati tradotti nelle maggiori lingue del mondo. Le sue doti di rappresentazione e di analisi sono eccellenti. Il suo metodo è quello di ritrarre personaggi ed ambienti con glaciale freddezza, senza interventi personali o moralistici. Oggetto quasi esclusivo è la spietata raffigurazione del vuoto spirituale che caratterizzerebbe la condizione dell'uomo moderno. Secondo una sua dichiarazione, "gli scrittori dovrebbero rendersi conto che ogni artista degno di questo nome ha soltanto un numero limitato di cose veramente autentiche e originali da dire; e che questa limitatezza è la più sicura garanzia del suo valore d'artista. Gli artisti mediocri danno invece l'impressione di avere moltissime cose da dire; ma tutte prive di autenticità e di essenzialità."

Il cinema s'è molto occupato dell'opera di Moravia traendo molti film dai suoi libri. Ricordiamo *La ciociara (Two Women)* interpretato da Sophia

Loren la quale per la sua interpretazione ha ricevuto l'Oscar come migliore attrice.

Tra le varie opere di Moravia ancora disponibili segnaliamo: (presso Bompiani) *A quale tribù appartieni?, Agostino, Al cinema, L'amante infelice, Le ambizioni sbagliate, L'amore coniugale, L'attenzione, La ciociara, Il conformista, La cortigiana stanca, Il disprezzo, La disubbidienza, L'epidemia — Racconti, surrealistici e satirici, Gli indifferenti, Io e lui, Il mondo è quello che è, La noia, Nuovi racconti romani, Il Paradiso, Racconti romani, Racconti surrealistici e satirici, Racconti, La Romana, Romanzi brevi, Teatro, Tutti i racconti romani, Un'altra vita, Un'idea dell'India, Una casa è una casa, Una cosa è una cosa, L'uomo come fine e altri saggi:* (presso Garzanti) *Agostino, Le ambizioni sbagliate, La disubbidienza, Gli indifferenti, Racconti;* (presso Grandi Lettere) *Il Paradiso, Racconti romani;* (presso Mondadori) *Il conformista.*

La raccomandazione

Alberto Moravia

Disoccupato° e sfinito,° indossando, sotto l'unica giubba, l'unica camicia e l'unica cravatta, quella inamidata° dal sudore,° questa ridotta ad una corda, la testa piena di nebbia[1] e le grinze della pancia che mi giocavano a tressette,[2] pensai bene di consultarmi con un amico mio al quale per giunta° ero legato dal San Giovanni[3] perché, tempo addietro, gli avevo tenuto a battesimo un figlio. Quest'amico, anzi compare, si chiamava Pollastrini ed era autista presso due vecchie signorine che avevano una macchina più vecchia di loro e se ne servivano sì e no° due volte alla settimana: un posto ideale. Lo trovai al garage, che rimestava° nel cofano°; come mi vide, subito comprese dalla mia faccia che stavo male e, prim'ancora che parlassi, mi diede una sigaretta. L'accesi con mano tremante e gli spiegai la cosa. Lui si grattò° la testa, perplesso, e poi rispose: "San Giovanni non vuol inganni°... siccome io e te siamo San Giovanni, ti dico subito la verità: è un momento brutto, non c'è lavoro e meno ce ne sarà in futuro; qui si parla che se continua questa bella abitudine che ha la gente di guidarsi la macchina da sé, la categoria degli autisti padronali° dovrà scomparire... però, io sai che faccio? ti mando dall'avvocato Moglie, che a suo tempo fu tanto buono con me." Aggiunse che questo Moglie conosceva mezza Roma, che, se poteva, un favore lo faceva e che, insomma, da cosa nasce cosa.[4] Così dicendo, intanto era andato alla cabina telefonica° del garage e lì telefonò all'avvocato. Non doveva ricordarselo bene Pollastrini, Moglie, perché la telefonata fu lunga ed insistente. Però, alla fine, Pollastrini mi disse che andassi pure: Moglie mi aspettava. Mi diede un'altra sigaretta, io lo ringraziai e me ne andai.

Era ancora presto ma già faceva quel caldo speciale dell'estate che i romani chiamano callaccia° e che è il

disoccupato: *unemployed*
sfinito: esausto
inamidata: *starched*
sudore: *perspiration*

per giunta: oltre a ciò

sì e no: *at the most*
rimestava: *he was fiddling*
cofano: *(car) hood*

si grattò: *scratched*
inganni: *deceptions*

autisti padronali: *private chauffeurs*

cabina telefonica: *telephone booth*

callaccia: *heavy heat*

---

[1] la testa piena di nebbia: tutto confuso *(lit., my head filled with fog)*
[2] le grinze della pancia che mi giocavano a tressette: *my stomach grumbling loudly (lit., the folds of my belly were playing a fast card game)*
[3] ero legato dal San Giovanni: *I was related to him as godfather*
[4] da cosa nasce cosa: *one thing leads to another*

127

caldo tenuto a bollore° dal sole nel cielo annebbiato° di caldo dei giorni di scirocco.° Il tram della circolare[5] apparve, ai miei occhi di disoccupato, circonfuso° di sole e di polvere come le trebbiatrici° nei campi al momento della mietitura°; pieno zeppo[6] dentro e con la gente appesa fuori sui predellini.° Mi attaccai anch'io e toccai senza volerlo il fianco di metallo del carrozzone°: scottava.° Così appeso, mi feci tutti i Lungoteveri fino a piazza Cavour, l'avvocato abitava a via Pierluigi da Palestrina. Arrivo, smonto,° corro, salgo otto capi di scala[7] in un palazzo signorile, suono, una cameriera mi fa entrare in una anticamera grande e bella, con due specchi incorniciati° d'oro e due consolle di marmo giallo. Aspettai in piedi: ad un tratto° una porta laterale° si aprì, un bambino piccolo su un triciclo ne sbucò° pedalando, mi girò intorno come se fossi stato una guardia in mezzo ad un crocicchio° e poi scomparve per un'altra porta.

Subito dopo l'avvocato si affacciò e mi invitò ad entrare dicendo: "Sei fortunato mi hai preso in tempo, stavo per andare in Tribunale.°" Andò, in una grande stanza piena di scaffali° pieni di libri, ad un tavolo che era tutto un arruffio° di carte e ci sedette, quasi scomparendo: era un uomo piccolo, con la faccia larga e gialla, e gli occhi neri come il carbone. Disse scartabellando non so che scartafaccio[8]: "Dunque, tu ti chiami Rondinelli Luigi." Protestai con vivacità: "No, mi chiamo Cesarano Alfredo... ha telefonato per me Pollastrini... per una raccomandazione." "E chi è Pollastrini?" Mi si annebbiò la vista[9] e risposi con un fil di voce°: "Pollastrini Giuseppe... l'autista delle signorine Condorelli."

L'avvocato si mise a ridere, con un riso, per la verità, gentile, e disse: "Ma sì, certo... devi aver pazienza... lui ha telefonato e io gli ho parlato... tutto vero... ma sai com'è?... stavo compulsando° certe carte e gli ho parlato e risposto con la mente ad altro, così che, quando ho buttato giù il telefono, mi sono domandato: ma chi era? che ha detto? che gli ho risposto? Ora tu sciogli il

---

bollore: *boiling point*
annebbiato: nuvoloso
di scirocco: *sultry*
circonfuso: *surrounded*
le trebbiatrici: *the threshing machines*
mietitura: *harvest*
predellini: *steps*
carrozzone: *coach*
scottava: *it was hot*
smonto: scendo

incorniciati: *framed*
ad un tratto: d'improvviso
laterale: *side*
sbucò: uscì
un crocicchio: *a cross-roads*

Tribunale: Corte
scaffali: *shelves*
un arruffio: un disordine

con un fil di voce: *inaudibly*

compulsando: *looking through*

---

[5] circolare: linea tranviaria che segue un percorso circolare, per cui il punto d'arrivo coincide con quello di partenza
[6] pieno zeppo: *packed like sardines*
[7] otto capi di scala: *eight flights of stairs*
[8] scartabellando non so che scartafaccio: *leafing through some old folder or other*
[9] mi si annebbiò la vista: *I couldn't see clearly*

128

mistero. Dunque, se ben ricordo, Cesarano, tu vuoi una raccomandazione per diventare giardiniere al Comune°?" Protestai di nuovo: "No, avvocato, sono autista, cerco un posto di autista." Lui disse, come se non mi avesse udito: "Sai che dico a chi mi chiede un posto? un milione, un assegno di un milione posso ancora procurarvelo,° ma un posto no... giardiniere al Comune: è una parola.°" Dissi di nuovo, con forza: "Avvocato, sono autista... cerco un posto di autista"; e questa volta lui intese e confermò, con un po' d'impazienza: "Autista, sì, che diamine,° ho capito." Chinò° la testa, scrisse in gran fretta qualche cosa, poi prese un'agenda, cercò, come mi parve, un indirizzo, scrisse ancora e finalmente mi diede una busta dicendo: "Tieni, va' con questa lettera dall'avvocato Scardamazzi, lui qualche cosa potrà fare di certo° per te... e prendi, intanto, ti faranno comodo.°" Tolse dal portafogli un biglietto da cinquecento e me lo diede. Protestai, per la forma,[10] che non li volevo; quindi° accettai, feci un inchino° ed uscii.

L'ufficio dell'avvocato Scardamazzi era negli edifici del Comune, all'Anagrafe,° a Via del Mare. Mi parve strano, ma insomma quello era l'indirizzo scritto sulla busta. Ripresi, dunque, la circolare, appeso come prima al predellino, con un raggio di sole che mi seguì per tutto il percorso,° bruciandomi le spalle, peggio di un riflettore. Smontai° a Bocca della Verità, entrai nell'Anagrafe. Per le anticamere e per le scale c'era una folla da non si dire,° tutta povera gente trafelata° che andava di qua e di là, ciascuno con un foglio di carta o due in mano, come anime in pena.[11] Salii due o tre capi di scala, sempre domandando di Scardamazzi; nei corridoi, davanti ad ogni porta, c'era una piccola folla e queste piccole folle puzzavano° di sudore e sembravano sciogliersi nelle facce come candele. Finalmente un usciere° mi indicò l'ufficio che cercavo e per una combinazione° nessuno aspettava, così che entrai difilato.° Scardamazzi era un giovanotto con le lenti cerchiate di nero,[12] i baffi neri, i capelli a spazzola,° in maniche di camicia bianca legate con gli elastici. Mi ascoltò fumando e poi osservò: "Peccato, però, che io non lo conosca affatto quest'avvocato Moglie... tra l'altro io non sono avvocato ma ragioniere e mi chiamo

giardiniere al Comune: *Municipal gardener*

procurarvelo: trovarlo

è una parola: *it's easier said than done*

che diamine: certamente!
chinò: bassò

di certo: certamente
ti faranno comodo: *they'll come in handy*

quindi: poi
feci un inchino: *I bowed*

Anagrafe: *Registry office*

il percorso: il tratto
smontai: scesi

da non si dire: *incredibly large*
trafelata: *breathless*

puzzavano: *stank*

un usciere: *a door-keeper*
per una combinazione: per fortuna
difilato: direttamente
i capelli a spazzola: *a brush-cut*

---

[10] per la forma: *as a matter of course*
[11] come anime in pena: *like suffering souls*
[12] le lenti cerchiate di nero: *black-rimmed glasses*

Giovanni e non Rodolfo... tutto quello che posso fare per lei è mandarla dal mio collega Merluzzi... forse lui ne sa qualche cosa." Prese il telefono e fece subito una telefonata molto lunga. Cominciò domandando se quella tale° era ricicciata,° disse proprio questa parola: ricicciata; l'altro dovette rispondergli che non era ricicciata, perché Scardamazzi ci rimase male e disse che non capiva: lui l'aveva vista e lei gli aveva promesso di farsi viva e così via. Finalmente, secco secco,° aggiunse che gli mandava un certo Cesarano Alfredo e buttò giù, avvertendomi: "Vacci subito... si chiama Merluzzi."

    Uscii per andare a cercare questo Merluzzi, ma subito capii che non sarebbe stato facile trovarlo. Gli uscieri non lo conoscevano, e ci fu persino° uno che mi disse, da vero ignorante°: "I merluzzi li trovi al mercatino del pesce."[13] Girando da un piano all'altro, da un corridoio all'altro ricordai ad un tratto che l'avvocato Moglie l'indirizzo di Scardamazzi l'aveva cercato in una sua agenda e capii che, nella fretta, lui non si era reso conto di scrivere un indirizzo per un altro. Non mi sbagliavo: ad un telefono pubblico, l'elenco mi rivelò che l'avvocato Scardamazzi abitava in realtà a via Quintino Sella, all'altro capo della città. Ci andai.

    L'avvocato aveva l'ufficio al terzo piano di un palazzone° vecchio e brutto. Odore di cavolo° per le scale, afa° e buio nell'anticamera, gente afflitta in gran numero che aspettava, ammucchiata° sui divani. Aspettai anch'io, forse un'ora, mentre quelle ombre che aspettavano con me entravano, uscivano, scomparivano via via. Finalmente fu la mia volta.° Lo studio dell'avvocato aveva la specialità dei mobili neri d'ebano° con le incrostazioni d'osso°; in un angolo c'era un'aquila impagliata° con le ali aperte. L'avvocato stava seduto in ombra, ad un tavolone pieno di carte e di telefoni, sotto un quadro che rappresentava una ciociara[14] in costume, sorridente e con le mani piene di fiori. L'avvocato Scardamazzi era molto diverso dal ragioniere Scardamazzi. Era un omaccione° che sembrava un facchino,° con una faccia grossa, gli occhi loschi° e il naso a becco.° Aveva una voce

quella tale: *that person*	
era ricicciata: *had grown fat*	
secco secco: bruscamente	
persino: anche	
ignorante: *ignoramus*	
un palazzone: *a big building*	
cavolo: *cabbage*	
afa: aria calda e soffocante	
ammucchiata: *crammed*	
volta: *turn*	
ebano: *ebony*	
osso: *bone*	
impagliata: *stuffed*	
un omaccione: *a hulk of a man*	
un facchino: *a porter*	
gli occhi loschi: *squint-eyed*	
il naso a becco: *beak-nosed*	

---

[13] i merluzzi li trovi al mercato del pesce: *you'll find cod at the fish market. (The door-keeper seizes the opportunity to make a pun on the surname.)*

[14] ciociara: persona che abita in Ciociaria. La Ciociaria è una zona del Lazio intorno a Frosinone, i cui abitanti portano le "ciocie," calzature tipiche.

rimbombante° e affettuosa ma fredda: l'affettuosità° dei romani che non significa niente. Disse, dopo aver gettato un'occhiata alla lettera: "Siamo disoccupati, eh... cocco mio,[15] farò per te quello che posso... siediti intanto e abbi pazienza per un momento."

Sedetti e lui subito si attaccò al telefono e impegnò° una conversazione molto fitta°: qualcuno all'altro capo diceva non so che e lui rispondeva invariabilmente: "Uno e mezzo o niente." L'altro insisteva, ma Scardamazzi, duro,° ripeteva: "Uno e mezzo o niente." Finalmente Scardamazzi disse, calcando sulle parole°: "E digli a quel farabutto° che io sono un tipo da spiaggia[16]... hai capito?... digli precisamente così: Scardamazzi è un tipo da spiaggia." Finita questa telefonata, lui ne fece un'altra, tutta diversa però, persino con un accento diverso: la prima l'aveva fatta con l'accento romano, anzi trasteverino;[17] ora, chissà perché, sfoderava° un accento quasi del nord, parlando tutto mellifluo° e premuroso: "Dottore, siamo intesi... io mi rendo reperibile[18] dalle cinque alle otto... lei venga quando vuole... non dubiti... ossequi,° ossequi alla signora." Finalmente buttò giù il ricevitore, mi guardò brutto, con quei suoi occhiacci loschi e domandò: "E tu che vuoi?" "La lettera..." incominciai. "Ah sì, la lettera... naturalmente... ma dove diavolo è andata a cacciarsi?"[19] Cercò a lungo, mettendo le mani tra le carte e rivoltandole sottosopra e poi, alla fine, esclamò: "Eccola... qui non si perde niente... tutto sta a° cercare." La rilesse, aggrottando la fronte° e poi, presa la penna, buttò giù rapidamente poche parole su un foglio di carta, lo mise in una busta e me la tese: "Va' a quest'indirizzo... a quest'ora lo trovi... auguri.°" Io mi ero levato in piedi. Presi la busta, la misi in tasca e uscii.

Quando fui fuori, cavai° di tasca la busta per veder l'indirizzo. Rimasi a bocca aperta leggendo: "Avvocato Mauro Moglie, via Pierluigi da Palestrina 20." Dunque, come nel gioco dell'Oca,[20] quando si sbaglia

rimbombante: *risonante*

l'affettuosità: *warm-heartedness*

impegnò: *incominciò*

fitta: *heated*

duro: *unyielding*

calcando sulle parole: *stressing the words*

farabutto: *mascalzone*

sfoderava: *he displayed*

mellifluo: *mellifluous*

ossequi: *saluti*

tutto sta a: *you just have to*

aggrottando la fronte: *frowning*

auguri: *best wishes*

cavai: *tolsi*

---

[15] cocco mio: *(term of endearment) my dear ducky*
[16] tipo da spiaggia: *someone who likes the beach. (It would appear that the lawyer wants a million and a half lire for his silence concerning some contraband goods that are smuggled in by ship.)*
[17] trasteverino: *with a Trastevere accent. Trastevere is a section of Rome on the west bank of the Tiber River.*
[18] io mi rendo reperibile: *Lei mi potrà trovare*
[19] ma dove diavolo è andata a cacciarsi?: *where the dickens could I have put it?*
[20] gioco dell'Oca: *a game somewhat like "snakes and ladders"*

il colpo e, per punizione, si torna indietro, dopo aver girato mezza Roma io tornavo da Moglie che era stato il primo da cui ero andato; dunque, tutto quel gran correre e sudare in circolare e in autobus, a stomaco vuoto, non era servito a nulla. Pensai che l'avvocato Scardamazzi aveva letto un'altra lettera di raccomandazione, tra le tante che riceveva, e senza ricordarsi affatto della prima lettera che aveva pure letto, mi aveva mandato da Moglie, il quale, a sua volta, mi aveva mandato da lui. Proprio come nel gioco dell'Oca; ma in punizione di che? Ero tanto sbalordito,° disperato e per giunta affamato che non seppi trovar di meglio da fare che riprendere l'autobus e ritornare a via Pierluigi da Palestrina.

Aspettai un bel po' nell'anticamera che adesso era piena di un buon odor di cucina; mi parve anche di udire un rumore di piatti e di posate°; ma forse era un'immaginazione dell'appetito. Il solito bambino sul triciclo sbucò° improvvisamente a una porta, mi girò intorno pedalando e scomparve per un'altra porta. Finalmente l'avvocato in persona mi fece cenno di entrare. Lo studio adesso era in penombra, con le persiane delle finestre accostate°; e sulla spalliera° di un divano,° in un angolo, c'era un guanciale°: l'avvocato, che era in vestaglia, aveva pranzato, e ora si apprestava a prendersi un po' di riposo. Però andò al tavolo e, stando in piedi, lesse la lettera e poi disse: "Conosco l'avvocato Scardamazzi... è un mio caro amico... dunque tu ti chiami Francesetti e vorresti un posto di usciere al Tribunale... insomma: la solita raccomandazione, eh?"

Questa volta, mi sembrò davvero che la testa mi girasse, ma forse era la fame e la stanchezza di quella mattinata. Dissi con voce esile: "Avvocato, io non mi chiamo Francesetti e non voglio un posto di usciere... il mio nome è Cesarano Alfredo e sono autista."

"Ma qui c'è scritto Francesetti e si dice che vuoi un posto di usciere... che pasticci° sono questi?"

Allora, con uno sforzo supremo, tutto in un fiato, come un lamento, dissi: "Avvocato, il mio nome è Cesarano Alfredo e faccio l'autista... stamattina feci telefonare a lei da Pollastrini che lei conosce, e poi venni qui da lei e lei mi diede una lettera di raccomandazione per l'avvocato Scardamazzi... ma sbagliò l'indirizzo e mi mandò al Comune dal ragioniere Scardamazzi... e questi° mi mandò da Merluzzi ma non lo trovai...

sbalordito: molto sorpreso

posate: *cutlery*

sbucò: uscì

accostate: semichiuse

spalliera: *back*

un divano: *a sofa*

un guanciale: *a cushion*

pasticci: *mess*

questi: = Scardamazzi

132

allora mi venne l'idea di andare dal vero avvocato Scardamazzi... e questi si perse la mia lettera e trovò in un'altra lettera che stava sul suo tavolo che mi chiamavo Francesetti e volevo fare l'usciere... e così mi diede una lettera per lei... e io sono tornato da lei dopo aver girato mezza Roma, che non mi reggo più in piedi[21] dalla stanchezza, dal caldo e dalla fame."

Mentre così parlavo, lo vedevo che aggrottava le sopracciglia e storceva° la bocca: mi aveva riconosciuto, capiva di avermi preso in giro,[22] seppure senza farlo apposta,° e, adesso, come mi accorsi benissimo, era imbarazzato e si vergognava. Poi, giunto alla fine del mio lamento, vidi che la sua faccia si sdoppiava; e adesso di facce invece di una ce n'erano due, e queste due si incrociavano e si fondevano, e allora sedetti di schianto° sopra un seggiolone, davanti al tavolo, prendendomi il viso in una mano. Fu quasi uno svenimento°; e l'avvocato ne approfittò per riaversi dal senso di vergogna che gli aveva ispirato il mio racconto. Poi dissi: "Mi scusi: è la debolezza"; e lui senza aspettare che rifiatassi° rispose in fretta: "Be', mi dispiace... ma siamo tutti così carichi di lavoro e i disoccupati sono tanti... facciamo così, allora: fin adesso la macchina me la guidavo da me... vuol dire che d'ora in poi me la guiderai tu... provvisoriamente,° s'intende,° fino a quando non avrai trovato un posto... non avevo bisogno di un autista, per dire la verità, ma pazienza."

Dette queste parole, non volle sentir altro, chiamò la cameriera e mi consegnò a lei° dicendole che ero il nuovo autista e che mi accompagnasse in cucina e mi desse da mangiare. In cucina, a quelle donne pettegole° che mi interrogavano e volevano sapere chi ero e da dove venivo e come mai l'avvocato mi aveva preso come autista, risposi alla fine, spazientito, levando il viso dalla scodella°: "Questo posto di autista io lo debbo ad un momento di coscienza."

"Di coscienza?"

"Sì e non domandatemi altro. La sola cosa che posso ancora dirvi è che mi chiamo Cesarano Alfredo... ma voi potete chiamarmi semplicemente Alfredo."

Da *Nuovi racconti romani*
Milano, Valentino Bompiani Editore

storceva: *twisted*

apposta: *on purpose*

di schianto: all'improvviso

uno svenimento: *a fainting spell*

rifiatassi: pronunciassi una parola

provvisoriamente: temporaneamente

s'intende: si capisce

mi consegnò a lei: *he handed me to her*

pettegole: *gossipy*

dalla scodella: dal piatto

[21] non mi reggo più in piedi: *I cannot stand up any longer*
[22] avermi preso in giro: *having made fun of me*

133

Esercizi

I. Rispondi oralmente o per iscritto.

A. 1. Descrivi Alfredo.
2. Perché va a trovare suo compare Pollastrini?
3. Descrivi la situazione economica esposta da Pollastrini.
4. Perché Pollastrini suggerisce ad Alfredo che vada da Moglie?
5. Descrivi il tempo di quel giorno.
6. Secondo l'avvocato, perché dovrà considerarsi fortunato Alfredo?
7. "Protestai con vivacità." Perché protesta Alfredo?
8. "Ora tu sciogli il mistero." Che mistero scioglie Alfredo?
9. Perché protesta di nuovo Alfredo?
10. Dove lo manda Moglie? Perché?
11. Descrivi brevemente la folla all'Anagrafe.
12. Cosa apprende Alfredo da Scardamazzi?
13. Ciò nonostante, cosa fa il ragioniere?
14. "Ma subito capii che non sarebbe stato facile trovare Merluzzi." Perché?
15. Cosa gli rivelò l'elenco del telefono?
16. Descrivi lo studio dell'avvocato Scardamazzi.
17. Descrivi l'avvocato.
18. Secondo te, perché l'avvocato usa differenti accenti quando parla al telefono?
19. Che indirizzo dà Scardamazzi ad Alfredo? Perché è sorpreso questi?
20. Malgrado ciò, cosa decide di fare Alfredo?
21. Cosa spiegò Alfredo all'avvocato Moglie?
22. Che cosa capiva finalmente l'avvocato?
23. Cosa decide di fare l'avvocato?
24. Perché chiamò la cameriera?
25. A chi deve Alfredo il posto di autista? Perché?

B. 1. "Disoccupato e sfinito, indossando sotto l'unica giubba, l'unica camicia e l'unica cravatta..." Perché è efficace la ripetizione dell'aggettivo "unica"?
2. Hai mai chiesto una raccomandazione a qualcuno? Perché? In quale occasione?
3. Se fossi capo dello stato, come risolveresti il problema della disoccupazione?

II. Immagina che tu conosca molto bene il proprietario di un negozio che cerca un giovane che vi lavori a tempo pieno durante le vacanze estive. Un tuo amico ha già inviato la domanda al proprietario e viene da te per una raccomandazione. Scrivi una lettera di raccomandazione per questo tuo amico.

III. Quale professione esercitano...?

Il giovane Marco Ferrara ha chiesto una raccomandazione a Carlo
Rossi, Mario Bruni, Paolo Moretti e Gianni Martino. Purtroppo non
ricorda esattamente quale professione esercitano (avvocato, architetto,
chirurgo, ingegnere). Sa che...
1. Mario Bruni è più anziano dell'avvocato e dell'ingegnere.
2. Il chirurgo cena sempre da solo.
3. Paolo Moretti cena spesso con Gianni Martino.
4. Il più anziano è anche il più ricco.
5. Carlo Rossi cena spesso in compagnia dell'avvocato e dell'ingegnere.
6. Gianni Martino è più anziano dell'avvocato.
7. A Mario Bruni non piacciono le attività sportive.
Sapresti dirgli quale professione esercitano questi quattro signori?

IV. Indica il mestiere o la professione delle persone menzionate nella
colonna A. Per facilitarti il compito, abbiamo elencato la risposta nella
colonna B.

Colonna A	Colonna B
1. Giorgio Bassani	a. regista
2. Diego Fabbri	b. attore
3. Federico Fellini	c. fisico
4. Enrico Fermi	d. scrittore
5. Galileo Galilei	e. attrice
6. Giuseppe Garibaldi	f. scienziato
7. Sophia Loren	g. uomo politico
8. Guglielmo Marconi	h. patriota e generale
9. Marcello Mastroianni	i. astronomo
10. Aldo Moro	j. drammaturgo
11. Renata Tebaldi	k. musicista
12. Giuseppe Verdi	l. soprano

Scegli *una* delle suddette persone e spiega ai compagni perché è
importante. Parla brevemente della sua vita, delle sue doti, del suo
contributo.

V. Parliamone insieme...

Esprimi la tua opinione sulle asserzioni seguenti.
1. La disoccupazione: uno dei problemi del nostro paese
2. L'ozio è il padrone dei vizi

L'Abruzzo

Superficie: 10.794 km² (regione di media grandezza)
Confini: è bagnato a est dal Mare Adriatico, a sud confina col Molise, a ovest col Lazio e a nord con le Marche
Province: (4) L'Aquila, Chieti, Pescara, Teramo
Capoluogo: L'Aquila
Dopo aver consultato una carta geografica dell'Italia, traccia una cartina dell'Abruzzo indicando le quattro province/città.

Ignazio Silone

Figlio di un piccolo proprietario e di una tessitrice, Ignazio Silone è nato a Pescina dei Marsi, in provincia dell'Aquila, il 1° maggio 1900. Frequentò in un primo momento il seminario di Pescina e poi il liceo di Reggio Calabria; ma i suoi studi purtroppo furono assai presto interrotti per le difficili condizioni finanziarie della famiglia. A quattordici anni, il violento terremoto della Marsica lo privò dei genitori e di cinque fratelli rendendo ancor più precaria la sua esistenza. Attirato dai problemi sociali e politici, Silone partecipò alla fondazione del Partito Comunista Italiano, ma espatriò nel 1928. Due anni dopo si distaccò dal partito comunista e si stabilì in Svizzera dove rimase fino al 1944, anno in cui fece ritorno in Italia.

Silone iniziò il suo lavoro di narratore nel 1930 con la pubblicazione del romanzo *Fontamara* che uscì in tedesco a Zurigo e subito riscosse un largo consenso di critica e di pubblico. Tradotto in ventidue lingue, *Fontamara* portò alla ribalta europea in campo letterario il nome di Silone, già noto in campo politico.

Affine a *Fontamara* è l'altro romanzo, *Il seme sotto la neve* (1945), edito la prima volta a Zurigo anch'esso in tedesco nel 1941.

Silone scrisse in esilio altre opere, pubblicate in varie lingue, di saggistica e di narrativa come *Der Faschismus* (1934), *Bread and Wine* (1936), *La scuola dei dittatori* (1938), opere che, ad eccezione di *Bread and Wine* che apparirà con il titolo di *Pane e vino* nel 1937, non vedranno la luce in Italia se non dopo la seconda guerra mondiale.

Altre opere di Silone sono: *Ed egli si nascose* (1950), *Una manciata di more* (1952), *Il segreto di Luca* (1956), *La volpe e le camelie* (1960), *Uscita di sicurezza* (1965), *L'avventura di un povero cristiano* (1968). Un'edizione scolastica di *Fontamara*, a cura di Cecilia Bartoli Perrault e Mirella Jona Affron, ad uso di studenti di lingua inglese, fu pubblicata negli Stati Uniti dalla casa editrice Ginn-Blaisdell nel 1970.

Il significato della sua attività di scrittore, Silone lo ha espresso in questi termini: "Se la mia opera letteraria ha un senso in ultima analisi è proprio in ciò: a un certo momento scrivere ha un significato per me assoluta necessità di testimoniare."

Silone si spense a Ginevra (Svizzera) il 22 agosto 1978.

Tra le opere di Silone tuttora disponibili segnaliamo: (presso APE) *Paese dell'anima*; (presso Longanesi) *Uscita di sicurezza*; (presso Minerva Italica) *Pane di casa*; (presso Mondadori) *L'avventura di un povero cristiano*, *Fontamara*, *La scuola dei dittatori*, *Il segreto di Luca*, *Il seme sotto la neve*, *Una manciata di more*, *Vino e pane*, *La volpe e le camelie*.

Visita al carcere

Ignazio Silone

Un piccolo uomo cencioso° e scalzo,° ammanettato° tra due carabinieri, procedeva a balzelloni,° nella strada deserta e polverosa, come in un penoso° ritmo di danza, forse perché zoppo° o ferito a un piede. Tra i due personaggi in uniforme nera, che nella crudezza della luce estiva sembravano maschere funebri, il piccolo uomo aveva un vivace aspetto terroso,° come di animale catturato in un fosso. Egli portava sulla schiena un fagottino° dal quale usciva, in accompagnamento al suo saltellare,° uno stridio° simile a quello della cicala.°

L'immagine pietosa e buffa° m'apparve e venne incontro mentre mi trovavo seduto sulla soglia° di casa, col sillabario° sulle ginocchia, alle prime difficoltà con le vocali e le consonanti; e fu una distrazione inaspettata che mi mosse al riso. Mi girai attorno per trovare qualcuno che condividesse° la mia allegria e in quello stesso momento, dall'interno di casa, udii sopraggiungere° il passo pesante di mio padre.

«Guarda com'è buffo», gli dissi ridendo.

Ma mio padre mi fissò severamente, mi sollevò di peso tirandomi per un orecchio e mi condusse nella sua camera. Non l'avevo mai visto così malcontento di me.

«Cosa ho fatto di male?» gli chiesi stropicciandomi° l'orecchio indolorito.°

«Non si deride un detenuto, mai».[1]

«Perché no?»

«Perché non può difendersi. E poi perché forse è innocente. In ogni caso perché è un infelice».

Senza aggiungere altro mi lasciò solo nella camera, in preda a un turbamento di una nuova specie.[2] Le vocali e le consonanti, con i loro complicati accoppiamenti, non mi interessavano più.

Quella stessa sera, invece di mandarmi a letto all'ora abituale, mio padre mi condusse in piazza con sé, cosa

cencioso: *ragged*

scalzo: senza scarpe

ammanettato: *handcuffed*

a balzelloni: *hopping along*

penoso: *painful*

zoppo: *lame*

terroso: *earthy*

un fagottino: *a small bundle*

saltellare: *skipping about*

uno stridio: *a shrill sound*

cicala: *cicada*

buffa: ridicola

soglia: *threshold*

sillabario: *spelling book*

condividesse: *would share*

sopraggiungere: arrivare

stropicciandomi: *rubbing*

indolorito: che mi faceva male

---

[1] non si deride un detenuto, mai!: *you should never, never make fun of a prisoner!*

[2] in preda a un turbamento di una nuova specie: *troubled by another disturbing thought*

138

che gli accadeva° raramente; e invece di restare, come al
solito, con i suoi amici, dalla parte della Società di
Mutuo Soccorso,° andò a sedersi a un tavolino, davanti
al Caffè dei «galantuomini», dove vari signori si
godevano° il fresco dopo la giornata afosa.° Al tavolino accanto il pretore° conversava col medico condotto.°

«Di che cosa è incolpato° l'uomo arrestato oggi?»
chiese mio padre al pretore col quale era in buone relazioni.

«Ha rubato», rispose il pretore.

«Di dov'è il ladro? È un vagabondo? È un disoc-
cupato°?» chiese ancora mio padre.

«È un manovale° della fabbrica° di mattoni,° e pare
che abbia rubato qualcosa al padrone», rispose il
pretore. «Ha forse rubato anche a te?»

«Strano», disse mio padre. «Scalzo e vestito di
stracci° come l'ho visto, egli aveva piuttosto l'aria di un
derubato».

Lo spettacolo di poveracci ammanettati tra carabinieri,
era allora assai frequente per la via dove noi abitavamo,
perché di lì passavano quelli che venivano arrestati in
un paio di villaggi dipendenti dalla nostra pretura. E
dovevano venire a piedi, in mancanza di mezzi idonei°
di trasporto.

La parte vecchia del nostro paese era tutta addossata°
alla montagna sormontata dai ruderi° di un antico
castello, e consisteva in un vasto alveare° di nere
casucce° di cafoni,° molte stalle incavate nella roccia,
un paio di chiese e qualche palazzo disabitato; ma,
negli ultimi tempi, col crescere della popolazione, il
paese si era esteso a valle, ai due lati del fiume, e la
nostra via ne era il principale prolungamento verso la
pianura e verso la conca° del Fucino: una via perciò di
traffico intenso e rumoroso. Non avendo un fondo°
duro e stabile, la via cambiava aspetto° secondo le
stagioni,° irregolare e insidiosa come il letto d'un
torrente, e somigliava ad° una larga strada di campagna per le sue numerose fosse, piene di fango° o di
neve nell'inverno e d'accecante° polverone in estate. Le
case, per lo più° a due piani, che fiancheggiavano° la
via, non riuscivano a difendersi dal fango, dalla polvere, dai rumori; anzi, essendo abitate da un buon
numero di artigiani,° vi partecipavano attivamente.

accadeva: succedeva

Società di Mutuo Soccorso:
Mutual Aid Society

si godevano: *enjoyed*
afosa: soffocante
il pretore: *the magistrate*
medico condotto: *district
doctor*
incolpato: *accused*

disoccupato: *unemployed*
un manovale: *a labourer*
fabbrica: *factory*
mattoni: *bricks*

stracci: *rags*

mezzi idonei: *suitable means*

addossata: appoggiata
ruderi: *ruins*
alveare: *cluster*
casucce: piccole case
cafoni: contadini

la conca: la valle
un fondo: *a bed*
aspetto: *appearance*
le stagioni: *the seasons*
somigliava ad: *resembled*
fango: *mud*
accecante: *blinding*
per lo più: *for the most part*
fiancheggiavano: *lined*

artigiani: *artisans*

139

Al mattino, al primo chiarore dell'alba,° cominciava per la nostra via la sfilata° delle greggi° di capre e
di pecore, degli asini, dei muli, delle vacche, dei carri°
d'ogni foggia° e uso, e dei contadini che trasmi-
gravano verso il piano° per i lavori della giornata; e
ogni sera, fino a tardi, in senso inverso e con i segni ben
visibili della fatica, ripassava la processione degli
uomini e degli animali. Nelle ore intermedie la via era
occupata, davanti alle case, dagli artigiani, falegnami°
calzolai° fabbri° ramai° facocchi³ bottai° tintori,° con i
loro attrezzi di lavoro, mentre nel mezzo transitavano
lunghe file di piccoli carretti carichi di « terra rossa° »
tirati da muli. La « terra rossa » era estratta con mezzi
assai primitivi da una vecchia e povera miniera di
bauxite° scavata in una montagna vicina e veniva
portata alla ferrovia. Nessuno, nel paese, sapeva per
quale destinazione. Assai spesso, nella brutta stagione,
uno di quei carretti sprofondava° con una ruota in un
fosso dissimulato dal fango, e l'intera colonna della
« terra rossa » si arrestava per delle ore, tra le grida e le
imprecazioni° dei carrettieri.

alba:	*dawn*
la sfilata:	la parata
greggi:	*flocks*
carri:	*carts*
foggia:	forma
il piano:	*the plain*
falegnami:	*carpenters*
calzolai:	*shoemakers*
fabbri:	*blacksmiths*
ramai:	*coppersmiths*
bottai:	*coopers*
tintori:	*cleaners*
terra rossa:	*clay*
bauxite:	*ore*
sprofondava:	*would sink*
le imprecazioni:	*curses*

Fu per me un avvenimento° importante, alcuni anni
più tardi, la prima volta che mio padre acconsentì di
portarmi con sé a Fucino.⁴ Ebbi la brusca impressione
d'essere diventato un uomo. Mi svegliò al mattino che
faceva ancora buio,° ma egli aveva già governato° i
buoi e preparato il carro davanti alla porta di casa. Fui
anche stupito° di udire,° nella stanza dei telai,° il
rumore dei pedali e della navetta.° Mia madre era già al
lavoro? Venne subito però a tenermi compagnia per il
caffellatte° e mi diede alcuni consigli.° Ricordo che mi
raccomandò° molto, una volta a Fucino, di non seder-
mi al sole. «A quelli che vanno la prima volta in
campagna», mi disse, «accade quasi sempre di prendere un'insolazione° ». Poi mi accompagnò al carro.
Ogni particolare accresceva° la mia ansietà. Nella luce
pallida dell'alba, la mole grandiosa dei buoi, la semplicità e rudezza° degli oggetti caricati° per la giornata
—l'aratro,° il sacco di fieno,° i barili d'acqua e di vino,
il canestro° col cibo°— e l'improvviso, rituale eppure

un avvenimento:	*an event*
faceva ancora buio:	*it was still dark*
aveva già governato:	had already taken care of
stupito:	sorpreso
udire:	sentire
telai:	*looms*
navetta:	*shuttle*
caffellatte:	caffè e latte
alcuni consigli:	*some advice*
raccomandò:	*warned*
un'insolazione:	*a sunstroke*
accresceva:	aumentava
rudezza:	*roughness*
caricati:	*loaded*
l'aratro:	*the plough*
fieno:	*hay*
il canestro:	*the basket*
cibo:	*food*

---

³ facocchi: (= fa + cocchio), artigiano che fabbrica cocchi, carrozze,
carri, ecc.
⁴ Fucino: lago situato nella provincia dell'Aquila

inaspettato canto del gallo, mi sembrarono i segni della gravità° della vita in cui stavo per essere ammesso. Si doveva partire così presto perché vi erano circa otto chilometri per arrivare nell'interno della conca del Fucino, al nostro terreno, ed era opportuno,° per noi e per i buoi, giungervi° prima che si levasse il sole.

gravità: serietà

opportuno: consigliabile
giungervi: arrivarvi

Un carro tirato da buoi, questo si sa, va avanti quasi a passo d'uomo. Ma quella lentezza del carro si addiceva al° mio stato d'animo di ragazzo ammesso per la prima volta alla vita degli adulti. Osservavo i contadini che ci precedevano o seguivano nel corteo dei carri e delle bestie, e cercavo di comportarmi° come loro, dissimulando la mia emozione.° Mi colpì che,° anche tra buoni conoscenti e amici, essi si salutassero appena con un piccolo cenno del capo. Era giorno di lavoro, non tempo di cerimonie. Neppure mi dispiaceva che mio padre, assorto nei suoi pensieri, non mi rivolgesse la parola,° dimostrando così che anche per lui non ero più un bambino. Una scoperta inaspettata fu, voltandomi indietro, la vista del paese, dal piano in cui ci eravamo inoltrati.[5] Non l'avevo mai visto a quel modo, tutt'insieme, davanti a me e «fuori di me», con la sua valle. Era quasi irriconoscibile: un mucchio° di case alla rinfusa,° in una spaccatura della montagna brulla.°

si addiceva al: *suited*

comportarmi: *to act*
emozione: *excitement*
mi colpì che: *it struck me that*

rivolgesse la parola: parlasse

un mucchio: un gruppo
alla rinfusa: senza ordine
brulla: arida

A mano a mano che avanzavamo nel piano, la folla dei contadini, dei carri, dei muli, degli asini si smistava° a destra e a sinistra; finché rimanemmo quasi soli. Fu soltanto allora che mio padre improvvisamente si avvide° di non essersi rifornito di tabacco. Dal suo modo di reagire capii che doveva essere una dimenticanza grave. Come passare un'intera giornata nell'aria afosa del piano senza fumare? Neppure i più poveri vi rinunziano.

si smistava: si separava

si avvide: si accorse

Il sole era già sorto° e ci eravamo già addentrati nel Fucino per pensare a tornare indietro. Io mi sentivo particolarmente mortificato[6] per il fatto che mio padre non cessava dal ripetere: «Mai mi è capitata° una simile dimenticanza, mai, mai». Dunque la colpa era mia? Ne rimasi costernato.° Quella giornata per me memorabile si era bruscamente oscurata. Arrivati al campo, mio padre sciolse° i buoi dal carro e li legò all'aratro, senza dire una parola, senza neppure guar-

sorto: spuntato

capitata: successa

costernato: *dismayed*

sciolse: *untied*

---

[5] ci eravamo inoltrati: eravamo entrati
[6] io mi sentivo particolarmente mortificato: io sentivo una forte vergogna

darmi. Il lungo stradale polveroso fiancheggiato da pioppi° era deserto, come pure i rettangoli dei campi vicini al nostro. Non c'era da sperare di trovare qualche conoscente disposto a cedere a mio padre una parte della sua provvista. Mio padre stava dando l'avvio ai buoi per il primo solco,° quando mi chiamò.

«Prendi questa moneta», mi disse, «e offrila a ognuno che passi, in cambio d'un sigaro o d'una presa° di tabacco».

Il sole era già caldo ed era improbabile che qualcuno fosse ancora per strada. Mio padre si tolse la giacca, alzò il pungolo° di ferro e incitò i buoi con voce irosa.° Io mi sedei avvilito° sul ciglio erboso del canale che separava il campo dalla strada. Vedevo mio padre dietro i buoi, curvo sull'aratro, allontanarsi lentamente, poi tornare, e poi ripartire, tracciando solchi cenerini,° diritti, sulla terra annerita dalle stoppie° bruciate. L'aratura si svolgeva silenziosa regolare lenta, benché il sole cominciasse a scottare. Attorno al campo i pioppi giganteschi creavano una barriera che non era mossa da alito° di vento; l'acqua del canale era torbida, in apparenza immobile, come stagnante. Benché seduto all'ombra, respiravo con pena.° Fui preso da un vago senso di nausea e di sonnolenza; pensavo che avrei fatto meglio a rimanere a casa. Ma verso mezzogiorno la voce di mio padre mi scosse dal torpore. Lungo la strada veniva lentamente verso di noi un uomo a cavalcioni di un piccolo asino. Sembrava quasi ch'essi fossero portati dalla nuvoletta bassa e densa che sollevavano da terra i piedi invisibili della bestia. Gli corsi incontro, gli mostrai la moneta e gli proposi senz'altro lo scambio,° indicandogli mio padre con i buoi fermi a metà solco. Era un contadino dall'aspetto molto povero; aveva addosso pochi stracci sudici,° che lasciavano vedere pezzi del corpo nudo, e calzava° delle ciabatte° legate ai piedi da spago.

«Non ho un intero sigaro», mi rispose, «appena mezzo».

«Bene», gli dissi camminando accanto all'asino, «prendete questa moneta e datemi quel che avete, ve ne supplico°».

«E perché dovrei rimanere tutto il giorno senza fumare?» mi rispose. «Cos'è tuo padre più di me?»

«Mio padre non è nulla più di te», gli spiegai. «Ma per una simile contrarietà,° egli è capace di stare senza parlare fino a domani».

142

---

pioppi: *poplars*

solco: *furrow*

una presa: *a pinch*

il pungolo: *the goad*
irosa: arrabbiata
avvilito: scoraggiato

cenerini: di color cenere
stoppie: *stubble*

alito: *breath*

con pena: con difficoltà

lo scambio: *the exchange*

sudici: *dirty*
calzava: portava ai piedi
ciabatte: sandali

ve ne supplico: *I beg you*

contrarietà: rifiuto

«Peggio per lui», l'uomo mi rispose. «Chi si crede?»[7]

Io continuavo a trotterellare° a fianco all'asino e cominciavo a disperare. Come ottenere quel mezzo sigaro? Guardavo l'uomo con occhi supplichevoli, ma egli mi osservava con una smorfia° che non riuscivo a capire se fosse di scherno° o compassione. Non avevo mai visto da vicino un uomo magro nero disseccato come quello.

«Nel canestro abbiamo una buona colazione», gli dissi. «Se volete vi posso regalare la mia parte. Nel barile c'è del vino fresco, della nostra vigna. Fermatevi, venite a vedere».

L'uomo era irremovibile,° anzi sembrava divertirsi. A me veniva quasi da piangere.[8]

«Vi prego», gli ripetevo, «vi prego».

«Tieni», egli mi disse d'un tratto porgendomi il mezzo sigaro.

«Te lo regalo».

«Non accettate la moneta? Perché?»

«Un mezzo sigaro lo si regala, oppure lo si rifiuta».

Non insistei perché avevo troppa fretta di farmi bello agli occhi di mio padre.[9]

«Strano», commentò mio padre dopo che ebbi raccontato la mia fortunata trattativa con quell'uomo. «Avresti dovuto almeno farti dire° il suo nome».

Passarono alcuni anni. Una sera mi trovavo seduto sulla soglia di casa con le Favole di Fedro[10] sulle ginocchia, quando vidi passare, ammanettato tra due carabinieri, proprio quell'uomo del mezzo sigaro. Lo riconobbi subito, senza esitazione, e n'ebbi un violento tuffo al cuore.[11] Corsi alla ricerca di mio padre per raccontargli il fatto. Egli non era in casa. Corsi dalla nonna, poi andai in piazza. Nessuno l'aveva visto. Lo trovai finalmente più tardi nella stalla, mentre abbeverava° i buoi. Il mio aspetto doveva essere assai sconvolto,° perché, appena mi vide, mi chiese se fosse accaduta qualche disgrazia° in famiglia. Sì, gli risposi, e gli dissi dell'incontro.

trotterellare: *trotting*

una smorfia: *a grimace*
scherno: *mockery*

irremovibile: *unyielding*

farti dire: *chiedere*

abbeverava: dava acqua a
sconvolto: agitato
disgrazia: *misfortune*

---

[7] chi si crede?: *who does he think he is?*
[8] a me veniva quasi da piangere: *I felt almost like crying*
[9] farmi bello agli occhi di mio padre: fare piacere a mio padre
[10] Fedro: poeta latino vissuto tra il primo secolo avanti Cristo e il primo secolo dopo Cristo, autore di cinque libri di Favole
[11] n'ebbi un violento tuffo al cuore: *my heart skipped a beat*

L'indomani° era domenica Dopo la messa, uscendo dalla chiesa, trovai mio padre in piazza che m'aspettava, secondo il convenuto, per condurmi dal pretore. «Esponi° tu stesso il caso», mi disse mio padre. «In fin dei conti sei tu che conosci quell'uomo».

Il pretore ascoltò sorridendo il mio breve e appassionato racconto.

«È stato arrestato perché ha rubato», egli mi spiegò quando ebbi finito.

Io ne rimasi assai stupito; avrei potuto immaginarmelo violento piuttosto che ladro.

«Avrà fatto qualche cosa che agli occhi dei carabinieri e del pretore ha l'apparenza del furto°», volle spiegarmi mio padre. «Ma quello che realmente ha fatto, solo Dio lo sa».

Cortesemente il pretore ci fornì un biglietto per visitare il carcerato. Sul biglietto scrisse anche il mio nome.

«Bisognerebbe portargli qualche piccolo regalo», propose mio padre strada facendo.° «Ma cosa?»

«Il meglio sarebbe qualche sigaro», io suggerii.

«Eccellente idea», disse mio padre.

Di quella visita ricordo ancora ogni minimo particolare, perché a causa della mia età ancor tenera, era la prima volta che entravo in un luogo simile. Appena vi misi piede,° il cuore cominciò a battermi così forte da farmi male. Il custode ci condusse in una cameretta puzzolente,° che riceveva scarsa° luce da una finestrella protetta da due inferriate, e ci indicò uno sportello° aperto, in una delle pareti, ad altezza d'uomo, attraverso cui potevamo parlare col detenuto da noi richiesto. Per vederlo dovetti alzarmi sulla punta dei piedi. Quanto piacere mi fece che, a prima vista, egli subito mi riconobbe.

Da *Uscita di sicurezza*
Firenze, Vallecchi Editore

l'indomani: il giorno dopo

esponi: racconta

furto: *robbery*

strada facendo: per via

misi piede: entrai

puzzolente: *smelly*
scarsa: poca
uno sportello: *a window*

144

Esercizi

I. Rispondi oralmente o per iscritto.

A. 1. Descrivi brevemente l'uomo ammanettato.
    2. Perché il padre di Silone fu malcontento?
    3. Come mostra la sua insoddisfazione verso Silone?
    4. Cosa volle sapere dal pretore?
    5. Perché Silone vedeva spesso dei poveracci ammanettati?
    6. Descrivi brevemente le attività che si svolgono in questo paese.
    7. Perché Silone considera un avvenimento importante il suo primo viaggio a Fucino?
    8. Che raccomandazione fa il padre a Silone?
    9. Quanti chilometri dista Fucino dal paese?
   10. "Mai mi è capitata una simile dimenticanza, mai, mai." Che cosa aveva dimenticato il padre?
   11. Perché il padre diede dei soldi a Silone?
   12. Chi vide arrivare verso mezzogiorno Silone?
   13. Che cosa gli propone?
   14. Perché l'uomo rifiuta?
   15. Con quale offerta cerca Silone di far cambiare idea all'uomo?
   16. Cosa fa infine l'uomo?
   17. Secondo il padre, cosa avrebbe dovuto fare Silone?
   18. Chi vide Silone alcuni anni dopo?
   19. Perché corse da suo padre?
   20. Perché Silone e suo padre si recano dal pretore?
   21. Che crimine aveva commesso l'uomo?
   22. Cosa fornì loro il pretore?
   23. "Bisognerebbe portargli qualche piccolo regalo." Quale regalo suggerisce Silone?
   24. Perché ricorda Silone ogni minimo particolare di quella visita?
   25. Perché rimane contento della visita Silone?

B. 1. Che cos'è un "pretore"?
    2. Che tipi di prigioni esistono nel tuo paese?
    3. Come vengono puniti gli evasi?
    4. Narra brevemente un avvenimento letto in un quotidiano che tratti di un condannato.

II. Completa i paragrafi seguenti con aggettivi adatti tratti dal testo.

A. Un piccolo uomo _____ e _____ , ammanettato tra _____ carabinieri, procedeva a balzelloni, nella strada _____ e _____ , come in un _____ ritmo di danza, forse perché _____ o _____ a un piede. Tra i

145

duc personaggi in uniforme _____ , che nella crudezza della
luce _____ sembravano maschere _____ , il piccolo
uomo aveva un _____ aspetto _____ , come di
animale _____ in un fosso. Egli portava sulla schiena un
fagottino dal quale usciva, in accompagnamento al suo saltellare, uno
stridio _____ a quello della cicala.

B. Vedevo mio padre dietro i buoi, _____ sull'aratro,
allontanandosi lentamente, poi tornare, e poi ripartire, tracciando
solchi _____ , _____ , sulla terra _____
dalle stoppie _____ . L'aratura si svolgeva _____ ,
_____ , _____ , benché il sole cominciasse a scottare.
Attorno al campo i pioppi _____ creavano una barriera che
non era mossa da alito di vento: l'acqua del canale era _____ , in
apparenza _____ , come _____ .

III. Cruciverba

Traduci gli aggettivi e inseriscine la traduzione nelle caselle appropriate.

Orizzontali
5. dismayed
6. barefooted
8. ragged
11. handcuffed
12. earthy

Verticali
1. painful
2. causing pain or discomfort
3. lame
4. unemployed
7. blinding
9. suitable
10. sultry, suffocating

IV. Da ogni riga cancella le lettere formanti il vocabolo a cui corrisponde il sinonimo o la definizione. Le lettere rimaste, lette nell'ordine, daranno una massima.

1. parata	1.	a s i f i b l i a s t a
2. sorpreso	2.	s o g t n u i p i s t o
3. sentire	3.	i c u d o i n o r e
4. arrivare	4.	s g i c u o n g n e o r e
5. succedere	5.	c g a l p i t i a r a e
6. portare ai piedi	6.	c m a l i z a c r i e

Massima: _____ .

V. Ricapitoliamo...

Scrivi un riassunto di "Visita al carcere" in conformità con lo schema seguente.
1. Un poveraccio ammanettato
2. Rimprovero del padre
3. Vita nel paese
4. L'avvenimento importante
5. La dimenticanza del padre
6. In cerca di tabacco
7. Dialogo con lo sconosciuto
8. Lo sconosciuto ammanettato
9. Visita al carcere

VI. Parliamone insieme...

Esprimi la tua opinione sulle asserzioni seguenti.
1. Un condannato, avendo commesso un delitto, perde ogni suo diritto umano
2. I condannati dovrebbero essere trattati meglio
3. "Riabilitare i condannati": questo dovrebbe essere lo slogan e l'aspirazione della nostra società

La Campania

Superficie: 13.595 km² (regione di media grandezza)
Confini: a nord-ovest con il Lazio, a nord con il Molise, a est con la Puglia e la Basilicata, a sud-est ancora con la Basilicata, a sud e a ovest è bagnata per circa 500 km dal Mar Tirreno
Province: (5) Avellino, Benevento, Caserta, Napoli, Salerno
Capoluogo: Napoli
Dopo aver consultato una carta geografica dell'Italia, traccia una cartina della Campania indicando le cinque province/città.

Giuseppe Marotta

Giuseppe Marotta nacque a Napoli il 5 aprile 1902 e morì nella stessa città il 10 ottobre 1963. Figlio di un povero avvocato, morto quando Marotta era solo un bambino di sette anni, dovette esercitare vari mestieri per poter mantenere se stesso e i suoi familiari.

Nel 1935 si trasferì a Milano, come redattore dei periodici dell'editore Mondadori e due anni dopo dell'editore Rizzoli. Nello stesso tempo iniziò la collaborazione giornalistica e poi cinematografica. Nel 1938 si trasferì a Roma dove scrisse vari soggetti e sceneggiature cinematografici. Nel 1942 fu invitato a collaborare al *Corriere della sera*. Successivamente si occupò di critica cinematografica, con una rubrica settimanale su *L'Europeo*.

Giuseppe Marotta esordì nel 1932 riunendo i suoi racconti umoristici apparsi già nei quotidiani, nel volume *Tutte a me* pubblicato dalla casa editrice Ceschina.

La sua città natale ispirò a Marotta una serie di racconti di ambiente napoletano, *L'oro di Napoli* che ebbe anche una fortunata riduzione cinematografica sotto la regìa di Vittorio De Sica. I temi che Marotta preferisce sono i tipi, la strada e la vita della sua Napoli, che ritrae con verità affettuosa e alleggerita dall'umorismo anch'esso napoletano. Anche Milano, gli ispira pagine vive di simpatia e lucenti di sorriso.

L'oro di Napoli da cui è tratto "L'amore a Napoli" ottenne il premio Paraggi e un'altra sua opera, *Coraggio, guardiamo*, il premio Bagutta.

Tra le opere di Marotta, ancora disponibili, segnaliamo: (presso Bietti) *Le avventure di Charlot, Mezzo miliardo;* (presso Bompiani) *A Milano non fa freddo, Gli alunni del sole, Gli alunni del tempo, Coraggio, guardiamo, Di riffe o di raffe, Facce dispari, Mal di galleria, Le milanesi, L'oro di Napoli, Pietre e nuvole, Racconti, Salute a noi, San Gennaro non dice mai di no, Il teatrino di Pallonetto;* (presso Garzanti) *Gli alunni del tempo, Le milanesi, San Gennaro non dice mai di no;* (presso Mondadori) *Mal di galleria.*

L'amore a Napoli

Giuseppe Marotta

Un giorno la quattordicenne che ieri correva nel vicolo,° rintronandolo[1] e logorandolo° coi maschi della sua età, si sveglia ragazza come un seme° si sveglia pianta, ride e singhiozza° contro il cuscino. Sua madre le parla all'orecchio affettando° semplicità e naturalezza; le assegna° metà del suo cassetto,° le regala un suo scialle di seta e le adatta una sua camicetta quasi nuova; decreta, suscitando negli altri figli l'impressione di patire una suprema ingiustizia, che le si faccia bere un uovo fresco tutte le mattine; quando, nel primo sole, sulla soglia del "basso", comincia astrattamente a pettinarla° (quel pettinare assorto e casuale che è piuttosto una ripetuta carezza), gli occhi della madre si inumidiscono° e un sospiro le solleva il petto° sfiorito°: non palpita diversamente nella brezza,° con la stessa misera gloria, il ciuffo° d'erba sotto le loro sedie fra due selci.°

Trascorre° qualche tempo, la ragazza si fa gentile° e tumida,° delicata e consistentissima°: è un accorrere, su di lei, di carne indocile e soave che a sua insaputa riprende l'antico complotto° con i colori e con le stagioni; sì, la ragazza è ormai pronta per l'uso che la sorte° vorrà farne, tutti gli uomini si accorgono che il ramo da cui dondola° questo bel frutto s'incurva,° intascano° le mani brune e pelose, aggrottano la fronte e ciascuno a suo modo le fa sapere che avrebbe intenzione.

Può essere una "imbasciata"?[2] Ai miei tempi usava. L'ambasciatrice era generalmente qualche donnone° ansimante e madido,° di una eloquenza avvolgente, retrattile,° ondosa° come il panno° di un torero: tanto era encomiastica° e madrigalesca° la mezzana[3] nel

vicolo:	*lane*
logorandolo:	consumandolo
un seme:	*a seed*
singhiozza:	*sobs*
affettando:	*pretending*
assegna:	dà
cassetto:	*drawer*
pettinarla:	*to comb her hair*
si inumidiscono:	si bagnano
il petto:	*her chest*
sfiorito:	non più giovane
nella brezza:	nel venticello
il ciuffo:	*the tuft*
selci:	*flint (stones)*
trascorre:	passa
gentile:	graziosa
tumida:	femminile
consistentissima:	*fully developed*
complotto:	cospirazione
la sorte:	il destino
dondola:	pende
s'incurva:	si piega
intascano:	mettono in tasca
donnone:	*big-boned woman*
madido:	bagnato di sudore
retrattile:	*colourful*
ondosa:	melodica
il panno:	la stoffa
encomiastica:	*laudatory*
madrigalesca:	*flattering*

---

[1] rintronandolo: *making deafening noises*

[2] imbasciata: parola che deriva da "ambasciata"; ciò che si manda a dire o si va a dire per incarico di un altro; in questo caso, chiedere la mano di una ragazza, chiedere una ragazza come sposa

[3] la mezzana: donna che aiuta a stabilire amori (fra altre persone) illeciti, o a fare "imbasciate"

descrivere il suo patrocinato,° quanto cupa° e sinistra°
se doveva nominarne i probabili antagonisti: conosceva e sfruttava magistralmente[4] tutte le indistinte voci
che bisbigliano° nell'animo e nel sangue di ogni
ragazza: "è un capo giovane", un eccellente giovane,
diceva trovando modo di evocare nello stesso istante,
con la tenerezza e la malizia di cui si caricava il suo
prensile sguardo,[5] la sincerità, la rettitudine e perfino i
prevedibili ardori coniugali dell'innamorato. "Cuore
mio, dite di sì" concludeva l'ambasciatrice alzandosi, e
la sua gonna immensa era come un sipario dietro il
quale urlasse o ridesse l'avvenire; una parola, o anche
un solo battito di ciglia,° poi il dramma sarebbe
cominciato con l'apparizione del protagonista scuro in
volto, vagamente criminoso e vandalico° come sempre
sono nelle cose d'amore i maschi dei vicoli, furente
d'aver dovuto farsi rappresentare, tremante di desiderio
e d'ira come forse ogni uomo deve essere per piacere
veramente alle donne.

Non di rado° le ambasciatrici erano più di una; ne
derivavano scontri° senza esclusione di colpi,[6] duris-
simi, in cui i patrocinati Carluccio, Raffaele, Genna-
rino, Michele, alternativamente fracassati° dalle stron-
cature° e ricomposti dalle apologie, finivano per
ridursi, agli occhi della ragazza, in uno stato quasi
liquido, di modo che essa, arrendendosi° alla più
astuta° mezzana, beveva Carluccio o Michele in un
bicchiere, ad occhi chiusi, per non pensarci più. Questo
se il diavolo non interveniva sul più bello.° Dico per la
ragazza Cozzolino, stella° del rione° San Ferdinando,
intorno alla quale si misuravano° da un anno cinque
provvedutissime° ambasciatrici. "Un vero uomo ha
quarant'anni o niente" stava dicendo la terza in
sostegno di un maturo e dovizioso° fornaio, quando la
ragazza Cozzolino represse un gemito e vacillò.°
All'ambasciatrice bastò un'occhiata. "Anime del
Purgatorio! Voi siete in questo stato da almeno tre
mesi!" gridò schiaffeggiandosi.° Era vero, si dovette
sposare in fretta la ragazza all'oscuro responsabile del
malestro°: un *outsider,* un indipendente aveva una
volta tanto° trionfato di tutti gli spalleggiatissimi°

Marginal glossary:

patrocinato: candidato
cupa: *gloomy*
sinistra: *grim*
bisbigliano: *whisper*

battito di ciglia: *batting of eyelashes*
vandalico: che distrugge

di rado: raramente
scontri: *clashes*
fracassati: ridotti malamente
stroncature: critiche severe
arrendendosi: *surrendering*
astuta: furba
sul più bello: *at the crucial point*
stella: *star*
rione: quartiere
si misuravano: *competed*
provvedutissime: *very shrewd*
dovizioso: ricco
vacillò: *staggered*

schiaffeggiandosi: *slapping herself*

malestro: *mischief*
una volta tanto: *just this once*
spalleggiatissimi: protetti

---

[4] magistralmente: con una capacità straordinaria
[5] prensile sguardo: *glance that was difficult to avoid or escape from*
[6] senza esclusioni di colpi: *no holds barred*

rivali: arrivò poi dai Cozzolino con una foglia di origano° fra i denti e si sedette.

Più spesso l'amore, a Napoli, è tacito° e fulmineo° come uno scatto di coltello. Nel crepuscolo, quando i voli delle rondini° diventano, contro i vecchi muri e il basalto,[7] sassate che il vento sembra all'ultimo istante deviare, i giovani e le ragazze si guardano da "basso a basso" e da finestra a finestra. Gli occhi dei maschi, più che supplichevoli, sono minacciosi e come induriti° da una visiera°: questi giovani dei vicoli hanno l'orgoglio del loro sesso, lo sentono come una divisa,° vogliono le ragazze come esaltanti° medaglie da appuntare° sul petto, talvolta preferiscono appunto conseguirle° dopo aver arrischiato l'ospedale o il carcere. Questo è un impulso romantico e niente altro, come dirò per concludere; frattanto la ragazza oppone sguardo a sguardo, immobile sulla soglia del "basso" o alla finestra, fino al momento in cui —e sarà tarda sera— il giovane le fa un impercettibile cenno.° Egli si avvia lentamente verso qualche vicina deserta piazzetta, se non è una rampa[8] tatuata° sulla collina, o un portichetto, o il cancello di un giardino; là si addossa al muro, fumando, e aspetta che la ragazza lo raggiunga. Si ghermiscono,° in un silenzio di vetro; la ragazza graffia° e bacia, fatidico° e compassionevole il giovane se ne impadronisce, abolendo per lunghi minuti le stelle e ogni cosa, tranne forse i ciuffi carnosi° della parietaria[9] che le sfiorano i capelli, quell'odore di tufo[10] e di remota umidità del muro: a ciò dunque preludevano le lacrime e il riso che lei soffocò una mattina contro il guanciale°? Si sposeranno, naturalmente; gli arguti° santi locali convalideranno° in chiesa il fatto compiuto; la gente chiuderà un occhio sui fiori d'arancio, forse.

Oppure, a trasformare in una donna la ragazza dei vicoli, poteva essere ai miei tempi un ratto.° La mattina si trovavano lacrime in un fazzoletto e l'uscio socchiuso, padre e fratelli promettendo una strage° si precipitavano sulle presunte° tracce dei fuggitivi, l'intero rione si appassionava e spesso partecipava alla

origano: *oregano (spice)*

tacito: silenzioso

fulmineo: *as quick as lightning*

rondini: *swallows*

induriti: *hardened*

una visiera: *a visor*

una divisa: *a uniform*

esaltanti: *exalting*

appuntare: *to pin*

conseguirle: ottenerle

cenno: *sign, gesture*

tatuata: *cut (lit., tattoed)*

si ghermiscono: si abbracciano

graffia: *scratches*

fatidico: fatale

carnosi: *fleshy*

il guanciale: il cuscino

arguti: spiritosi

convalideranno: *will legalize*

un ratto: *a kidnapping*

una strage: un massacro

presunte: *presumed*

---

[7] il basalto: roccia scura formata dalla solidificazione di lava molto fluida

[8] rampa: una salita a forma di scala

[9] parietaria: erba con foglie attaccatrice che nasce sui vecchi muri

[10] tufo: roccia formata da materiale eruttato dai vulcani

152

battuta.° Qualche giorno dopo un trafelato° intermediario, per solito vagamente giuridico,° qualche faccendiere° di municipio o di tribunale, arrivava a negoziare la resa° degli amanti, dichiarando di rispondere con la propria vita dell'onore della ragazza, che il seduttore chiedeva soltanto di ripristinare° impalmandola°; veniva imbandita la tavola[11] per rifocillare° il messaggero; "Come sta Graziella?" chiedeva sommessamente la madre, mentre padre e fratelli tacevano permettendo infine alle loro mascelle° di rilassarsi.° Ricordo il ratto di Assunta Salerno, una bellezza dei Cristallini: era orfana e sola, l'intermediario non sapendo a chi rivolgersi trattò col parroco, il quale non gli offrì né cibi né vino.

E le gelosie, gli abbandoni, lo "sfregio"°? Tutte le canzonette vi si ispiravano, ai miei tempi, perfino poeti come Di Giacomo[12] e Russo[13] li riferirono nelle loro dolci e concitate strofe: quella sottile riga di sangue sulla bianca guancia, lei che diceva: "Non lo so chi è stato" e mentalmente baciava la mano sacrilega°: anche lo "sfregio" ci può apparire come una cara pazzia, quasi una rossa firma a una lettera d'amore, qualora si faccia qualche imparziale considerazione.

Voglio bene, perché ci son nato, al mondo dei vicoli e della povera gente del mio paese. Di tutti i suoi mali sono depositario° e amico, ne parlo perché li conosco, ne parlo con la speranza di giustificarli, di dimostrare che prima di risolversi in colpe i mali di Napoli sono soltanto dolore. Qui il castissimo cielo non è fratello di nessuno. Eccole dopo qualche anno di matrimonio le sposine dei vicoli, eccole fra i cenci° della loro bellezza, intontite° dalle avversità e dal bisogno, irriconoscibili, vecchie a vent'anni. Fatiche e figli le hanno svuotate; i loro sogni, se ne ebbero, volteggiano e cadono come ali° secche° di farfalle° da muri polverosi quando una finestra s'apre. La loro casa è una unica stanza terrena, talvolta° una coperta appesa a una corda la suddivide in due locali, una grondaia° piange eternamente nel cortiletto. Il loro uomo si addormenta di colpo, coi

battuta: caccia

trafelato: affannato

giuridico: *legal*

faccendiere: *messenger*

la resa: *the surrender*

ripristinare: ristabilire

impalmandola: *winning her as a bride*

rifocillare: *to refresh*

mascelle: *jaws*

rilassarsi: *to relax*

lo sfregio: l'insulto

sacrilega: profana

depositario: *depository*

i cenci: *the remains*
intontite: stordite

ali: *wings*
secche: *dry*
farfalle: *butterflies*
talvolta: a volte
una grondaia: *a rain-pipe*

---

[11] veniva imbandita la tavola: *a table would be prepared for a banquet*
[12] Di Giacomo: Salvatore di Giacomo, poeta erudito (Napoli 1860-1934), autore di celebri canzoni, tra cui "Marechiaro"
[13] Russo: Ferdinando Russo, poeta (Napoli 1868-Capodimonte 1927), scrisse *Sinfonie d'amore*, ecc.

pugni contratti, pensando all'irraggiungibile fortuna; dove è più l'elastico tragico passo con cui le precedeva verso un cancello fiorito o una rampa tatuata sulla collina? Come fu breve la loro stagione: c'è da meravigliarsi se una di queste vecchie di vent'anni si tocca una cicatrice sulla guancia e sospira? La sua bellezza valeva sangue e lacrime allora; questo fu il suo intenso e fuggitivo modo di essere preziosa. Il più conciso romanzo è un grido; d'istinto la gente dei vicoli drammatizza i suoi effimeri° amori, ne fa il romanzo che può, li rende fulminei e dolorosi come uno scatto di coltello. Dagli abbaini° i poeti tendono l'orecchio e scrutano, per narrare la storia di Assunta Spina e di Luciello Catena; fa freddo o caldo frattanto,° piove o torna il sereno.

effimeri: brevi

abbaini: *garret-windows*

frattanto: nel frattempo

Da *L'oro di Napoli*
Milano, Valentino Bompiani Editore

Esercizi

I.   Rispondi oralmente o per iscritto.

A.   1. Come aiuta la madre la quattordicenne durante il periodo dell'adolescenza?
2. Che effetto provoca questo cambiamento?
3. Che cos'è "un'imbasciata"?
4. Descrivi l'ambasciatrice.
5. Qual è il suo compito?
6. "Non di rado le ambasciatrici erano più d'una." In questo caso, cosa succedeva?
7. A che cosa paragona Marotta l'amore a Napoli? Perché è efficace questa similitudine?
8. Dove si danno appuntamento i giovani?
9. Ai tempi dell'autore, cosa poteva trasformare in una donna la ragazza?
10. Come reagivano i parenti e gli amici della ragazza?
11. A che cosa s'ispirano i poeti Di Giacomo e Russo?
12. Descrivi le sposine dopo un anno di matrimonio.

B. 1. Se vuoi fare conoscere il tuo amore per una ragazza, come lo dimostri?
   2. Se un ragazzo chiede la tua mano, e i tuoi genitori si oppongono, cosa fai?
   3. Secondo te, il marito deve essere più vecchio o più giovane della moglie? Perché?

II. Ecco alcuni proverbi molto noti. Trova nella colonna B la versione inglese del proverbio elencato nella colonna A.

Colonna A	Colonna B
1. Il primo amore non si scorda mai.	a. The quarrels of love are the renewal of love.
2. Fortuna al gioco, sfortuna in amore.	b. Love is as strong as death.
3. Non è amore senza gelosia.	c. Love will find a way.
4. Gli amori nuovi fanno dimenticare i vecchi.	d. Love is blind.
5. L'amore e la tosse presto si conosce.	e. Love and cough cannot be hid.
6. L'amore è forte come la morte.	f. One love expels another.
7. L'amore è cieco.	g. Love does much, money does everything.
8. Tutto vince amor.	h. Lucky at cards, unlucky in love.
9. Sdegno cresce amore.	i. Love is never without jealousy.
10. Amor fa molto, il denaro tutto.	j. Old love will not be forgotten.

III. Temi

Elenca le doti che dovrebbe avere
1. Un marito ideale
2. Una moglie ideale

IV. Parliamone insieme...

Descrivi le tue impressioni su...

1. "L'amore a..." (nome della città in cui abiti)

V. Nel regno di Cupido...

1. Spiega il proverbio "Lontano dagli occhi, lontano dal cuore" ed esprimi la tua opinione in proposito.
2. A tuo avviso, in che cosa consiste il *vero* amore?

Domenico Rea

Domenico Rea nacque a Napoli l'8 settembre 1921 e visse nell'infanzia e nell'adolescenza a Nocera Inferiore, in provincia di Salerno. Abbandonò gli studi prestissimo, sperimentò per qualche anno la vita dei ragazzi di strada, tornò agli studi e conseguì il diploma magistrale. Il suo primo racconto *La figlia di Casimiro Clarus*, presentato da Francesco Flora, apparve nella rivista *Mercurio* nel 1945. L'incoraggiamento del Flora fu decisivo sulla sua vocazione letteraria e nel 1947 pubblicò *Spaccanapoli* che appassionò il pubblico dei lettori e fu molto bene accolto dalla critica. A questa raccolta di racconti seguì la commedia *Formicole rosse* (1948). Nel 1950, Rea pubblicò una seconda raccolta di novelle, *Gesù fate luce* e l'anno successivo ottenne il premio Viareggio. Il premio Napoli gli fu assegnato nel 1959.

Narratore realista, il mondo del Rea è Napoli: una Napoli popolana, vista e interpretata da un popolano come nessuno prima di lui aveva fatto. È considerato uno degli scrittori più notevoli di quella schiera di giovani meridionali che seguirono la via aperta da Giuseppe Marotta.

Il Rea ha inoltre pubblicato *Ritratto di maggio* (1953), storia di un anno scolastico in una prima classe elementare nella Campania, *Quel che vide Cummeo* (1955), una raccolta di novelle, *Una vampata di rossore* (1959), *Il re e il lustrascarpe* (1960), *I racconti* (1965), *L'altra faccia* (1965), *Gabbiani* (1966), *La signora è una vagabonda* (1968), *Diario napoletano* (1971), *Fate bene alle anime del Purgatorio* (1973).

Tra le opere del Rea tuttora disponibili indichiamo: (presso Bietti) *Diario napoletano*; (presso ESI) *Pulcinella e la canzone di Zeza*; (presso La Nuova Italia) *Questi tredici*; (presso Mondadori) *Quel che vide Cummeo*, *Ritratto di maggio*, *Gesù, fate luce* e *Spaccanapoli*; (presso La Società Editrice Napoletana) *Fate bene alle anime del Purgatorio*.

Il gettacarte

Domenico Rea

Felici e liete,° Lucia e Annamaria escono a fare acquisti° di quaderni, diari, matite, gomme e astucci.° Di lì a qualche giorno[1] frequenteranno il primo liceo.[2] Si sentono due studentesse, due signorine. E a questo proposito,° riandando con la memoria alle lezioni[3] di educazione civica, decidono da brave cittadine di buttare l'involucro° del gelato che hanno mangiato in uno dei numerosi gettacarte° stradali,[4] che il professore aveva assicurato loro trovarsi, nelle città moderne e civili, alla distanza di 200 metri[5] l'uno dall'altro. Fiduciose° nella loro grande Napoli le due ragazze percorrono° i primi metri invano. Superano il traguardo[6] dei duecento e dei trecento, ma non incontrano nessun oggetto della strada che rassomigli a° un gettacarte. Timide e audaci come riescono a esserlo due fanciulle in fiore° si rivolgono a un vigile° e gli chiedono d'indicar loro dov'è possibile trovare un cestino per i rifiuti.[7] Il vigile, che non si sarebbe mai aspettato una domanda simile, le guarda come Pulcinella[8] spaventato dalle lumache.° Lucia e Annamaria, un po' provate,° si rimettono in cammino, raggiungono° piazza Trieste e Trento —quella che il celebre° comandante Lauro[9] voleva trasformare in voliera° e che è rimasta deturpata° da una fontanella in travertino,° donata dallo stesso,° e buona soltanto a schizzar° acqua addosso ai malcapitati;° in quel luogo in balia del° vento di mare— ne guardano e frugano° gli angoli e stizzite°

felici e liete: tutte contente
fare acquisti: comprare
astucci: *pencil cases*

a questo proposito: *to this end*

l'involucro: *the wrapper*
gettacarte: cestini dei rifiuti

fiduciose: *confident*
percorrono: *cover*

rassomigli a: *resembles*

in fiore: *blooming*
un vigile: una guardia

lumache: *snails*
provate: stanche
raggiungono: arrivano a
celebre: famoso
voliera: *aviary*
deturpata: deformata
travertino: specie di pietra
dallo stesso: = la Lauro
schizzar: *to splash*
malcapitati: sfortunati
in balia del: *at the mercy of*
frugano: *search*
stizzite: arrabbiate

---

[1] di lì a qualche giorno: fra pochi giorni
[2] il primo liceo: in Italia si frequentano cinque anni di scuola elementare, tre di scuola media e cinque di liceo. Nel Canadà e negli Stati Uniti, il primo liceo corrispondel al *Grade 9*.
[3] con la memoria alle lezioni: ricordando le lezioni
[4] stradali: che si trovano per le strade
[5] 200 metri: un metro corrisponde a 39,37 pollici *(inches)*
[6] superano il traguardo: *they cross the finish line*
[7] un cestino per i rifiuti: *a waste paper basket*
[8] Pulcinella: *Punch*, personaggio della Commedia dell'Arte
[9] Lauro: Achille Lauro, armatore e uomo politico, sindaco di Napoli dal 1951 al 1955

di non trovar nulla tirano avanti. Superano largo Carolina,° via Chiaia, piazza Santa Caterina, sicure ormai
che a via Filangieri —il salotto di Napoli!— ci sarà
pure un gettacarte. Percorrono la strada a passo a passo
e disperate e sul punto di gettare a terra le due pallot-
tole° di carta, ecco spuntare° alla vista, ai piedi delle
Rampe Brancaccio, l'oggetto misterioso. Di corsa° vi si
lanciano contro, lo guardano e lo studiano deliziate.°
La loro fede è stata premiata e insieme buttano nel
cestino le carte che, ahimè, ricascano° sui loro piedi. Il
gettacarte era sfondato°!

largo Carolina: *Carolina square*

pallottole: piccole palle
spuntare: apparire
di corsa: correndo
deliziate: con grande gioia
ricascano: *fall out*
sfondato: *bottomless*

Da *Diario napoletano*
Milano, Casa Editrice Bietti

Esercizi

I.   Rispondi oralmente o per iscritto.

A.   1. Cosa comprano Lucia e Annamaria? Perché?
     2. Perché cercano un gettacarte?
     3. In quale città italiana si svolgono gli avvenimenti di questo
        racconto? In quale regione si trova questa città?
     4. A chi chiedono informazioni?
     5. Quali strade percorrono le due ragazze?
     6. Perché restano deluse nel trovare il gettacarte?

B.   1. Dove sono situati i gettacarte nella tua città?
     2. Cerca nel testo gli aggettivi che descrivono Lucia e Annamaria.
     3. Secondo te, come si può risolvere il problema dell'inquinamento?
     4. Se fossi sindaco della tua città, cosa faresti per eliminare i rifiuti dalle
        strade?

II. Il nome composto *gettacarte* è formato dal verbo *getta* + il sostantivo
     carte. Ecco alcuni nomi composti formati col verbo *porta*. Traducili in
     inglese e consulta un buon dizionario per verificarne la traduzione.

     1. il portabagagli   6. il portafortuna   11. il portariviste
     2. il portacarte   7. il portagioielli   12. il portasapone
     3. il portacenere   8. il portalettere   13. il portasigarette
     4. il portafiori   9. il portamonete   14. il portaspilli
     5. il portafoglio   10. il portapenne   15. il portavoce

III. Parliamone insieme...

     Esprimi la tua opinione sull'asserzione seguente.
     1. L'inquinamento: un pericolo che ci minaccia costantemente

La Puglia

Superficie: 19.343 km² (settima regione per estensione)
Confini: à bagnata da due mari (Mare Adriatico, Mare Ionio), a nord-ovest confina col Molise, a ovest con la Campania e a sud-ovest con la Basilicata
Province: (5) Bari, Brindisi, Foggia, Lecce, Taranto
Capoluogo: Bari
Dopo aver consultato una carta geografica dell'Italia, traccia una cartina della Puglia indicando le cinque province/città.

Michele Saponaro

Saggista e narratore, Michele Saponaro nacque a San Cesario di Lecce nel 1885. Dopo un breve servizio (1911-1916) nelle biblioteche governative, si dedicò al giornalismo e alla letteratura. Dal 1918 al 1920 diresse la *Rivista d'Italia*. Collaborò al *Corriere della sera*, alla *Sera*, al *Resto del Carlino*.

Saponaro esordì nel 1912 con un libro di racconti, *Rosolacci*, nei quali è prevalente l'elemento autobiografico, visto sempre sullo sfondo di un ambiente provinciale. Con *Peccato* pubblicato nel 1919, Saponaro ottenne una maggiore notorietà. Larga fama diedero al Saponaro le sue biografie su *Gesù, Foscolo, Carducci, Leopardi, Mazzini, Michelangelo,* tutte edite dalla casa editrice Mondadori.

Altre opere del Saponaro da segnalare sono: *L'idillio del figliuol prodigo* (1920), *Le ninfe e i satiri* (1920), *Amore di terra lontana* (1920), *Nostra madre* (1921), *Le mie cinque fidanzate* (1922), *L'altra sorella* (1922), *Un uomo: l'adolescenza* (1924), *Inquietitudini* (1925), *Un uomo: la giovinezza* (1926), *La bella risvegliata* (1928), *Io e mia moglie* (1929), *Paolo e Francesca* (1930), *Avventure provinciali* (1931), *Erba tra i sassi* (1932), *Gli ultimi sensuali* (1934), *Lettere dal villaggio* (1934), *Bionda Maria* (1936), *Il cerchio magico* (1939), *Prima del volo* (1941), *L'ultima ninfa non è morta* (1948), *I discepoli* (1952), *Il romanzo di Bettina* (1959).

Michele Saponaro si spense a Milano il 28 novembre 1959.

Il cavallo morello

Michele Saponaro

Quando gli dissero che il cavallo non c'era più nella stalla, poco mancò non diventasse sasso.[1] Alano, il suo vecchio Alano! E gli mancò la parola.

La moglie pensava piuttosto alla sua zucca,° che era la cassaforte° della casa. Ci mancava poco a empirla.° Quando la tirava giù per lasciarvi cadere un altro pezzo da dieci o da venti, l'anima le si apriva come una rosa. A Natale con la vendita del vitello lattonzolo° avrebbe colmato la misura. E adesso? Il cavallo era il primo personaggio della casa, e il carico° delle ortaglie° non si poteva portarlo al mercato sul dorso. Ecco che vuol dire fermarsi all'osteria,° e poi si lascia la stalla° aperta.[2]

—Ma l'ho chiusa, Santa, l'ho chiusa.

—E Cosimo correva la campagna, smaniando,° chiamando a gran voce il suo Alano, il suo vecchio Alano, ficcandosi tra le frasconaie,[3] mettendo il naso° nelle case dei vicini, piegandosi a guardare in fondo ai pozzi,° spiando nei fienili,° negli ovili,° nei pollai,° come se il vecchio Alano, la grossa bestia, fosse diventato un pulcino° o un cucciolo.°

Scappato non era. I cavalli non scappano. E poi tornerebbero come tornano i gatti. Gli amici lo pigliavano a braccetto:[4]

—O Cosimo, da tanti anni lo avevi, e ancora non ne conoscevi le abitudini.

Vennero i carabinieri, girarono, osservarono, fiutarono,° perlustrarono° i dintorni,° tastaron° la porta, la mangiatoia,° la cavezza° appesa al chiodo. Cercarono anche le peste° sul sentiero, ma c'eran passati tanti piedi, nudi e calzati. Questi villani zucconi°! Ora come

zucca:	*pumpkin*
la cassaforte:	*the safe*
empirla:	*to fill it*
vitello lattonzolo:	*suckling calf*
il carico:	*the load*
ortaglie:	*garden vegetables*
osteria:	*tavern*
la stalla:	*the stable*
smaniando:	agitando
mettendo il naso:	*poking his nose*
pozzi:	*wells*
fienili:	*haylofts*
ovili:	*sheepfolds*
pollai:	*hen coops*
un pulcino:	*a chick*
un cucciolo:	un cagnolino
fiutarono:	*sniffed about*
perlustrarono:	*patrolled*
i dintorni:	le vicinanze
tastaron:	*felt*
la mangiatoia:	*the manger*
la cavezza:	*the halter*
le peste:	*the footprints*
zucconi:	testardi

[1] poco mancò che diventasse sasso: *he almost turned into stone (i.e., because of his grief)*

[2] ecco cosa vuol dire fermarsi all'osteria, e poi si lascia la porta aperta: la moglie crede che il marito si sia ubriacato e abbia lasciato la stalla aperta

[3] ficcandosi tra le frasconaie: *thrusting himself into the thickets (in search of the horse)*

[4] gli amici lo pigliavano a braccetto: *his friends would take him by the arm*

160

si fa a sapere da quale parte il cavallo ha preso il largo?[5]
E la porta scardinata.° È porta questa? Si chiude così
una stalla dove c'è una bestia di valore?

    —Di valore sì, signor brigadiere.[6] Mi costò duemila
lire, che la moglie non senta... Ma farò mettere la porta
nuova, oggi stesso.

    —Già, quando i buoi° sono scappati...[7]
Rideva anche il brigadiere.

    —Cavallo, signor brigadiere, era cavallo.[8] Il mio
vecchio Alano!

    Gli amici, sornioni,° cercavano consolarlo: la per-
dita° di un cavallo non è poi la fine del mondo. Cosimo
non ha figli e i suoi danari non vorrà portarseli nella
bara.° Uno gli s'è attaccato ai panni,[9] manieroso e servizievole:[10]

    —Questa è l'occasione buona, Cosimo, per com-
perarti il morello.[11] È sempre stato il tuo chiodo°: un
bel morello trottatore. Alano era un sauro° pezzato,° ma
aveva i suoi difetti, s'impuntava,° invecchiava. Sauro
già per modo di dire: biondiccio,° sbiavato,° pelo di
vecchio cane.

    Cosimo a poco a poco si calmò. Specialmente quella
pulce° nell'orecchio del morello lo punse,° e più per
levargli quell'altra spina° che lo pungeva.[12] L'amico
gli prestò la sua vecchia brenna,° finché non andava
alla Fiera di San Vito, dove cavalli ne avrebbe trovati da
fornire un reggimento di corazzieri.°

    Quella sera che rientrò prima del solito, serrando°
nel fazzoletto° annodato due triglie° odorose di mare,
ch'erano i sospiri segreti della Santa, santa donna
sobria° e avaruccia° ma un tantino golosa,° e con mosse
di galletto le si accostò sussurrandole una paroletta
tenera,[13] per mostrarle che non aveva bevuto, la Santa

---

scardinata: unhinged

i buoi: the oxen

sornioni: crafty
la perdita: the loss

bara: coffin

chiodo: desiderio
un sauro: a bay
pezzato: flecked with spots
s'impuntava: he refused to budge
biondiccio: fairish
sbiavato: faded
la pulce: the bug
lo punse: excited him
spina: thorn
brenna: nag
corazzieri: soldati a cavallo
serrando: stringendo
fazzoletto: handkerchief
triglie: red mullets
sobria: moderate
avaruccia: a little miserly
golosa: gluttonous

---

[5] da quale parte il cavallo ha preso il largo: in quale direzione il
cavallo è andato
[6] brigadiere: *rank corresponding to "sergeant".*
[7] quando i buoi sono scappati: è parte del noto proverbio "Chiudere la stalla quando sono scappati i buoi"
[8] cavallo... cavallo: Cosimo, che non capisce l'ironia del brigadiere,
precisa che il suo non era un bue ma un cavallo
[9] uno gli s'è attaccato ai panni: uno gli si avvicinò
[10] manieroso e servizievole: *politely and obligingly*
[11] morello: *nearly black (a horse of that colour)*
[12] quell'altra spina che lo pungeva: cioè, la perdita di Alano
[13] con mosse di galletto le si accostò sussurrandole una paroletta
tenera: *acting like a gallant person he went close to her
whispering tender words*

intese l'insidia:[14]

—Non ti salta in testa⁰ di comperarne un altro...

—Come si può far senza, Santa?...

—Non vorrai chiedermi il denaro...

—Come si può comprare un cavallo senza denaro, Santa?...

La donna tirò giù la zucca dalla scansia,⁰ se la strinse al petto che pareva la sua creatura, poi la rovesciò sulla tavola, portandosi una mano agli occhi come se quel luccicore⁰ sparso, sonante, scorrevole⁰ l'abbagliasse.⁰ E gemicchiava.⁰

Alla fiera⁰ Cosimo adocchiò⁰ il bel morello. Ce n'eran tanti che il difficile stava nella scelta, ma questo morello lo aveva sbirciato⁰ da lontano, e non riusciva a levarselo dagli occhi. Pareva che il padrone glielo facesse prillare⁰ come uno specchietto, perché non faceva due passi, Cosimo, senza vederselo apparire tra le altre bestie, liscio, lucido, il colore della salute. Aveva capito quell'uomo che Cosimo ci aveva lasciato il cuore? I cavallari,[15] gente furba. Anche il cavallo, più furbo, pareva che avesse capito, e smaniava⁰ di cambiar padrone. Ma Cosimo faceva finta di niente e si voltava⁰ dall'altra parte.

Menandolo⁰ in giro gli amici gli indicavano questo e quell'altro, cavalli di parata,⁰ come volessero distrarlo dal morello, ch'era il modo più sicuro per attaccarcelo.[16] La voce della moglie in un orecchio gli suggeriva di non fare pazzie, e scegliersi una bestiarella di poco prezzo. Ma egli si era innamorato del morello, e quando il cavallaro gli offrì una prima pipata⁰ e poi gli chiese:

—Questo contratto dunque lo facciamo?— egli rispose:

—A piacer vostro.⁰

Non ascoltava più la voce degli amici, che tacevano, né quella della moglie che strillava,⁰ ma da lontano.

Il cavallaro chiese duemila lire, —non un soldo di meno— appunto quanto gli era costato una volta il

ti salta in testa: pensi

scansia: *cupboard*

luccicore: *sparkle*
scorrevole: *flowing*
l'abbagliasse: *dazzled her*
gemicchiava: piangeva in silenzio
alla fiera: al mercato
adocchiò: vide
sbirciato: notato

prillare: *spin*

smaniava: *was itching*
voltava: girava

menandolo: *leading him*
di parata: di lusso

pipata: del tabacco per la pipa

a piacer vostro: quando volete

strillava: gridava

---

14 la Santa intese l'insidia: la Santa capì che il comportamento del marito aveva uno scopo ben preciso
15 i cavallari: i mercanti e guardiani di cavalli
16 come volessero distrarlo dal morello, ch'era il modo più sicuro per attaccarcelo: uno tanto più s'invoglia di una cosa quanto più lo si tiene lontano da essa

vecchio Alano, dunque Cosimo non ci perdeva nulla.
Se non che la Santa non gliene aveva affidate che mille e
duecento.

—Non posso. È caro.

—Fate un'offerta.

—Mille e duecento.

—Non posso io. Quell'altro me ne ha offerte mille e
cinque. Eccolo lì.

—Dateglielo.

—Per mille e cinque preferisco darlo a voi. Avete la
faccia del galantuomo, e so che lo tratterete° bene.

Era un galantuomo anche lui: cedeva.° Cedeva perché la faccia del compratore lo affidava della sorte[17]
della sua cara bestia. Ma Cosimo non aveva che mille e
duecento lire.

—Vi firmo una cambiale.°

—Contanti.° O non si fa nulla.

Ci s'intromisero° gli amici. Non conveniva per una
bizza° mandare a monte un così bell'affare. Cosimo
sborsava° subito quello che aveva in tasca, e il resto lo
dava a casa la Santa. Ci si andava tutti insieme, a con-
vincerla. Bisognava berci sopra.° E si avviarono.

Ma giunti alla cantonata° il cavallaro si batté un
pugno in fronte: testa d'oca°! Aveva un appuntamento
per mezzogiorno dal notaio, e già suonavano le campane. Non poteva accompagnarli a casa, assolutamente
non poteva: se ne tornava col suo morello.

—Amici siamo, compari.

Il cavallaro si rivolgeva all'uno e all'altro:

—Dammele tu. Dammele tu.— Ma quelli facevano i
tonti.[18]

Non avete tutt'insieme la miseria di trecento lire?
Magari ci perdo qualche cosa, ma quell'affare del
notaio non posso lasciarlo scappare. Altro che trecento! Si tratta di biglietti grossi.°

Erano arrivati appunto su la porta di un'osteria, che
pareva stesse lì ad aspettarli. E faceva la civetta con la
frasca in cima all'uscio[20] e il boccale° dipinto su la

tratterete: *will care for*

cedeva: *he yielded*

una cambiale: *an I.O.U.*

contanti: *cash*

ci s'intromisero: intervennero

una bizza: un capriccio

sborsava: tirava fuori

berci sopra: *to drink on it*

alla cantonata: all'angolo della strada

testa d'oca!: che stupido!

biglietti grossi: molti soldi

il boccale: *the jug*

---

[17] lo affidava della sorte: cioè, gli garantiva che la sua bestia sarebbe
      stata ben trattata

[18] facevano i tonti: facevano finta di non capire

[19] non avete tutt'insieme la miseria di trecento lire?: *can you not
      come up with a mere three hundred lire?*

[20] e faceva la civetta con la frasca in cima all'uscio: l'osteria sembrava
      che li invitasse col mostrare la frasca (la frasca era l'insegna delle
      osterie)

parete° tra un cacciatore barbuto° e una forosetta° tonda come una pesca.° Legarono il cavallo all'anello, ed entrarono per tirar fuori le briciole° da tutte le tasche. Sedettero ad un tavolo appartato,° e ognuno dispose in ordine sul tavolino il suo peculio,° carta, argento e rame. Duecento, duecentoventi, duecentotrenta, duecentotrentacinque.

—E va bene, duecentotrentacinque. La vita è dura. Oste°, da bere.

L'oste portò e riportò da bere. Pagò sempre lui, il cavallaro. Un vero galantuomo. E già, gli altri con che denaro avrebbero pagato? La vita è dura, ma va presa allegramente. Si sarebbe rifatto con l'altro affare che l'aspettava. Altro che trecento lire! Queste intanto si ridussero a duecentoventi, poi duecentodieci:

—Bevete, e crepi l'avarizia![21] Cosimo... Vi chiamate Cosimo? —e gli metteva le dita di una mano sotto gli occhi:— Queste quante sono? Un altro bicchiere. Alla salute del cavallo! Che vi campi° cent'anni! E non ve lo lasciate scappare, come l'altro.

—Ho fatto la porta nuova con tanto di spranga° di ferro. Questa volta non me lo rubano il mio... Come si chiama?

—Moro. Che diamine! Tutti i morelli si chiamano Moro. Non lo sapete?

Non lo sapeva.

—Io vorrei chiamarlo Alano. Mi piace di più. Alano! Non credete che imparerà?

—Siete il padrone. Imparerà. È una bestia intelligente.— E il cavallo fuori, a quel nome, die'° un forte nitrito.° Voleva dire che gli piaceva.

Bevve Cosimo, a quell'annunzio. Bevve anche il cavallaro. E pareva che avessero dimenticato: questo l'appuntamento di mezzogiorno, le campane, l'affare, i biglietti grossi; l'altro, perfino la Santa. Si separarono infine con una stretta di mano a scossone,[22] di quelle che schiantano° un braccio ma stringono un patto d'amicizia per la vita e per la morte.

Cosimo tirandosi dietro la bestia si avviò in compagnia dei compari verso casa, barcollante° e soddisfatto. Per via i compagni si scambiavano impressioni e consigli:

---

[21] crepi l'avarizia: *to hell with avarice* (esclamazione che si dice affrontando una spesa insolita o alta)

[22] con una stretta di mano a scossone: *with a good shaking of hands*

la parete: il muro
barbuto: con la barba
una forosetta: *a pretty country girl*
una pesca: *a peach*
le briciole: *the change*
appartato: isolato
peculio: denaro
oste: *innkeeper*

campi: vivi

spranga: *bolt*

die': diede
nitrito: *neigh*

schiantano: rompono

barcollante: *staggering*

164

—Hai fatto un affare, Cosimo, puoi dirti fortunato. Questo è cavallo, non il tuo Alano, che zoppicava° come una vecchia panca.°

—Ora come farò con la Santa?

—Te le darà le altre trecento. È bestia di razza, che ne vale duemila. Non lo hai sentito il cavallaro? Non un soldo di meno.

—Lo so, ma chiedergliele...

—Non penserai che te le abbiamo regalate.

—Potreste restar soci. È un'idea: perché non facciamo una società?

—Che che!

—Dite che è un affare...

—Per te che ne hai bisogno. Noi che ce ne facciamo?

Giunti nel cortile, Cosimo chiamò la moglie, e, intanto la bestia lasciata libera placidamente filò° verso la stalla.

—Ma guarda! Pare che abbia sentito l'odore.

—Non te l'ha detto il cavallaro che è una bestia intelligente?

—Moro! Vieni qua, Moro, che ti presento a donna Santa.— Ma il Moro non si volse° al richiamo, ed entrò nella stalla, solenne con passo di padrone.

La donna apparve sull'uscio, le mani ai fianchi e la faccia scura, essendo donna che sentiva la musica da lontano:[23]

—Non sarai venuto a chiedermi altro denaro...

—No, non subito. Senti...

Santa era entrata nella stalla, e mandò un grido:

—Ma... Ma questa è la nostra bestia!

—La tua bestia! Quale tua bestia?

—È Alano. Non vedi? Risponde. Alano!

Alano che era proprio Alano —voi lo avete capito— nitrì, allungò il muso verso la donna, le sorrise con tutti i denti un triste sorriso di confidenza e di nostalgia. E non c'era dubbio che quello fosse il muso di Alano, inconfondibile quando sorrideva; ma nero. E le stesse orecchie, una su, una giù, la stessa criniera,° la stessa coda, la coda di Alano che era la sua cosa più bella. Tutto nero. Lucido.

—E come ci guarda. Com'è contento. È lui.

—E questa piaga° al ginocchio, non è ancora guarita. È lui. O povero Alano.

zoppicava: *limped*
panca: *bench*

filò: si avviò

si volse: si girò

criniera: *mane*

piaga: *open wound*

---

[23] che si sentiva la musica da lontano: che si capiva subito lo stato delle cose

Alano, tinto di nero da cima a fondo,° a regola d'arte. Magari zoppicava come prima, e Cosimo, quand'era Moro, e ci aveva messo il cuore, non se n'era accorto.° Gli amici, uno se l'era svignata;° l'altro prese la spugna,° la intrise° nell'abbeveratoio° e cominciò a lavare il cavallo, il bel manto morello, che si stingeva,° diventava sauro pezzato, sbiavato...

—Non te lo avevo detto, Cosimo, che i cavalli tornano, come i gatti...

Ma Cosimo pensava con rimpianto° e dispetto° che anche questa volta doveva rinunziare al bel morello. La vita è sempre la stessa.

da cima a fondo: *from top to bottom*

non se n'era accorto: non lo aveva notato

se l'era svignata: *had sneaked off*

la spugna: *the sponge*

intrise: *moistened*

abbeveratoio: *drinking trough*

si stingeva: *lost his colour*

rimpianto: *regret*

dispetto: irritazione

Da *Racconti e ricordi*
Torino, Società Editrice Internazionale

Esercizi

I. Rispondi oralmente o per iscritto.

A.   1. Come riceve Cosimo la notizia della scomparsa del cavallo?
   2. A che cosa attribuisce Santa la causa della scomparsa del cavallo?
   3. Dove cercava Cosimo il cavallo?
   4. A chi paragona il cavallo l'autore? Perché?
   5. Perché sorride il brigadiere?
   6. Descrivi Alano.
   7. Cosa gli consiglia l'amico di fare?
   8. Secondo te, perché Cosimo rientra con due triglie odorose?
   9. "La Santa intese l'insidia." Che cosa aveva capito Santa?
  10. Descrivi il morello che Cosimo adocchia alla fiera.
  11. Quanto vuole il cavallaro per il morello? Quanto gli offre Cosimo?
  12. "Cedeva." Perché voleva cedere il cavallaro?
  13. Perché ci s'intromisero gli amici?
  14. Perché si avviarono verso la casa di Cosimo?
  15. Perché non può accompagnarli il cavallaro?
  16. Quanti soldi gli amici raccolsero per Cosimo?
  17. Perché è considerato un galantuomo il cavallaro?
  18. Come si chiama il cavallo? Come vuole chiamarlo Cosimo? Che effetto ebbe sul cavallo questo nome?
  19. Secondo gli amici, perché Santa darà le altre trecento lire a Cosimo?
  20. Come mostra la sua intelligenza il cavallo?
  21. Perché mandò un grido Santa?
  22. Cosa fecero gli amici?
  23. Perché è scontento Cosimo?

B. 1. Quale animale preferisci? Perché?
   2. Tieni qualche animale in casa? Quali fastidi e quali piaceri ti dà?

II. La comunicazione spesso si rende più vivace tramite l'uso (ma non l'abuso!) di similitudini, metafore e simili figure retoriche. Nella colonna A sono riportate alcune siffatte locuzioni tratte dal mondo degli animali. Per ciascuna trovane il significato indicato nella colonna B.

Colonna A
1. in bocca al lupo
2. salvare capra e cavoli
3. il calcio dell'asino
4. qui casca l'asino
5. stuzzicare il cane che dorme
6. essere come cani e gatti
7. topo di biblioteca
8. mangiare come un canarino
9. essere quattro gatti
10. non sapere che pesci pigliare
11. cavallo di battaglia
12. a volo d'uccello
13. fare d'una mosca un elefante
14. gatta ci cova
15. essere a cavallo

Colonna B
a. irritare chi potrebbe nuocere
b. compagnia composta di poche persone
c. di sfuggita, rapidamente
d. auguri!
e. essere fuori d'ogni pericolo, d'ogni difficoltà
f. soddisfare a due condizioni apparentemente contraddittorie
g. mangiare pochissimo
h. c'è sotto qualche malizia o inganno
i. ingratitudine
j. trovarsi in continua discordia
k. non sapere come risolvere la situazione
l. persona che passa tutto il giorno sui libri
m. ciò che un artista esegue più volentieri perché in esso mostra meglio la sua abilità
n. esagerare
o. qui è la difficoltà

III. Scegli cinque espressioni dell'esercizio precedente e scrivi una frase che ne dimostri chiaramente il significato.

Esempi:
1. L'opera *Tosca* è il cavallo di battaglia del soprano Renata Tebaldi.
2. Siamo rimasti solo poche ore a Firenze; abbiamo visitato gli Uffizi e Palazzo Pitti a volo d'uccello.

IV. Ricapitoliamo...

Scrivi un riassunto de "Il cavallo morello" in conformità con lo schema seguente.
1. La scomparsa del cavallo

167

2. In cerca di Alano
3. Decisione di comprare il morello
4. Alla fiera
5. Cosimo e il cavallaro
6. All'osteria
7. Il cavallo intelligente
8. Somiglianza tra Moro e Alano
9. Moro = Alano: I cavalli tornano come i gatti

V. I verbi della colonna B indicano le voci degli animali nella colonna A.
Accoppiali opportunamente.

Colonna A
1. la pecora
2. il lupo
3. il cane
4. il gatto
5. il cavallo
6. l'asino
7. il leone
8. il maiale
9. la gallina
10. il bue

Colonna B
a. ragliare
b. mugghiare
c. belare
d. ruggire
e. chiocciare
f. ululare
g. nitrire
h. abbaiare
i. grugnire
j. miagolare

VI. Il mosaico.

Sistema opportunamente nelle sezioni bianche dello schema, i nuclei
quadrangolari stampati a sinistra in modo da ottenere un noto proverbio.

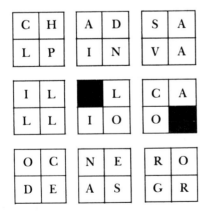
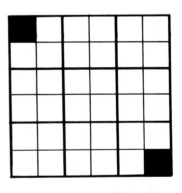

168

La Calabria

Superficie: 15.080 km² ·
Confini: è bagnata a est dal Mare Ionio,
a ovest dal Mare Tirreno, confina a nord con
la Basilicata, lo Stretto di Messina la divide
dalla Sicilia
Province: (3) Catanzaro, Cosenza, Reggio
Calabria
Capoluogo: Catanzaro
Dopo aver consultato una carta geografica
dell'Italia, traccia una cartina della Calabria
indicando le tre province/città.

Corrado Alvaro

Corrado Alvaro nacque a San Luca, borgata
dell'Aspromonte, in provincia di Reggio
Calabria, nel 1895. Figlio di un maestro
elementare piccolo proprietario terriero,
Alvaro iniziò i suoi studi nel paese natale,
per poi continuarli a Catanzaro, Roma,
Napoli e altre città. Si iscrisse alla Facoltà
di Lettere di Milano quando era già sposato
e padre e si laureò nel 1920.

Dopo aver partecipato alla prima guerra
mondiale iniziò l'attività giornalistica
collaborando al *Resto del Carlino,* al
Corriere della sera, al *Mondo* e a *La Stampa.*
Diresse alla caduta del fascismo il *Popolo di
Roma* (dal 25 luglio all'8 settembre 1943) e
nell'immediato dopoguerra il *Risorgimento* di Napoli. Girò come inviato
speciale l'Italia e l'Europa.

Alvaro iniziò la sua carriera letteraria con una raccolta di versi *I Polsi* (1911)
e *Poesie grigioverdi* (1917) ma poi si dette alla letteratura narrativa. Nel 1920
esordì come narratore pubblicando una prima raccolta di racconti intitolata
La siepe e l'orto. Nel 1931 ottenne il premio de *La Stampa* per i due libri
Gente in Aspromonte e *Vent'anni;* nel 1939 gli venne assegnato il premio
dell'Accademia d'Italia per la letteratura e nel 1952 il premio Strega per *Quasi
una vita.* Nel 1944 Corrado Alvaro costituì il Sindacato Nazionale degli
scrittori e ne restò segretario fino alla morte, che avvenne l'11 giugno 1956 a
Roma ove risiedeva ininterrottamente dal 1929.

Nonostante il precoce allontanamento dal meridione, Alvaro ebbe sempre presenti i ricordi del suo paese, che, con la sua gente e le sue suggestioni, i suoi travagli e le sue figure, entrarono nella sua narrativa come elemento auto-biografico: i luoghi e l'infanzia rimasero indelebilmente impressi nella memoria, soprattutto per quanto essi avevano di credenze e strutture semi-primitive.

"Il rubino" è tratto da *Gente in Aspromonte,* racconti in cui Alvaro descrive in chiave lirica la dura condizione dei pastori calabresi.

Tra le opere di Corrado Alvaro ancora disponibili notiamo: (presso Bompiani) *L'amata alla finestra, Belmoro, Domani, L'età breve, Itinerario italiano, Lunga notte di Medea, Il mare, La moglie — I quaranta racconti, Il nostro tempo e la speranza, Quasi una vita, Settantacinque racconti, Tutto è accaduto, Ultimo diario, L'uomo è forte e Vent'anni;* (presso Garzanti) *Gente in Aspromonte;* (presso Mondadori) *L'età breve.*

Il rubino

Corrado Alvaro

Le cronache dei giornali registravano° uno di quei fatti che per una giornata sommuovono° una città e fanno il giro del mondo:[1] un rubino della grossezza d'una nocciuola,[2] un gioiello celebre che portava un nome famoso, che si diceva di un valore spropositato, era scomparso.[3] Lo portava come ornamento un principe indiano che si trovava in visita in° una metropoli dell'America del Nord. Egli si era accorto di averlo perduto subito dopo un viaggio fatto in un'auto di piazza, che lo aveva depositato in incognito in un albergo suburbano, sfuggendo alla sorveglianza° del suo seguito° e della polizia. Furono mobilitati gli agenti investigativi, la città intera si destò° la mattina seguente sotto l'impressione di quella perdita,° e fino a mezzogiorno molti s'illusero° di trovare sulla loro strada il famoso gioiello. Cadde sulla città una di quelle ventate° di ottimismo e di delirio, quando il senso della ricchezza di uno fa più ricche le speranze di tutti. Il principe, nella deposizione° che fece alla polizia, fu reticente,° ma escluse che la persona con cui aveva viaggiato potesse essersi resa responsabile di quella perdita. Perciò non doveva essere ricercata. Il conduttore° del veicolo si presentò per attestare° che aveva accompagnato l'indiano col suo turbante° prezioso in compagnia di una donna, affermando di averli lasciati davanti a un albergo suburbano. Egli affermava che la donna era una bianca, e che la sola cosa che la distingueva era un magnifico brillante,° della grandezza di un pisello, che ella portava incastrato° alla narice° sinistra, secondo la consuetudine di alcune

registravano: raccontavano
sommuovono: sconvolgono

si trovava in visita in: visitava

sfuggendo alla sorveglianza: *escaping the close watch*
seguito: *retinue*
si destò: si svegliò
perdita: *loss*
s'illusero: speravano

ventate: *waves*

deposizione: *statement*
fu reticente: non disse molto

il conduttore: l'autista
attestare: affermare
turbante: *turban*

brillante: diamante
incastrato: *embedded*
narice: *nostril*

[1] fanno il giro del mondo: si diffondono per tutto il mondo
[2] della grossezza di una nocciuola: grosso quanto una nocciuola
[3] un gioiello celebre che portava un nome famoso, che si diceva di un valore spropositato, era scomparso: un gioiello rinomato che aveva un nome molto noto, il quale sarebbe stato di un valore straordinario, era stato perduto

ricche indiane. Questo particolare sviò° per un momento l'attenzione del pubblico dal rubino perduto, aggiungendo curiosità a curiosità.

Il conduttore del veicolo, dopo aver visitato accuratamente l'interno della vettura, fece il calcolo delle persone che aveva accompagnato durante le prime ore di quella mattina: un uomo indaffarato,[4] uno straniero che aveva accompagnato fino al porto e che evidentemente s'imbarcava° per l'Europa, una donna. Lo straniero, riconoscibile per un italiano, era uscito da una di quelle case dove si uniscono a vita comune gli emigranti; questa persona portava un paio di pantaloni larghi come amano esagerare gli emigranti, le scarpe gibbose° e tozze° che si usano ormai soltanto fra gente di quella condizione, un cappello duro su un viso sbarbato,° magro, seminato di rughe.° Come bagaglio aveva una valigia pesante la cui chiusura era assicurata da una grossa fune,° e un altro involto° pesantissimo che pareva una scatola di acciaio.° Egli era partito il giorno stesso. Ma l'idea di quest'individuo si cancellò subito dalle ricerche, perché lo straniero aveva l'aria di viaggiare per la prima volta in un'auto di piazza, non sapeva neppure chiudere lo sportello,° e si era tenuto sempre accosto° al finestrino davanti, forse per non essere proiettato all'indietro dalla corsa, e osservava attentamente le strade, come fanno quelli che lasciano una città sapendo di lasciarla forse per sempre. L'attenzione del conduttore si fissò° invece sull'uomo che, uscendo dall'alberghetto suburbano, aveva presa la vettura° subito dopo il principe, e si era fatto portare nel quartiere dei lavoratori italiani, dove poi lo straniero aveva preso posto. Quel viaggiatore, di cui diede i connotati,° e che doveva essere uno della città, fu cercato inutilmente. Del resto, il fatto che egli non si facesse vivo° agli appelli dei giornali e alla promessa di una forte mancia,° dimostrava a rigor di logica che era stato lui a impadronirsi° del famoso gioiello. Ma trattandosi di un oggetto riconoscibilissimo, celebre in tutto il mondo, si sperava che un giorno o l'altro sarebbe riapparso.

L'emigrante che tornava a casa sua, in un paese dell'Italia meridionale, dopo cinque anni di assenza, non seppe mai nulla di questa storia. Egli rimpatriava° con

sviò: distrasse

s'imbarcava: partiva

gibbose: *curved*
tozze: grosse e larghe
sbarbato: senza barba
seminato di rughe: *full of wrinkles*
fune: corda
involto: pacco
acciaio: *steel*

lo sportello: *car door*
accosto: vicino

si fissò: si concentrò

la vettura: l'auto

i connotati: *personal characteristics*
si facesse vivo: rispondesse
mancia: *reward*
impadronirsi: impossessarsi

rimpatriava: *returned to his native land*

---

[4] un uomo indaffarato: un uomo che ha, e che si dà, molto da fare

un bagaglio dei più singolari, per quanto gli emigranti ci abbiano abituati alle cose più strane. Una valigia di cuoio finto,° che egli credeva vero, conteneva la sua casacca° turchina° da fatica,[5] ben pulita e stirata, dodici penne stilografiche che egli si riprometteva di vendere alla gente del suo paese, dimenticando che si trattava di mandriani,° e che non più di sei borghesi adoperavano penna e calamaio,° inoltre alcune posate° con uno stemma,° una macchinetta per tosare° di cui si era servito per tagliare i capelli ai suoi compagni di lavoro, un oggetto di metallo di cui non conosceva l'uso e lo scopo, che aveva forma di pistola e non sparava, dodici tappeti di tela cerata° e qualche oggetto per far figura e per regalo alla moglie, al figlio, agli amici. Il bagaglio pesante era una cassaforte° di acciaio, usata, che si apriva con un meccanismo in cui bisognava comporre una parola di sei lettere e la parola questa volta era: Annina. Quanto a contanti,° portava mille dollari, di cui trecento doveva restituirli° a chi glieli aveva prestati pel viaggio. In un taschino° del gilè° portava un pezzo di cristallo rosa, grande come una nocciuola, sfaccettato,° trovato per caso nella vettura che lo aveva accompagnato al porto, e di cui non sapeva l'uso. Lo aveva trovato ficcando° le mani dietro il cuscino° della vettura.° Lo prese per un amuleto° della sua vita avvenire,° e forse lo avrebbe fatto legare come ciondolo° alla catena dell'orologio. Era strano che non fosse forato,° e quindi non poteva essere neppure una delle tante pietre grosse che si adoperano per le collane delle signore nelle città. Quando uno lascia un paese, tutte le cose acquistano prima della partenza un valore straordinario di ricordo, e ci fanno pregustare la lontananza e la nostalgia. Così gli fu caro questo pezzo di cristallo, gelido° a toccarlo, abbastanza lucente e limpido, come se fosse vuoto dentro, e vi fosse del rosolio,[6] come nei confetti.

Quest'uomo, intorno agli elementi che possedeva, aveva stabilito° il suo negozio. La cassaforte attaccata al muro, il banco per la vendita,° le penne stilografiche in una scatola, le posate con lo stemma, i tappeti di tela cerata esposti, quelli dove è raffigurata la statua della Libertà e agli angoli portano i ritratti dei fondatori dell'indipendenza americana, il tutto a puntini bianchi

cuoio finto: *imitation leather*

casacca: *cloak*

turchina: *deep blue*

mandriani: *herdsmen*

calamaio: *inkwell*

posate: *silverware*

uno stemma: *a coat of arms*

tosare: *to shear*

tela cerata: *oilskin*

una cassaforte: *a safe*

contanti: *cash*

restituirli: darli

un taschino: *a (waist coat) pocket*

gilè: *vest*

sfaccettato: *faceted*

ficcando: mettendo

il cuscino: *the cushion*

vettura: macchina

un amuleto: *a charm*

avvenire: futura

ciondolo: *pendant*

forato: *pierced*

gelido: freddo

stabilito: *set up*

il banco per la vendita: *the sales counter*

---

[5] da fatica: che portava mentre lavorava
[6] rosolio: *a liqueur or cordial made with many different flavourings*

e azzurri. Tutte queste cose le aveva radunate° paziente- radunate: raccolte
mente in cinque anni, pensando al suo ritorno, e sce-
gliendo le cose che sarebbero apparse più strane in un
paese come il suo, per quanto potesse scegliere fra le
occasioni di roba usata che gli offrivano, proveniente
non si sa di dove, ma che fa un gran giro fra le mani
degli emigranti.

Ora sarebbe divenuto negoziante di generi misti,
dopo essere partito bracciante,° e la prima idea del bracciante: *labourer*
negozio gliel'aveva data la cassaforte. Si sarebbe detto
che avesse scelto tale mestiere° proprio perché pos- mestiere: *trade*
sedeva una cassaforte. Si sentiva quasi ricco, poiché i
denari che aveva in tasca erano denari forestieri che col
cambio° aumentavano. Calcolando mentalmente cambio: *exchange rate*
quanti erano, il suo pensiero si perdeva volentieri in
cifre ad ogni minuto diverse. Provava un piacere infantile a toccare nel taschino quel cristallo rosa, e comin-
ciava a crederlo un portafortuna.° Era uno di quegli un portafortuna: *a goodluck charm*
oggetti senza utilità, che rimangono tutta la vita con
noi, di cui nessuno ha la forza di disfarsi,° e che fini- disfarsi: *to get rid of*
scono a diventare compagni di vite intere se non di
intere generazioni. Molte cose importanti si perdono,
tenute ben custodite e nascoste, ma questi oggetti non si
perdono mai, e qualche volta vi pensiamo. Quest'oggetto ora, a pochi giorni di distanza, gli ricordava
quella giornata di partenza, l'interno di quella vet-
tura, le strade che si arrotolavano° lentamente come si arrotolavano: *rolled up*
scenari° dopo una rappresentazione, e diventavano scenari: *stage sets*
ricordi di cose lontane.

Egli mise il negozio in una parte del paese abitata dai
contadini e dai mandriani, in alto. Quindici giorni
dopo il suo arrivo, il pianterreno° di una casupola° era il pianterreno: *the groundfloor*
mobiliato° con un lungo banco, uno scaffale° dove una casupola: *a hovel*
avevano trovato posto i pacchi turchini della pasta, la mobiliato: *furnished*
cotonina turchina per le massaie, da un canto un barile uno scaffale: *a shelf*
di vino su due trespoli° e un coppo d'olio.° Accanto al trespoli: *trestles*
banco era murata° la cassaforte, ed egli provava un gran un coppo d'olio: *an oil jar*
piacere ad aprirla in presenza alla gente. In questa murata: *walled*
cassaforte era il libro dei conti e lo scartafaccio° delle lo scartafaccio: *notebook*
merci vendute a credito, da pagarsi al tempo del
raccolto° o della vendita delle bestie.° Il negozio raccolto: *harvest*
acquistò lentamente l'aspetto di tutti i negozi, con bestie: *livestock*
l'odore delle merci, i segni fatti col gesso° dalla moglie gesso: *chalk*
sulle pareti, per ricordarsi delle cose date a creito,
perché non sapeva scrivere. Invece il figliolo, che
andava a scuola, cominciò a tracciare° sul registro i tracciare: scrivere

174

nomi dei clienti, e qualche volta faceva assennata-
mente° la guardia alla bottega, nei pomeriggi caldi,
quando non c'era altro traffico che quello della neve
per i signori che si svegliavano dal sonno pomeridiano.°

Lentamente le lunghe scarpe americane si erano
aggrinzite° ai piedi della moglie che aveva acquistata
l'aria soddisfatta e meticolosa delle bottegaie,° la stoffa
nuova che il marito aveva portato era andata a finire fra
gli stracci,° e soltanto il cappello duro di lui era quasi
nuovo nell'armadio. I tappeti di tela cerata erano stati
dati in regalo alle famiglie importanti, e quanto alle
penne stilografiche nessuno le aveva volute. Qualcuno
le aveva rotte maneggiandole,° e i pezzi stavano nella
cassaforte. Il padrone della bottega aveva, in fondo,
l'animo di un ragazzo, perché pensava spesso che i
pennini di quelle stilografiche fossero d'oro, e li teneva
cari come il ragazzo tien cara la stagnola° delle cioc-
colate. Conservava anche un giornale scritto in inglese,
lo aveva sempre risparmiato,° anche quando ne aveva
avuto bisogno per incartare° le merci. Talvolta si metteva a osservarlo, e le figurine delle pagine di pubblicità gli facevano rivedere la gente che fumava le
sigarette col bocchino° d'oro, le ragazze, i grammofoni,° la vita dei quartieri centrali dove talvolta si
avventurava.

Quanto alla pallina di cristallo, se ne ricordò un
giorno, e la diede al figliolo che ci giocasse coi compagni il giorno di Natale. In quest'epoca, serve ai
ragazzi una nocciolina più pesante per tirare contro i
castelli fatti di nocciuole e buttarli giù e vincerli; di
solito se ne prende una un po' grossa, la si vuota
pazientemente attraverso un forellino,° poi la si carica
con alcuni grani di piombo da caccia.[7] Questa di
cristallo andava bene, era pesante, e colpiva nel segno.
Un altro giocava con una pallina di vetro° di quelle che
si trovano nelle boccette delle gazose,° che sono tonde;
ma il figlio del negoziante sosteneva che fosse più bella
la sua perché veniva dall'America e perché era rossa. La
teneva molto cara, come fanno i ragazzi, che non
perdono mai queste cose. Il padre pensava spesso,
vedendo quest'oggetto che serviva di giocattolo al suo
ragazzo, alle sue illusioni di quando viaggiava pel

assennatamente: con giudizio

pomeridiano: del pomeriggio

aggrinzite: *shrivelled up*

bottegaie: *shopkeepers*

gli stracci: *the rags*

maneggiandole: *handling them*

la stagnola: *the silver wrapping paper*

risparmiato: *saved*

incartare: *to wrap*

bocchino: *cigarette holder*

i grammofoni: i giradischi

un forellino: *a little hole*

vetro: *glass*

gazose: *carbonated drinks*

---

[7] grani di piombo da caccia: pallottoline di piombo

mondo, e il mondo gli pareva pieno di preziose cose perdute che i fortunati ritrovano. Per questo aveva sempre frugato° dove gli capitava, sotto i materassi° dei lettucci nel vapore,° dietro i cuscini di cuoio degli autobus; non aveva mai trovato nulla. Sì, una volta soltanto, aveva trovato cinque dollari per istrada,° e, se lo ricordava sempre, quel giorno pioveva.

frugato: cercato

i materassi: *the mattresses*

vapore: nave a vapore

istrada: = strada

Da *Gente in Aspromonte*
Milano, Aldo Garzanti Editore

Esercizi

I. Rispondi oralmente o per iscritto.

A.   1. Che notizia portavano i giornali?
      2. Descrivi il gioiello.
      3. Perché cadde nella città una ventata di ottimismo e di delirio?
      4. Chi erano i passeggeri?
      5. Descrivi lo straniero.
      6. Perché era logico supporre che fosse stato lo straniero a impadronirsi del rubino?
      7. Con quali oggetti rimpatriava?
      8. "In un taschino del gilè portava un pezzo di cristallo rosa." Perché gli era caro questo pezzo di cristallo?
      9. "Ora sarebbe divenuto negoziante di generi misti." Che cosa gli diede questa idea?
    10. Descrivi il negozio.
    11. Che fine fecero gli oggetti americani?
    12. Perché il figlio teneva molto cara la pallina di cristallo?
    13. Come pareva il mondo all'ex-emigrante?
    14. Qual è il risultato di questo suo modo di pensare?

B.   1. Hai perduto mai qualcosa? Quando? Dove? Che valore aveva?
      2. Se avessi mille dollari, come li spenderesti?
      3. Se avessi trovato il rubino, cosa avresti fatto?

II. Metti le frasi seguenti nel corretto ordine narrativo.

    1. Lo straniero era un italiano che ritornava al suo paese dopo cinque anni di assenza.
    2. Un principe indiano aveva perduto un rubino durante un viaggio fatto in un'auto di piazza.

3. Il figlio la teneva molto cara perché veniva dall'America e perché era rossa.

4. Provava un piacere infantile a toccare nel taschino quel cristallo rosa e cominciava a crederlo un portafortuna.

5. Era un rubino della grossezza di una nocciuola, di un valore spropositato.

6. Lo diede al figliuolo per giocare perché le noccioline più pesanti tirano bene contro i castelli e questa di cristallo colpiva nel segno.

7. Oltre il principe, quella mattina, il conduttore aveva accompagnato tre passeggeri: un uomo indaffarato, uno straniero che s'imbarcava per l'Europa e una donna.

8. Rimpatriò con una valigia di cuoio, altri oggetti vari e un oggetto di cristallo rosa, trovato nella vettura che lo aveva accompagnato al porto.

III. Scrivi un annuncio da inserire nella colonna "Oggetti smarriti" di un quotidiano italiano. Da' una descrizione dettagliata del rubino, menziona chi lo ha perduto, dove e quando è stato perduto, il valore, la ricompensa promessa alla persona che lo trova.

IV. Immagina di trovarti in Italia. Dopo aver pranzato in un ristorante di lusso ti accorgi che hai perso tutti gli assegni per viaggiatori e non hai soldi per pagare il conto. Inventa un dialogo tra te e il cameriere.

V. Scrivi un riassunto de "Il rubino" in conformità con lo schema seguente.

1. La perdita del rubino
2. Sogni di ricchezza
3. Il conduttore dell'auto
4. I passeggeri
5. Lo straniero
6. Il ritorno dell'emigrante
7. La scoperta del gioiello
8. Valore del gioiello
9. Il negozio
10. La fine degli oggetti "americani"
11. "Filosofia" del padre

VI. Temi

Svolgi uno dei temi seguenti.
1. La perdita del rubino
2. La perdita di un oggetto di valore

La Sicilia

Superficie: 25.708 km² (la più vasta regione d'Italia)
Confini: lo Stretto di Messina la divide dalla Calabria, è bagnata da tre mari: il Mare Tirreno a Nord, lo Ionio a est e il Mar di Sicilia a sud
Province: (9) Agrigento, Caltanissetta, Catania, Enna, Messina, Palermo, Ragusa, Siracusa, Trapani
Capoluogo: Palermo
Dopo aver consultato una carta geografica dell'Italia, traccia una cartina della Sicilia indicando le nove province/città.

Leonardo Sciascia

Saggista e narratore, Leonardo Sciascia è nato a Racalmuto, in provincia d'Agrigento, l'8 gennaio 1921. Ha frequentato le scuole magistrali a Caltanissetta, ove ebbe, tra i docenti che gli appresero le ragioni morali dell'antifascismo, Vitaliano Brancati. Ha insegnato nelle scuole elementari fino al 1957 e si dedicò poi solo alla narrativa, pubblicando via via le sue maggiori opere. Dalla sua dura esperienza di maestro elementare nacque la denuncia di *Le parrocchie di Regalpetra* (1956) che lo fece conoscere al pubblico e alla critica. Le sue prime opere, *Favole della dittatura* (1950), *La Sicilia, il suo cuore* (1952), hanno per sfondo la storia civile, morale e sociale della Sicilia in un contesto narrativo che denunzia responsabilità e suggerisce giudizi.

Tutta la narrativa dello Sciascia ruota attorno alla realtà siciliana: è una denuncia in nome della ragione contro le insidie dell'antiragione. Dal tempo del suo debutto letterario, Sciascia ha continuato nella scoperta della realtà della sua terra d'origine, sia approfondendone i temi, sia interessandosi ad un fenomeno importante e significativo come quello della mafia con *Il giorno della civetta* (1961), *A ciascuno il suo* (1966), *Il contesto* (1971). Si è dimostrato valente saggista con la pubblicazione del volume *Pirandello e la*

Sicilia nel 1961. Nel 1963, Sciascia ha ottenuto il premio Pirandello, nel 1956 il premio Crotone e nel 1957 quello della Libera Stampa.

Da molti suoi libri (*Il giorno della civetta, Il contesto, Todo modo, A ciascuno il suo*) sono stati tratti film che Sciascia, però, nemmeno si cura di andare a vedere. Un'edizione scolastica di *A ciascuno il suo*, curata da Iole Fiorillo Magri, ad uso di studenti di lingua inglese è stata pubblicata negli Stati Uniti dalla casa editrice Houghton Mifflin (1976).

"Western di cose nostre" apparse per la prima volta sul *Corriere della sera;* fu pubblicato successivamente nel volume *Il mare colore del vino* (1973).

Sciascia vive ora a Palermo, sposato: ha due figlie ed è nonno.

Tra le opere dello Sciascia da segnalare tuttora disponibili sono: (presso Einaudi) *A ciascuno il suo, Il consiglio d'Egitto, Il contesto — Una parodia, Corda pazza — Scrittori e cose della Sicilia, Il giorno della civetta, Il mare colore del vino, La scomparsa di Majorana, Todo modo, Gli zii di Sicilia;* (presso Emme) *Il fuoco e il mare;* (presso Laterza) *Le parrocchie di Regalpetra — Morte dell'inquisitore;* (presso Sciascia) *Jaki, Pirandello e la Sicilia, Santo Marino.*

Western di cose nostre

Leonardo Sciascia

Un grosso paese, quasi una città, al confine tra le province di Palermo e Trapani. Negli anni della prima guerra mondiale. E come se questa non bastasse, il paese ne ha una interna: non meno sanguinosa,° con una frequenza di morti ammazzati pari a° quella dei cittadini che cadono sul fronte. Due cosche° di mafia sono in faida° da lungo tempo. Una media° di due morti al mese. E ogni volta, tutto il paese sa da quale parte è venuta la lupara° e a chi toccherà la lupara di risposta. E lo sanno anche i carabinieri. Quasi un giuoco, e con le regole di un giuoco. I giovani mafiosi che vogliono salire, i vecchi che difendono le loro posizioni. Un gregario° cade da una parte, un gregario cade dall'altra. I capi stanno sicuri: aspettano di venire a patti.° Se mai, uno dei due, il capo dei vecchi o il capo dei giovani, cadrà dopo il patto, dopo la pacificazione: nel succhio[1] dell'amicizia.

Ma ecco che ad un punto la faida si accelera, sale per i rami° della gerarchia.° Di solito, l'accelerazione ed ascesa della faida manifesta, da parte di chi la promuove, una volontà° di pace: ed è il momento in cui, dai paesi vicini, si muovono i patriarchi[2] a intervistare le due parti, a riunirle, a convincere i giovani che non possono aver tutto e i vecchi che tutto non possono tenere. L'armistizio,° il trattato.° E poi, ad unificazione avvenuta,° e col tacito° e totale assenso° degli unificati, l'eliminazione di uno dei due capi: emigrazione° o giubilazione° o morte. Ma stavolta non è così. I patriarchi arrivano, i delegati delle due cosche si incontrano: ma intanto, contro ogni consuetudine° e aspettativa,° il ritmo delle esecuzioni continua; più concitato,° anzi, e implacabile. Le due parti si accusano, di fronte ai patriarchi, reciprocamente di slealtà.° Il paese

sanguinosa: bloody

pari a: uguale a

cosche: organizzazioni mafiose
faida: feud
una media: an average
la lupara: the sawn-off shotgun

un gregario: un membro

venire a patti: trovare un accordo

i rami: the branches
gerarchia: hierarchy
una volontà: un desiderio

l'armistizio: armistice
il trattato: the treaty
avvenuta: realizzata
tacito: silenzioso
assenso: consenso
emigrazione: banishment
giubilazione: retirement
consuetudine: abitudine
aspettativa: attesa
concitato: excited
slealtà: mancanza di senso dell'onore

---

[1] succhio: si dice soprattutto l'umore *(sap)* delle piante. Dunque, "nel succhio dell'amicizia": mentre l'amicizia era al colmo

[2] i patriarchi: sono i vecchi della mafia ormai "in pensione"

180

non capisce più niente, di quel che sta succedendo. E anche i carabinieri. Per fortuna i patriarchi sono di mente fredda,° di sereno giudizio. Riuniscono ancora una volta le due delegazioni, fanno un elenco° delle vittime degli ultimi sei mesi e «questo l'abbiamo ammazzato noi», «questo noi», «questo noi no» e «noi nemmeno», arrivano alla sconcertante° conclusione che i due terzi sono stati fatti fuori[3] da mano estranea° all'una e all'altra cosca. C'è dunque una terza cosca segreta, invisibile, dedita° allo sterminio° di entrambe° le cosche quasi ufficialmente esistenti? O c'è un vendicatore isolato, un lupo° solitario, un pazzo che si dedica allo sport di ammazzare mafiosi dell'una e dell'altra parte? Lo smarrimento[4] è grande. Anche tra i carabinieri: i quali, pur raccogliendo i caduti° con una certa soddisfazione (inchiodati° dalla lupara quei delinquenti che mai avrebbero potuto inchiodare con prove), a quel punto, con tutto il da fare che avevano coi disertori, aspettavano e desideravano che la faida cittadina si spegnesse.°

I patriarchi, impostato il problema[5] nei giusti termini, ne fecero consegna° alle due cosche perché se la sbrigassero° a risolverlo: e se la svignarono,° poiché ormai nessuna delle due parti, né tutte e due assieme, erano in grado di° garantire la loro immunità. I mafiosi del paese si diedero a° indagare;° ma la paura, il sentirsi oggetto di una imperscrutabile° vendetta o di un micidiale° capriccio,° il trovarsi improvvisamente nella condizione in cui le persone oneste si erano sempre trovate di fronte a loro, li confondeva e intorpidiva.° Non trovarono di meglio che sollecitare i° loro uomini politici a sollecitare i carabinieri a un'indagine° seria, rigorosa, efficiente: pur nutrendo° il dubbio che appunto° i carabinieri, non riuscendo ad estirparlo° con la legge, si fossero dati a° quella caccia più tenebrosa e sicura. Se il governo, ad evitare la sovrappopolazione,° ogni tanto faceva spargere il colera, perché non pensare che i carabinieri si dedicassero ad una segreta eliminazione dei mafiosi?

Il tiro a bersaglio° dell'ignoto,° o degli ignoti, continua. Cade anche il capo della vecchia cosca. Nel paese è

---

[3] sono stati fatti fuori: sono stati uccisi
[4] lo smarrimento: lo stato di confusione o turbamento mentale
[5] impostato il problema: avendo determinato gli elementi fondamentali del problema

fredda: priva di calore umano
un elenco: *a list*

sconcertante: *disturbing*
estranea: *unknown*

dedita: *dedicated*
sterminio: uccisione totale
entrambe: tutte e due
un lupo: *a wolf*

i caduti: i morti
inchiodati: uccisi

si spegnesse: terminasse

ne fecero consegna: lo diedero
se la sbrigassero: *they manage*
se la svignarono: se ne andarono di nascosto
in grado di: capaci di
si diedero a: cominciarono a
indagare: investigare
imperscrutabile: *impenetrable*
micidiale: *deadly*
capriccio: *whim*
intorpidiva: *was numbing*
sollecitare i: chiedere con insistenza ai
un'indagine: un'investigazione
nutrendo: *nourishing*
appunto: precisamente
estirparli: farli scomparire
si fossero dati a: avessero incominciato
la sovrappopolazione: *overpopulation*

il tiro a bersaglio: *the hunt (lit., the target shooting)*
dell'ignoto: dello sconosciuto

un senso di liberazione e insieme di sgomento.° I carabinieri non sanno dove battere la testa.° I mafiosi sono atterriti.° Ma subito dopo il solenne funerale del capo, cui fingendo° compianto° il paese intero aveva partecipato, i mafiosi perdono quell'aria di smarrimento, di paura. Si capisce che ormai sanno da chi vengono i colpi e che i giorni di costui sono contati.° Un capo è un capo anche nella morte: non si sa come, il vecchio morendo era riuscito a trasmettere un segno, un indizio;° e i suoi amici sono arrivati a scoprire l'identità dell'assassino. Si tratta di una persona insospettabile°: un professionista serio, stimato;° di carattere un po' cupo,° di vita solitaria; ma nessuno nel paese, al di fuori dei mafiosi che ormai sapevano, l'avrebbe mai creduto capace di quella caccia° lunga, spietata° e precisa che fino a quel momento aveva consegnato alle necroscopie° tante di quelle persone che i carabinieri non riuscivano a tenere in arresto per più di qualche ora. E i mafiosi si erano anche ricordati della ragione per cui, dopo tanti anni, l'odio di quell'uomo contro di loro era esploso freddamente, con lucido calcolo e sicura esecuzione. C'entrava, manco a dirlo,° la donna.

Fin da quando era studente, aveva amoreggiato° con una ragazza di una famiglia incertamente° nobile ma certamente ricca. Laureato,[6] nella fermezza° dell'amore che li legava, aveva fatto dei passi presso i familiari di lei per arrivare al matrimonio. Era stato respinto°: ché° era povero, e non sicuro, nella povertà da cui partiva, il suo avvenire° professionale. Ma la corrispondenza con la ragazza continuò; più intenso si fece il sentimento di entrambi di fronte alle difficoltà da superare.° E allora i nobili e ricchi parenti della ragazza fecero appello° alla mafia. Il capo, il vecchio e temibile° capo, chiamò il giovane professionista: con proverbi ed essempli° tentò di° convincerlo a lasciar perdere; non riuscendo con questi, passò a minacce° dirette. Il giovane non se ne curò; ma terribile impressione fecero alla ragazza. La quale, dal timore che la nefasta° minaccia si realizzasse forse ad un certo punto passò alla pratica valutazione che quell'amore era in ogni caso impossibile: e convolò a nozze° con uno del suo ceto.° Il giovane si incupì,° ma non diede segni di disperazione o di rabbia. Cominciò, evidentemente, a

sgomento: ansia e spavento
dove battere la testa: cosa fare
atterriti: *frightened*
fingendo: *feigning*
compianto: *grief*

sono contati: *are numbered*

un indizio: *a clue*
insospettabile: *above suspision*
stimato: rispettato
di carattere un po' cupo: *gloomy*
caccia: *hunt*
spietata: senza compassione
necroscopie: autopsie

manco a dirlo: *needless to say*
amoreggiato: *flirted*
incertamente: *doubtfully*
nella fermezza: convinto

respinto: *rejected*
ché: perché
avvenire: futuro

superare: vincere
fecero appello: chiesero aiuto
temibile: *to be feared*
essempli: *examples*
tentò di: cercò di
minacce: *threats*

nefasta: *ominous*

convolò a nozze: si sposò
ceto: *class*
si incupì: diventò triste

---

6 laureato: dopo che si fu laureato, *after he got a degree*

preparare la sua vendetta.

Ora dunque i mafiosi l'avevano scoperto. Ed era condannato. Si assunse l'esecuzione[7] della condanna il figlio del vecchio capo: ne aveva il diritto per il lutto° recente e per il grado del defunto° padre. Furono studiate accuratamente le abitudini del condannato, la topografia della zona in cui abitava e quella della sua casa. Non si tenne però conto del fatto[8] che ormai tutto il paese aveva capito che i mafiosi sapevano: erano tornati all'abituale tracotanza,° visibilmente non temevano più l'ignoto pericolo. E l'aveva capito prima d'ogni altro il condannato.

Di notte, il giovane vendicatore uscì di casa col viatico° delle ultime raccomandazioni materne. La casa del professionista non era lontana. Si mise in agguato[9] aspettando che rincasasse;° o tentò di entrare nella casa per sorprenderlo nel sonno; o bussò e lo chiamò aspettandosi che comparisse ad una data finestra, a un dato balcone. Fatto ta che colui che doveva essere la sua vittima, lo prevenne,° lo aggirò.° La vedova del capo, la madre del giovane delegato° alla vendetta, sentì uno sparo°: credette la vendetta consumata,° aspettò il ritorno del figlio con un'ansia che dolorosamente cresceva ad ogni minuto che passava. Ad un certo punto ebbe l'atroce rivelazione di quel che era effettivamente accaduto. Uscì di casa: e trovò il figlio morto davanti alla casa dell'uomo che quella notte, nei piani° e nei voti,° avrebbe dovuto essere ucciso. Si caricò del° ragazzo morto, lo portò a casa: lo dispose sul letto e poi, l'indomani, disse che su quel letto era morto, per la ferita° che chi sa dove e da chi aveva avuto. Non una parola, ai carabinieri, su chi poteva averlo ucciso. Ma gli amici capirono, seppero, più ponderatamente° prepararono la vendetta.

Sul finire° di un giorno d'estate, nell'ora che° tutti stavano in piazza a prendere il primo fresco della sera, seduti davanti ai circoli, ai caffè, ai negozi (e c'era anche, davanti a una farmacia, l'uomo che una prima volta era riuscito ad eludere la condanna), un tale si diede ad avviare° il motore di un'automobile. Girava° la manovella°: e il motore rispondeva con violenti

il lutto: *mourning*

defunto: *late*

tracotanza: insolenza

viatico: conforto

rincasasse: ritornasse a casa

lo prevenne: *anticipated his actions*

aggirò: evitò

delegato alla: *entrusted with the*

uno sparo: *a shot*

consumata: *fulfilled*

piani: progetti

voti: *vows*

si caricò del: prese

la ferita: *the wound*

ponderatamente: con riflessione

sul finire: verso la fine

che: in cui

avviare: *to start*

girava: *he was turning*

la manovella: *the handle*

---

[7] si assunse l'esecuzione: si impegnò a compiere l'esecuzione

[8] non si tenne però conto del fatto: *they did not take into account the fact*

[9] si mise in agguato: *he lay in wait*

raschi° di ferraglia° e un crepitio° di colpi che somigliava a quello di una mitragliatrice.° Quando il fra-
stuono° si spense,° davanti alla farmacia, abbandonato
sulla sedia, c'era, spaccato il cuore da un colpo di
moschetto,° il cadavere dell'uomo che era riuscito a
seminare° morte e paura nei ranghi° di una delle più
aguerrite° mafie della Sicilia.

Da *Il mare colore del vino*
Torino, Giulio Einaudi Editore

raschi: *gratings*

ferraglia: *old and rusty machine*

un crepitio: *a rattle*

una mitragliatrice: *a machine gun*

il frastuono: il rumore

si spense: cessò

moschetto: *musket*

seminare: *to sow*

ranghi: *ranks*

aguerrite: forti

Esercizi

I. Rispondi oralmente o per iscritto.

A. 1. Dove e quando hanno luogo gli avvenimenti di questo racconto?
    2. Che cosa accade in paese ogni mese?
    3. A che cosa si attribuisce generalmente la faida delle due cosche?
    4. Perché intervengono i patriarchi?
    5. "Ma stavolta non è così." Perché?
    6. "Per fortuna i patriarchi sono di mente fredda, di sereno giudizio."
       Come dimostrano la "mente fredda" e il "sereno giudizio" i
       patriarchi?
    7. Perché è grande lo smarrimento?
    8. A chi si rivolgono le due cosche per sollecitare i carabinieri a
       un'indagine seria?
    9. Perché vi è un senso di liberazione e insieme di sgomento in paese
       quando cade il capo della vecchia cosca?
    10. Come dimostra il capo di essere capo anche nella morte?
    11. Chi era l'assassino?
    12. "I mafiosi si erano anche ricordati della ragione." Spiega brevemente
        quale ragione aveva spinto il professionista a commettere quei
        delitti.
    13. Chi si assunse l'esecuzione della condanna? Perché?
    14. "Si mise in agguato aspettando che rincasasse." Quale fu il risultato
        di questo agguato?
    15. Che fine fa il professionista?

B. 1. A tuo parere, perché è adatto il titolo del racconto?

184

II. Da ogni riga cancella le lettere formanti il vocabolo a cui si riferisce il sinonimo o la definizione. Le lettere rimaste daranno la terribile apostrofe di Rigoletto nel melodramma omonimo di Francesco Maria Piave, il capolavoro musicale di Giuseppe Verdi. Quindi inserisci le lettere nelle lineette (una lettera per lineetta).

1. organizzazione
   mafiosa   1. s c i o v s e n c d e a t t a t
2. silenzioso   2. t r e a m e n c d a i v e n t o
3. accaduta   3. a d e v t v t e a n d u i q t a
4. mancanza di
   senso dell'onore 4. u s l e e s t a a l n i t m a a e
5. privo di calore
   umano   5. s o l f o r d e e s d i o d d o i
6. uccisione totale 6. s p u n t i e r r m t i n i o i
7. investigare   7. i g i n a l d o a r a g a s r a e
8. precisamente   8. f a f r e p p t t u a n c t h o
9. sconosciuto   9. e i f a g t a n l e o p t e r o
10. rispettato   10. t e s t t u o n i e m r a a t o

Apostrofe di Rigoletto:

— ´ , — — — — — — — , — — — — — — — — — — — — — ,

— — — — — — — ' — — — — — ´ — — — — — — — — — ...

— — — — — — — — — — — ´ — ' — — — — ' — — — — — — — — ,

— ´ !

III. Ricapitoliamo...

Scrivi un riassunto di "Western di cose nostre" in conformità con lo schema seguente.
1. La faida tra le due cosche
2. L'intervento dei patriarchi
3. Gli omicidi continuano
4. Morte del capo della vecchia cosca
5. Identità dell'assassino
6. Ragione degli omicidi
7. Progetti di vendetta (da parte del figlio del capo)
8. Vendetta non eseguita
9. Nuovi progetti degli amici

IV. Parliamone insieme...

Fa' delle ricerche su uno dei temi seguenti.
1. La mafia in Sicilia (origini, ragioni, ecc.)
2. La mafia in America (origini, ragioni, ecc.)
3. La rappresentazione della mafia in film recenti
4. Scrittori che trattano il tema della mafia nei loro libri

La Sardegna

Superficie: 24.090 km² (terza regione
italiana per estensione)
Confini: situata circa a metà strada tra la
Liguria e la Sicilia, è circondata dal Mare
Tirreno e a occidente, dal Mar di Sardegna
Province: (3) Cagliari, Nuoro, Sassari
Capoluogo: Cagliari
Dopo aver consultato una carta geografica
dell'Italia, traccia una cartina della
Sardegna indicando le tre province/città.

Grazia Deledda

Considerata da molti la più grande scrittrice italiana di romanzi, Grazia Deledda
nacque a Nuoro il 27 settembre 1871. Benché
appartenesse ad una famiglia benestante
ebbe solo un'istruzione irregolare così come
era in uso, in quei tempi, per le ragazze del
suo ambiente sociale. Narrò la sua infanzia
e la sua adolescenza, trascorse tra casa e
campagna, nel racconto *Cosima*, pubblicato postumo nel 1937.

Grazia Deledda esordì giovanissima con
un racconto *Sangue sardo* nella rivista
romana *L'ultima moda* nel luglio del 1888
e nell'agosto dello stesso anno con l'altro
racconto *Remigia Helder*. Ma fu forse l'autorevole recensione di Luigi
Capuana al romanzo *La via del male* (1896) che segnò definitivamente
l'inizio della sua fama letteraria.

Durante un suo breve soggiorno a Cagliari conobbe l'impiegato romano
Palmiro Modesani e lo sposò nel 1899. Nel marzo dello stesso anno si trasferì
a Roma dove morì il 16 agosto 1936. Lavoratrice infaticabile, seppe
impegnarsi totalmente nel proprio lavoro senza tuttavia venir meno alle sue
manzioni di buona moglie e di donna di casa.

Grazia Deledda descrisse la sua isola (paesaggio, costumi, mentalità) in
alcune decine di volumi tra romanzi e raccolte di novelle. Dipinse tutti
i vari aspetti dell'aspra terra natale, e le forti passioni, le vaste malinconie
delle anime sarde. Trattò anche soggetti non sardi allargando gli interessi

della sua arte alla vita della penisola e dell'Europa. I critici considerano *Elias Portolu* (1903) e *Cenere* (1904) i suoi capolavori. Nel 1936 le fu conferito il premio Nobel per la letteratura.

Tra le opere ancora disponibili segnaliamo: (presso Mondadori) *Annalena Bilsini, Canne al vento, Cenere, Elias Portolu, La festa del Cristo e altre novelle, La madre, Marianna Sirca, Romanzi e novelle, Il tesoro degli zingari, Versi e prose giovanili;* (presso UTET) *Il vecchio della montagna — Elias Portolu — Cenere — Canne al vento.*

Un grido nella notte
Grazia Deledda

Tre vecchioni° a cui l'età e forse anche la consuetu-
dine° di star sempre assieme han dato una somiglianza
di fratelli, stanno seduti tutto il santo° giorno e quando
è bel tempo anche gran parte della sera, su una pan-
china° di pietra addossata al° muro d'una casetta di
Nuoro.[1]

Tutti e tre col bastone° fra le gambe, di tanto in tanto
fanno un piccolo buco per seppellirvi° una formica° o
un insetto o per sputarvi° dentro, o guardano il sole per
indovinare l'ora. E ridono e chiacchierano coi ragazzetti della strada, non meno sereni e innocenti di loro.

Intorno è la pace sonnolenta° del vicinato di
Sant'Ussula, le tane° di pietra dei contadini e dei
pastori nuoresi°: qualche pianta di fico° si sporge dalle
muricce° dei cortili e se il vento passa le foglie si sbat-
tono l'una contro l'altra come fossero di metallo. Allo
svolto della strada appare il Monte Orthobene grigio e
verde fra le due grandi ali azzurre dei monti d'Oliena e
dei monti di Lula.

Fin da quando ero bambina io, i tre vecchi vivevano
là, tali e quali sono ancora adesso, puliti e grassocci,°
col viso color di ruggine° arso° dal soffio degli anni, i
capelli e la barba d'un bianco dorato, gli occhi neri
ancor pieni di luce, perle lievemente appannate° nella
custodia delle palpebre° pietrose° come conchiglie.°
Una nostra serva andava spesso, negli anni di siccità,°
ad attinger° acqua ad un pozzo° là accanto: io la
seguivo e mentr'ella parlava con questo e con quello
come la Samaritana,[2] io mi fermavo ad ascoltare i
racconti dei tre vecchi. I ragazzi intorno, chi seduto
sulla polvere, chi appoggiato al muro,[3] si lanciavano
pietruzze° mirando° bene al viso, ma intanto ascol-
tavano. I vecchi raccontavano più per loro che per i

vecchioni:	vecchi uomini
la consuetudine:	l'abitudine
santo:	*blessed*
una panchina:	*a bench*
addossata al:	*placed against*
bastone:	*càne*
seppellire:	*to bury*
una formica:	*an ant*
sputare:	*to spit*
sonnolenta:	*drowsy*
le tane:	*the hovels*
nuoresi:	di Nuoro
fico:	*fig*
muricce:	piccoli muri
grassocci:	*plump*
ruggine:	*rust*
arso:	*burnt*
appannate:	offuscate
palpebre:	*eyelids*
pietrose:	*stony*
conchiglie:	*shells*
siccità:	*drought*
attinger:	*to draw*
un pozzo:	*a well*
pietruzze:	*little stones*
mirando:	*aiming*

---

[1] Nuoro: città della Sardegna, capoluogo della provincia omonima;
ha circa 285.000 abitanti

[2] la Samaritana: donna della Samaria, incontrata da Gesù e conver-
tita presso il pozzo di Sichar

[3] chi seduto sulla polvere, chi appoggiato al muro: *some sitting on
the ground (lit., dust), others leaning against the wall*

ragazzetti: e uno era tragico, l'altro comico, e il terzo, ziu[4] Taneddu, era quello che più mi piaceva perché nelle sue storielle il tragico si mescolava° al comico, e forse fin da allora io sentivo che la vita è così, un po' rossa, un po' azzurra, come il cielo in quei lunghi crepuscoli° d'estate quando la serva attingeva acqua al pozzo e ziu Taneddu, ziu Jubanne e ziu Predumaria raccontavano storie che mi piacevano tanto perché non le capivo bene e adesso mi piacciono altrettanto perché le capisco troppo.

si mescolava: blended

crepuscoli: twilights

Fra le altre ricordo questa, raccontata da ziu Taneddu.

«Bene, uccellini,° ve ne voglio raccontare una. La mia prima moglie, Franzisca Portolu, tu l'hai conosciuta, vero, Jubà, eravate *ghermanitos*°, ebbene, era una donna coraggiosa e buona, ma aveva certe fissazioni° curiose. Aveva quindici anni appena, quando la sposai, ma era già alta e forte come un soldato: cavalcava° senza sella,° e se vedeva una vipera o una tarantola,° eran queste che avevan paura di lei. Fin da bambina era abituata ad andar sola attraverso le campagne: si recava all'ovile° di suo padre sul Monte e se occorreva guardava il gregge° e passava la notte all'aperto. Con tutto questo° era bella come un'Immagine°: i capelli lunghi come onda° di mare e gli occhi lucenti come il sole. Anche la mia seconda moglie, Maria Barca, era bella, tu la ricordi, Predumarì, eravate cugini; ma non come Franzisca. Ah, come Franzisca io non ne ho conosciuto più: aveva tutto, l'agilità, la forza, la salute; era abile in tutto, capiva tutto; non s'udiva il ronzio° d'una mosca ch'ella non l'avvertisse. Ed era allegra, *ohiò*, fratelli miei; io ho passato con lei cinque anni di contentezza, come neppure da bambino. Ella mi svegliava, talvolta, quando la stella del mattino era ancora dietro il Monte, e mi diceva:

uccellini: little birds

ghermanitos: second cousins
fissazioni: fixations

cavalcava: she rode
sella: saddle
una tarantola: a tarantula spider
ovile: sheep fold
il gregge: the flock
con tutto questo: nevertheless
un'Immagine: una Madonna
onda: wave

il ronzio: the buzzing

«"Su, Tané, andiamo alla festa, a Gonare, oppure a San Francesco o più lontano ancora fino a San Giovanni di Mores."

«Ed ecco in un attimo balzava dal letto, preparava la bisaccia,° dava da mangiare alla cavalla,° e via, partivamo allegri come due gazze° sul ramo al primo cantar del gallo. Quante feste ci siamo godute! Ella non aveva

la bisaccia: the knapsack
cavalla: mare
gazze: magpies

---

paura di attraversar di notte i boschi e i luoghi impervi°; e in quel tempo ricordate, fratelli miei, in terra di Sardegna cinghialetti a due zampe,[5] *ohiò!* ce n'erano ancora: ma di questi banditi qualcuno io lo conoscevo di vista, a qualche altro avevo reso servigio,° e insomma paura non avevamo.

«Ecco, Franzisca aveva questo ch'era quasi un difetto: non temeva° nessuno, era attenta, ma indifferente a tutto. Ella diceva: "Ne ho viste tante, in vita mia, che nulla più mi impressiona,° e anche se vedessi morire un cristiano non mi spaventerei°." E non era curiosa come le altre donne: se nella strada accadeva una rissa,° ella non apriva neanche la porta. Ebbene, una notte ella stava ad aspettarmi, ed io tardavo perché la cavalla m'era scappata dal podere° ed ero dovuto tornare a piedi. Oh dunque Franzisca aspettava, seduta accanto al fuoco poiché era una notte d'autunno inoltrato,° nebbiosa e fredda. A un tratto, ella poi mi raccontò, un grido terribile risuonò nella notte, proprio dietro la nostra casa: un grido così disperato e forte che i muri parvero tremare di spavento.° Eppure ella non si mosse: disse poi che non si spaventò, che credette fosse un ubriaco,° che sentì un uomo a correre, qualche finestra spalancarsi, qualche voce domandare "cos'è?" poi più nulla.

«Io rientrai poco dopo; ma lì per lì Franzisca non mi disse nulla. L'indomani dietro il muro del nostro cortile fu trovato morto ucciso un giovine, un fanciullo quasi, Anghelu Pinna, voi lo ricordate, il figlio diciottenne di Antoni Pinna: e per questo delitto anch'io ebbi molte noie° perché, come vi dico, il cadavere del disgraziato ragazzo fu trovato accanto alla nostra casa, steso,° ricordo bene, in mezzo a una gran macchia° di sangue coagulato° come su una coperta rossa. Ma nessuno seppe mai nulla di preciso, sebbene molti credano che Anghelu avesse relazioni con una nostra vicina di casa e che sieno° stati i parenti di lei ad ucciderlo all'uscir d'un convegno.° Basta, questo non c'importa: quello che c'importa è che la perizia° provò essere il malcapitato° morto per emorragia: aiutato a tempo, fasciata la ferita, si sarebbe salvato.

«Ebbene, fratelli miei, questo terribile avvenimento° distrusse la mia pace. Mia moglie diventò triste, dimagrì, parve un'altra, come se l'avessero stregata,° e

im28rvi: impraticabili

servigio: un favore

temeva: aveva paura di

mi impressiona: mi fa paura
mi spaventerei: non avrei paura

una rissa: *a brawl*

podere: *farm*

inoltrato: avanzato

spavento: paura

un ubriaco: *a drunk*

noie: *troubles*

steso: *stretched out*
macchia: *puddle*
coagulato: *coagulated*

sieno: = siano
un convegno: un incontro
la perizia: *the official report*
il malcapitato: lo sfortunato

avvenimento: *event*

stregata: *bewitched*

---

[5] cinghialetti a due zampe: banditi *(lit., two-footed wild boars)*

giorno e notte ripeteva: "Se io uscivo e guardavo e alle voci che domandavano rispondevo (il grido è stato dietro il nostro cortile), il ragazzo si salvava...".

«Diventò un'altra, sì! Non più feste, non più allegria; ella sognava il morto, e alla notte udiva grida disperate e correva fuori e cercava tremando. Invano io le dicevo:

«"Franzisca, ascoltami: sono stato io quella notte a gridare, per provare se ti spaventavi. Un caso disgraziato ha voluto che nella stessa notte accadesse il delitto: ma l'infelice non ha gridato e tu non hai da rimproverati nulla."[6]

«Ma ella s'era fissata in mente quell'idea, e deperiva,° sebbene per farmi piacere fingesse di credere alle mie parole, e non parlasse più del morto. Così passò un anno; ero io adesso a volerla condurre alle feste e a divagarla.° Una volta, due anni circa dopo la notte del grido, la condussi alla festa dei Santi Cosimu e Damianu, dove una famiglia amica ci invitò a passare qualche giornata assieme. La sera della festa ci trovavamo tutti nello spiazzo° davanti alla chiesetta. Era agli ultimi di settembre ma sembrava d'estate, la luna illuminava i boschi e le montagne, e la gente ballava e cantava attorno ai fuochi accesi in segno d'allegria. A un tratto mia moglie sparì ed io credetti ch'ella fosse andata a coricarsi,° quando la vidi uscir correndo di chiesa, spaventata come una sonnambula° che si sia svegliata durante una delle sue escursioni notturne.°

«"Franzisca, agnello° mio, che è stato, che è stato?"

«Ella tremava, appoggiata° al mio petto, e volgeva il viso indietro, guardando verso la porta della chiesa.

«La trascinai dentro la capanna, l'adagiai° sul giaciglio,° e solo allora ella mi raccontò che era entrata nella chiesetta per pregare pace all'anima del povero Anghelu Pinna quando a un tratto, uscite di chiesa alcune donnicciuole° di Mamojada, si trovò sola, inginocchiata sui gradini ai piedi dell'altare.

«"Rimasi sola" ella raccontava con voce ansante, aggrappandosi a me come una bambina colta da spavento. "Continuai a pregare, ma all'improvviso sentii un sussurro° come di vento e un fruscio° di passi. Mi volsi, e nella penombra, in mezzo alla chiesa, vidi un cerchio di persone che ballavano tenendosi per

deperiva: perdeva la salute

divagarla: farla divertire

spiazzo: *open space*

a coricarsi: a letto
una sonnambula: *a sleepwalker*
notturne: di notte
agnello: *lamb*
appoggiata: *leaning*
l'adagiai: *I set her gently down*
giaciglio: *couch*

donnicciuole: *petty women*

un sussurro: *a whisper*
un fruscio: un rumore

---

[6] tu non hai da rimproverarti nulla: *you have nothing for which you should reproach yourself*

mano, senza canti, senza rumore; erano quasi tutti vestiti in costume, uomini e donne, ma non avevano testa. Erano i morti, maritino mio,° i morti che ballavano! Mi alzai per fuggire, ma fui presa in mezzo: due mani magre e fredde strinsero le mie... ed io dovetti ballare, maritino mio, ballare con loro. Invano pregavo e mormoravo:

maritino mio: *my dear husband*

> Santu Cosimu abbocadu,
> Ogademinche dae mesu...[7]

quelli continuavano a trascinarmi ed io continuavo a ballare. A un tratto il mio ballerino° di destra si curvò su di me, e sebbene egli non avesse testa, io sentii distintamente queste parole:

ballerino: *dancing partner*

« "Lo vedi, Franzì? Anche tu non hai badato al mio grido!"

« "Era lui, marito mio, il malcapitato fanciullo. Da quel momento non ci vidi più.° Ecco il momento, pensavo, adesso mi trascinano all'inferno.° È giusto, è giusto, pensavo, perché io vivevo senza amore del prossimo° e non ho ascoltato il grido di chi moriva. Eppure sentivo una forza straordinaria; mentre, continuando a ballare, sfioravamo la° porta, riuscii a torcere° fra le mie le mani dei due fantasmi e mi liberai e fuggii; ma Anghelu Pinna mi rincorse° fino alla porta e tentò di afferrarmi ancora: egli però non poteva metter piedi fuori del limitare,° mentre io l'avevo già varcato.° Il lembo° della mia *tunica*° gli era rimasto in mano; per liberarmi io slacciai° la *tunica*, gliela lasciai e fuggii. Marito mio bello, io muoio... io muoio... Quando sarò morta ricordati di far celebrare tre messe per me e tre per il povero Anghelu Pinna... E va a guardare se trovi la mia *tunica*, prima che i morti me l'abbiano ridotta in lana° scardassata.°"

non ci vidi più: *all went dark*
inferno: *hell*

prossimo: *fellow-men*

sfioravamo la: *passavamo vicino alla*
torcere: *to twist*
mi rincorse: *mi inseguì*

limitare: *threshold*
varcato: *crossed*
il lembo: *the hem*
tunica: *long tunic*
slacciai: *I unlaced*

lana: *wool*
scardassata: *carded*

«Sì, uccellini°» concluse il vecchio zio Taneddu «mia moglie delirava°; aveva la febbre, e non stette più bene e morì dopo qualche mese, convinta di aver ballato coi morti, come spesso si sente a raccontare: e, cosa curiosa, un giorno un pastore trovò davanti alla porta di San Cosimo un mucchio di lana scardassata, e molte donne credono ancora che quella fosse la lana della *tunica* di mia moglie, ridotta così dai morti.

uccellini: *ragazzini*
delirava: *was delirious*

---

[7] Santu Cosimu abbocadu, ogademinche dae mesu...: [dialetto sardo] San Cosimo avvocato, levatemi di mezzo...

«Sì, ragazzini, che state lì ad ascoltarmi con occhi come lanterne accese,[8] il fatto è stato questo: e quel che è più curioso, sì, ve lo voglio dire, è che il grido lo feci io davvero, quella notte, per provare se mia moglie era indifferente com'essa affermava. Quando essa fu morta feci dire le messe, ma pensavo anch'io: se non gridavo, quella notte malaugurata,° mia moglie non moriva. E mi maledicevo,° e gridavo a me stesso: che la giustizia t'incanti,° che i corvi° ti pilucchino° gli occhi come due acini d'uva,° va' alla forca,° Sebastiano Pintore, tu hai fatto morir tua moglie...

«Ma poi tutto passò: dovevo morire anch'io? Eh, fratelli miei, ragazzini miei, e tu, occhi di lucciola, Grassiedd' 'Elé, che ne dite? Non ero una donnicciuola, io, e d'altronde morrò lo stesso, quando zio Cristo Signore Nostro comanda...»

malaugurata: *unlucky*
mi maledicevo: *I cursed myself*
t'incanti: *bewitch you*
i corvi: *the crows*
pilucchino: *pluck*
acini d'uva: *grapes*
va' alla forca: *go to the devil*

Da *Chiaroscuro*
Milano, Arnoldo Mondadori Editore

Esercizi

I. Rispondi oralmente o per iscritto.

A. 1. Descrivi i tre vecchioni.
    2. Cosa faceva la Deledda mentre la serva andava ad attinger acqua al pozzo?
    3. Perché le piacevano i racconti dello zio Taneddu?
    4. Descrivi Franzisca Portolu.
    5. Dove andavano spesso lo zio Taneddu e Franzisca?
    6. Perché lo zio Taneddu e sua moglie non avevano paura dei banditi?
    7. Descrivi il grido udito da Franzisca.
    8. Cosa fu trovato dietro il muro del cortile?
    9. A chi si attribuisce il delitto? Perché?
   10. "Questo terribile avvenimento distrusse la mia pace." Come contribuisce questo avvenimento a distruggere la pace dello zio Taneddu?
   11. "Ma ella s'era fissata in mente quell'idea." Che idea s'era fissata in mente Franzisca?
   12. "Ad un tratto mia moglie sparì." Dove era andata Franzisca?

---

[8] con occhi come lanterne accese: *with eyes shining like lit lamps*

13. Racconta, con parole proprie, cosa avviene in chiesa mentre Franzisca prega.
14. Quale fu il risultato di questa visita in chiesa di Franzisca?
15. Secondo lo zio Taneddu, cosa è curioso?
16. Perché si malediceva lo zio Taneddu?

B. 1. Di che cosa hai paura? Perché?
   2. Se vedi due persone che litigano, cosa fai?
   3. Se trovi in istrada un ferito, come reagisci?

II. In questo racconto Grazia Deledda usa molti nomi dialettali. (Es. Franzisca = Francesca; Taneddu = Gaetanello; Anghelu = Angelo; ecc.) Evidentemente queste forme subiscono delle modifche in italiano. Se ci sono studenti italiani in classe, chiedi loro di dirti il loro nome in dialetto e di identificare la regione.

III. Ecco alcuni nomi abbreviati. Indica la forma italiana più lunga.
   1. Totò   6. Mena
   2. Peppe   7. Tino
   3. Franca   8. Gigi
   4. Gianni   9. Rita
   5. Tonio   10. Nino

IV. Ricapitoliamo...

   Scrivi un riassunto di "Un grido nella notte" in conformità con lo schema seguente.
   1. I tre vecchioni
   2. Lo zio Taneddu
   3. L'intrepida Franzisca Portolu
   4. Un grido nella notte
   5. La scoperta del cadavere
   6. Effetti della scoperta
   7. La fissazione di Franzisca
   8. Franzisca in chiesa
   9. La fine di Franzisca
   10. Rammarico dello zio Taneddu

V. Parliamone insieme...

   Svolgi oralmente e in breve il tema seguente.
   1. In "Un grido nella notte" il tragico si mescola al comico.

VI. Temi

   Svolgi uno dei temi seguenti.
   1. Un racconto narrato da tuo nonno (tua nonna)
   2. Un'esperienza spaventosa

Vocabolario

A

abbandono neglect
abbassare to lower
abbastanza *avv.* enough
abbeverare to water
abbietto, -a contemptible; vile
abbigliarsi to dress
abbracciare to embrace
abitazione *s.f.* house
abito outfit
abituale *agg.* usual
abituarsi to become accustomed to
abitudine *s.f.* habit
abolire to abolish
accadere to happen
accanto *avv.* beside
accendere to light; to turn on
 (*p.p.* **acceso** lit)
accennare to sign; to beckon;
 to nod; to hint at
accertarsi to make sure
accettare to accept

accezione *s.f.* meaning
acchiappare to catch; to seize, grab
accomodarsi to sit down; to make
 oneself comfortable
accompagnamento
 accompaniment; **in**
 accompagnamento a
 accompanying
accontentare to please, satisfy;
 to humour
acconto account
accoppiamento coupling
accoppiare to match; to double up
accorgersi to notice s.o. or sg.
accorgimento shrewdness; trick
accorrere to run; to hasten; *s.m.*
 rush
accostarsi to come or go near
 s.o. or sg.
accostato, -a set ajar
accosto *avv.* near
accumulare to accumulate
accusa accusation

acqua water

acquirente *s.m.* or *s.f.* buyer

acquisto purchase

adattare to adapt; to adjust;
  adattarsi to adapt oneself

addentare to bite into

addentrarsi to penetrate

addirittura *avv.* straight (away);
  even; quite; absolutely

additare to point; to point out;
  to show

addormentarsi to fall asleep

addossarsi to lean against (sg.)

addossato, -a leaning against

addosso *avv.* on

adocchiare to eye; to spot

adoperare to use

adultera adulteress

affacciarsi to show oneself (at sg.);
  to appear (at sg.)

affamato, -a starved

affannarsi to worry

affannato, -a worried; out of breath

affascinato, -a enchanted;
  fascinated

afferrare to seize; to grab hold of;
  to grasp

affettivo, -a emotional

affettuosità affection; fondness

affettuoso, -a affectionate

affezionarsi to become fond of
  s.o. or sg.

affidare to entrust

affiorare to appear; to surface;
  to crop up

affissare: fissare to fix

afflitto, -a afflicted

affrettarsi to hurry

aforisma *s.m.* aphorism

afoso, -a sultry

agenda notebook; diary

agevolare to facilitate;
  to make easier

aggirare to avoid

aggiungere to add

aggiustare to fix; to repair

aggressività aggression

agguantare to seize

agire to act

agitato, -a worried; upset; restless

agonia agony

ahimè! *inter.* alas! dear me!

aitante *agg.* sturdy

aiutare to help

aiutante *s.m.* or *s.f.* helper

ala wing; *pl.* **le ali**

alba dawn

albergatore *s.m.* hotel-keeper

albergo hotel

albero tree

allargare to widen; to broaden;
  to open up

allarme *s.m.* alarm

allegramente *avv.* cheerfully;
  merrily

allegria happiness; gladness

allievo pupil; student

allineare to line up

allontanarsi to go away

allungare to lengthen; to extend

almeno *avv.* at least

altare *s.m.* altar

alternativamente *avv.* alternatively

altezza height

alto, -a tall

altolocato, -a leading; outstanding

altrettanto, -a as much

altronde *avv.*: **d'altronde** on the
  other hand

altrove *avv.* somewhere else;
  elsewhere

alzare to lift; to raise

amante *s.m.* or *s.f.* lover

amare to love

ambasciatrice *s.f.* ambassador,
  messenger

ambiente *s.m.* environment;
  milieu; surroundings; setting;
  atmosphere

amicizia friendship

ammalato, -a sick

ammanettato, -a handcuffed

ammattire to go mad
ammazzato, -a killed
ammettere to admit
ammirare to admire
ammonire to warn
ammontare *s.m.* amount; total
ampio, -a spacious; roomy
ampolla cruet
anagrammare to anagram
analizzare to analyze
ancora *avv.* still; yet
andarsene to go away
andito passage
angelo angel
angolo corner
anima soul
animato, -a animated; lively;
    encouraged
annebbiato, -a foggy
annerire to blacken
annodato, -a knotted; tied in a knot
annuncio (annunzio) announcement
ansante *agg.* panting
ansia anxiety
ansietà anxiety
ansimante *agg.* panting
ansioso, -a anxious
antagonista *s.m.* antagonist;
    opponent
antico, -a old; ancient
anzi *cong.* in fact; indeed;
    or better still
apologia apology
appannato, -a misted; dim
apparente *agg.* apparent
apparenza appearance
apparire to appear
apparizione *s.f.* apparition
appartato, -a secluded; remote
appartenere to belong
appassionare to interest deeply;
    appassionarsi to become fond
    of sg.; to take a great interest in sg.
appassionato, -a passionate
appassionato fan
appellare to call

appello appeal
appena *avv.* scarcely; hardly;
    only just; slightly
appendere to hang
appiccicare to stick
appisolarsi to doze off
appoggiare to lean; to lay
apprestarsi to prepare oneself for
apprezzare to appreciate
approfittare to take advantage
approssimativo, -a approximate;
    rough
appuntamento date; rendez-vous;
    appointment
aprire to open
aquila eagle
aragosta lobster
arancio orange
aratro plough
aratura ploughing
ardore *s.m.* ardour; passion
arrischiare to risk
argento silver
argomentazione *s.f.* reasoning
argomento topic
arguto, -a witty
arma weapon; firearm; **armi da
    fuoco** firearms
armadio closet
arnese *s.m.* tool; gadget; **male in
    arnese** in bad condition; **una
    persona male in arnese** a
    seedy person
arrossato, -a reddened
arruffio confusion; disorder
ascensore *s.m.* elevator; **cabina
    dell'ascensore** elevator cubicle
ascesa ascent
asciugare to dry
ascoltare to listen (to)
asfalto asphalt
asfissiare to asphyxiate
asino donkey
aspettare to wait (for); **aspettarsi**
    to expect

aspettativa expectation

aspetto appearance; look
aspirazione *s.f.* aspiration
assalire to assail; to seize
assediato, -a besieged
assegnare to assign; to award
assennatamente *avv.* wisely
assenso consent
assenza absence
assicurare to assure
assieme *avv.* together
assolutamente *avv.* absolutely
assonnato, -a sleepy
assopirsi to become drowsy, become
  sleepy
assorto, -a absorbed
assurdo, -a absurd
astrattamente *avv.* abstractly
astuto, -a astute; cunning
attaccare to attack; to attach
attentamente *avv.* attentively
attestare to attest; to certify
attimo moment
atto act
attorno *avv.* around
attrarre to attract
attrezzo tool; implement
atroce *agg.* atrocious; horrible
audace *agg.* bold
augurare to wish; **mi auguro** I hope
autista *s.m.* chauffeur; driver
autocarro truck
autografo autograph
automobilista driver
autorità authority
autostrada highway
autunno autumn, fall
avanzare to advance, move forward;
  to come forward
avvedersi to perceive; to become
  aware of
avvenire to happen
avvenire *s.m.* future
avversario opponent
avversario, -a opposing
avversità adversity
avvertimento notice

avvertire to warn; to advise
avviarsi to get going; to set out
avvicinarsi to approach; to get near
  s.o. or sg.
avvilito, -a downcast; discouraged;
  dejected
avvio start; **dare l'avvio** to start
avviso notice
avvocato lawyer
avvolgente *agg.* binding
azzardo hazard, risk; **gioco
  d'azzardo** gambling
azzurro blue

B

babbo daddy
baciare to kiss
badare to mind; to be careful;
  to pay attention to; **bada!**
  look out!
baffo *s.m.* moustache
bagaglio baggage; luggage
bagno bath; bathroom
balcone *s.m.* balcony
baleno flash of lightning; **in un
  baleno** in a flash
bambinata childish action
bambino baby; child
banca bank
banco counter
bandiera flag
barba beard
barbuto, -a bearded
barile *s.m.* barrel
barista bartender, barman
barriera barrier
basso, -a low; short
basso lower flat; bottom flat
bastare to suffice; to be sufficient
battaglia battle
battere to beat; **battere la testa
  contro il muro** to beat one's head
  against the wall; **non sapere dove
  battere la testa** not to know
  what to do

battesimo baptism
battuta beating; hint; witty remark
beato, -a blissful; happy; **beato te!** lucky you!
bellezza beauty
belva wild animal
benché *cong.* even though; although
benedire to bless
beneficio benefit; benefice
benessere *s.m.* well-being
bere to drink
bestemmiare to swear; to curse
bestia animal, beast
bibita soft drink
biblioteca library
bicchiere *s.m.* glass
bigliettaio ticket man
biglietteria ticket booth
biglietto note; card; ticket; bank note
biondo, -a blond, fair
biro *s.f.* ball-point pen
bisogno need; **aver bisogno di** to need
bizza whim
blu *agg. inv.* blue
boccetta small decanter, bottle
bomba bomb
borghese *agg.* middle-class, bourgeois
borraccia canteen
bosco wooded area; woods
bottega boutique; shop
bottegaio shopkeeper
bottino loot
bottoncino small button
braccio (*pl.* **le braccia**) arm
brancolare to grope one's way
bravo, -a good; **diventare bravo** to become good at it
breve *agg.* short, brief
brezza breeze
brillante *agg.* sparkling; brilliant; vivid; bright
brillante *s.m.* diamond

brio vivacity; liveliness
bruciare to burn
brullo, -a bare; desolate
bruno, -a dark; brown
brusco, -a abrupt; severe; sudden
buca pit; hole
buco hole
bue *s.m.* (*pl.* **i buoi**) ox
bufera storm
buffo, -a comical
bugia lie
buio *s.m.* darkness; dark
bussare to knock
busta envelope
buttare to throw

C

caccia hunt; **essere a caccia di** to be seeking
cacciare to drive out; to send away
cacciatore *s.m.* hunter
cadavere *s.m.* corpse
cadere to fall
cagnolino puppy
calciatore *s.m.* soccer player
calcio soccer
calcolo calculation
calore *s.m.* heat
calzare to put on (shoes)
calzato, -a with shoes on
cambio exchange; **in cambio di** in exchange for
camera room; **camera da letto** bedroom
cameretta small room
cameriera maid
cameriere *s.m.* waiter; servant
camicetta blouse
camicia shirt; **camicia da notte** nightgown; nightshirt
campagna campaign; country(side)
campanello doorbell
campare to live
campeggiare to stand out

campionato championship
campione *s.m.* champion
campo field
canale *s.m.* canal
cancello gate
candela candle
candidamente *avv.* candidly
candido, -a snow-white; candid
cane *s.m.* dog
canestro basket
canonica rectory
cantone *s.m.* corner
canzonare to make fun of s.o. or sg.;
   to ridicule; to mock
capace *agg.* capable; able
capanna hut
capello hair
capire to understand
capitano captain
capitare to happen; to chance
capitolare to capitulate;
   to surrender
capo head
capolavoro masterpiece
cappello hat
cappotto coat
capra goat
capriolo deer
carabiniere *s.m.* policeman
carattere *s.m.* character; temper;
   disposition; nature
carbone *s.m.* coal
carcere *s.m.* jail
carezza caress
caricare to load
carità charity; **per carità** for
   goodness sake
carne *s.f.* meat; flesh
caro, -a dear
carta paper
cartaccia waste paper
cartella file, folder; briefcase
cartellino label; price tag
casella box
caso case; **fa al caso mio** that I want,
   that I need

cassaforte *s.f.* safe
cassettone *s.m.* chest-of-drawers
cassiera cashier
castello castle
casto, -a chaste; pure
catena chain; **catena dell'orologio**
   watch-chain
catturato, -a captured
cavalcioni: a cavalcioni *loc. avv.*
   astride
cavallaro: cavallaio horse-dealer
cavallo horse
cavarsi to take off
cedere to yield; to give up, give way
celato, -a concealed; hidden
celebre *agg.* famous; well-known
celerità speed
cena dinner, supper
cenare to dine
cenere *s.f.* ash
cenerino, -a ashy; ashen
cenno sign; gesture
cento *ag. num.* one hundred
centro centre; downtown
cercare to look for; to try to
cerchio circle
cerino match
certo, -a certain
cessare to end; to stop
cestino waste basket
chiacchiera talk; chatter
chiarire to clear up
chiaro, -a clear; *avv.* clearly;
   chiaro e tondo plainly
chiarore *s.m.* gleam; glimmer;
   primo chiarore dell'alba first
   light of dawn
chiave *s.f.* key
chicchera cup
chiedere to ask (for); **chiedersi**
   to ask oneself
chierico clergyman; minor clerk;
   altar boy
chiesa church
chinare to bend; to bow; to incline
chiodo nail

chissà avv. goodness knows;
who knows
chiudere to close
chiusura closing; fastening;
chiusura lampo zipper
ciabatta slipper; sandal
ciarliero, -a talkative; chatty
ciascuno, -a each
cibo food
cicatrice s.f. scar
cielo sky; **in cielo** in heaven
cifra number; figure
cilecca: far cilecca to misfire;
to fail
ciglio eyelash; edge; brink; border
cima top
cimentare to risk; to provoke
cinema s.m. movie theatre
cioccolato chocolate
circa avv. about; approximately
circolo circle; club
citazione s.f. quotation
città city
cittadino citizen
civetta owl; unmarked police car
clacson s.m. (car) horn
cliente s.m. or s.f. client; customer
clima s.m. climate
coda tail
colazione s.f. lunch; **prima
colazione** breakfast
colera s.m. cholera
collana necklace
collega s.m. or s.f. colleague
collina hill
collo neck
colmare to fill the gap
colonna column
colpa blame; guilt; fault
colpevole agg. guilty
colpo blow; **di colpo** all of a sudden;
suddenly; **al colpo** in one shot
coltello knife
coltre s.f. blanket
comandare to command; to order
commedia play

commerciante s.m. businessman;
s.m. or s.f. dealer
commercio commerce; trade;
business
commosso, -a moved; touched
comodo, -a useful; convenient
compagnia company
compare s.m. sponsor; godfather
compassionevole agg. pitiable;
pitiful; sympathetic;
compassionate
competente s.m. competent person;
expert
competenza competence; capacity
compito task, duty, job
compiuto, -a completed
complicare to complicate
complotto plot; conspiracy
componente part. pres., agg.
composing
comporre to compose
comportarsi to behave
compratore s.m. buyer
comprensivo, -a understanding
comunicare to communicate; to tell
comunque avv., cong. however
conca dell
concedere to concede; to grant;
to award; to allow; to admit
conciso, -a concise
concitato, -a excited
concittadino fellow-citizen
concludere to conclude
condanna condemnation, sentence
condannare to condemn
condominio condominium
condotto, -a conducted
conducente s.m. driver
condurre to lead; to drive; to take;
condurre a fine to bring to an end
conduttore s.m. conductor
conferire to confer; to award;
to give; to grant
confetto sugar-coated almond
confidenza confidence; trust;
liberty

confine *s.m.* border
confondere to confuse
confortante *agg.* comforting
confuso, -a confused
congeniale *agg.* congenial
congiunto relative
congiurare to conspire; to plot
coniugale *agg.* conjugal; **vita coniugale** married life
conoscente *s.m.* acquaintance
conoscere to know
consacrato, -a hallowed; consecrated
consegnare to deliver; to hand over
conseguente *part. pres., agg.* following; consequent
conseguire to attain
consenso consent
conservare to keep
consigliare to advise
consonante *s.f.* consonant
constatare to note
consuetudine *s.f.* custom; habit
contadino farmer
contagoccie *s.m.* dropper
contegno behaviour
contentezza happiness
conto bill; account; **render conto** to account for; to justify; **rendersi conto di** to realize
contornato, -a surrounded
contorto, -a twisted; involved; complicated
contraddittore *agg.* contradictory
contrariato, -a annoyed; irritated
contrarietà misfortune
contratto contract
contratto, -a contracted
contravvenzione *s.f.* traffic ticket
convalidare to confirm
convegno meeting
convenire to suit; to be worthwhile
convinto, -a convinced
convolare: **convolare a nozze** to be united in matrimony
coperta blanket

coprire to cover
coraggio courage
corbello basket
corda rope
coricarsi to go to bed
corpo body
corrente *s.f.* electric current
correre to run
corridoio hall
corsa run; race
corteo procession; train; parade
cortesemente *avv.* courteously
cortesia courtesy
cortile *s.f.* courtyard; farmyard
corto, -a short
cosca mafia organization
coscienza conscience
cospetto presence; **in cospetto a, al cospetto di** in the presence of
cospicuo, -a obvious; conspicuous
costretto, -a forced
costui *pron. dim. m.* this man
cotonina calico
cotto, -a cooked
cravatta tie
creatura creature; little child
creazione *s.f.* creation
crepuscolo twilight; dusk
crescente *part. pres., agg.* growing
crescere to grow; **il crescere della popolazione** the growing population
cretino idiot; half-wit
crimine *s.m.* crime
criminoso, -a criminal
crisi *s.f.* crisis
cristallo crystal
cronaca chronicle; **cronaca di giornali** news; reporting
crudezza rawness; harshness
cucina kitchen
cucinare to cook
cucire to sew
cugino cousin
cuocere to cook
cuoio leather

cuore *s.m.* heart
cura care; kindness; attention
curvare to curve; to bend
cuscino pillow
custodire to keep; to look after;
   to guard; to tend

D

danaro money
dannato, -a damned
danno harm; injury
danza dance
darsi to devote oneself;
   può darsi perhaps, maybe
data date
davanti *avv.* in front
davvero *avv.* really
debolezza weakness
decantare to praise
decifrare to decipher
decina: diecina *s.f.* about ten
decoro decorum; dignity; honour;
   pride
decretare to decree; to ordain;
   to award; to confer
defilare to march by files; to pass
   astern
definizione *s.f.* definition
delicatezza delicacy
delinquente *s.m.* criminal,
   scoundrel
delirio delirium; frenzy
delitto crime
deliziato, -a delighted
demonio demon
dente *s.m.* tooth
dentro *avv.* inside
deperire to get run-down;
   to deteriorate
dépliant *s.m.* [fr.] brochure
deplorare to disapprove (of);
   to deplore; to be grieved (at)
depositare to deposit; to lodge;
   to file; to store; to leave
deridere to laugh at

derivare to derive; to come;
   to result; to follow
derubato one who has been robbed
deserto, -a deserted
desiderare to want, desire
desiderio wish, desire
destarsi to wake up
destro, -a right
detenuto prisoner, convict
dettare to dictate
deturpare to disfigure; to deface
deviare to deviate; to divert
diamine!: che diamine! *inter.*
   damn it!
diapositiva slide
diario diary; logbook;
   homework book
dichiarazione *s.f.* declaration
diciottenne *s.m.* or *s.f.* a person
   who is 18 years old
didascalia caption, sub-title
difendere to defend
difensore *s.m.* supporter; advocate
difetto defect
diffidente *agg.* suspicious;
   distrustful; mistrustful
diffondere to diffuse; to spread
diletto beloved
dimenticanza forgetfulness;
   oversight
dimenticare to forget
dinanzi *avv.* in front of
dintorni *s.m. pl.* vicinity
dipingere to paint
dire to say; dire forte to say out loud
dirigersi to make for s.o. or sg.
diritto, -a straight; right
dirittura honesty
dirotto, -a heavy; desperate
disabitato, -a uninhabited
disamorarsi to fall out of love
disamore *s.m.* estrangement;
   indifference
discorrere to discuss; to converse
discorso discussion; conversation;
   speech

disertore *s.m.* deserter
disfarsi to get rid of
disgraziatamente *avv.* unfortunately
disgraziato, -a unfortunate, miserable
disordine *s.m.* disorder; untidiness
disperato, -a desperate
dispetto vexation; spite
dispiacere to regret; to be sorry about; to dislike
disponibilità availability
disporsi to prepare for sg. (to do); to get ready for sg. (to do)
disposto, -a prepared to
disprezzare to despise; to scorn
disputa dispute
disseccato, -a withered; dried out
dissimulare to dissimulate; to dissemble
disteso, -a stretched (out); spread out; lying
distogliere to divert; to turn away; to dissuade
distrarre to distract; **distrarsi** to amuse oneself; to distract oneself
distrattamente *avv.* absent-mindedly; unintentionally
distrazione *s.f.* distraction
distruggere to destroy
dito (*pl.* **le dita**) finger
divagare to wander; to distract; to divert
divano couch
divario difference
divenire to become
diventare to become
diversamente *avv.* otherwise; differently
diverso, -a different
divieto prohibition
divorare to devour
dolce *agg.* sweet
dolere to ache; to be sorry for; to regret; to complain

dolore *s.m.* pain
dolorosamente *avv.* painfully
doloroso, -a painful
domanda question; application; **far domanda** to apply
domani *avv.* tomorrow
domattina *avv.* tomorrow morning
domestica maid
donare to donate
dondolare to swing; to sway
donna woman
dopopranzo afternoon
dorato, -a golden
dormiente (dormente) *part. pres.* sleeping
dormire to sleep
dorso back
dote *s.f.* talent; dowry
dovere *s.m.* duty
dovere to owe
dovunque *avv., cong.* wherever
dozzina dozen
dubbio doubt; **mettere in dubbio** to doubt
dubitare to doubt
dunque *cong.* so; therefore; then; well then
duramente *avv.* roughly; harshly
durante *prep.* during

E

ebbene *cong.* well; then
eccellente *agg.* excellent
eccessivo, -a excessive
eccezionalmente *avv.* exceptionally
ecco *avv.* here; there
echeggiare to echo; to resound
edicola newsstand
edificante *part. pres.* edifying
edificio building
educatamente *avv.* politely
efficace *agg.* effective
effimero, -a ephemeral; short-lived

egregio, -a eminent; distinguished
eguale *agg.* equal
eleganza elegance
elencare to list
elenco list; **elenco telefonico** phone book
eloquenza eloquence
eludere to evade
emanare to emanate
emorragia hemorrhage
emozione *s.f.* emotion
enorme *agg.* enormous
entrambi *agg., pron. m. pl.* both
epoca epoch; era; age
erba grass

erga omnes [*lat.*] toward everyone
erboso, -a grassy
erudizione *s.f.* erudition; learning
esagerare to exaggerate
esagerazione *s.f.* exaggeration
esaltare to exalt
esaltazione *s.f.* exaltation
esaurito, -a used up
escluso, -a excluded
esecuzione *s.f.* execution
esigenza demand; requirement; need; necessity
esistente *part. pres., agg.* existing
esitare to hesitate
esitazione *s.f.* hesitation
esordire to begin one's career
esplorare to explore
esporre to state; to expose; to show
esprimere to express
essere *s.m.* being
essere to be
estate *s.f.* summer
esterrefatto, -a amazed; flabbergasted; terrified; aghast
esteso, -a extended
estirpare to extirpate; to root out; to pull out
estivo, -a summer
estrarre to take out

età age
eternamente *avv.* eternally
etimologia etymology; origin
evaso runaway, fugitive
evitare to avoid
evocare to evoke

F

fabbricante *s.m.* manufacturer
faccenda matter
faccia face
facilone *s.m.* superficial person
falsare to distort; to falsify
fame *s.f.* hunger
fanciullo young boy; child
fanciulla young girl
fantasma *s.m.* ghost

farabutto scoundrel
farmacia pharmacy, drugstore
faro headlight
fasciato, -a bandaged
fase *s.f.* phase; stage; period
fastidio trouble; annoyance; vexation; **dare fastidio** to bother
fasullo, -a false
fatalità fatality; fate; destiny
fatica weariness; toil; fatigue; labour; hard work
fatidico, -a fatal
fatto fact
favola fable
favoloso, -a fabulous
favorito, -a favoured
fazzoletto handkerchief
febbre *s.f.* fever
fede *s.f.* faith
felice *agg.* happy
felicità happiness
femminile *agg.* feminine
ferita wound
ferito, -a wounded
ferocia ferocity; fierceness; cruelty

ferro iron
ferrovia railway
fiamma flame
fianco side
fiato breath
ficcarsi to get oneself into
fidanzato fiancé
fidare to entrust; to commit;
  fidarsi to trust; to rely on
fiducia faith
fiera fair
fiero, -a fierce; cruel; proud;
  bold; daring
figliolo (figliuolo) son; boy
figura character; figure; picture;
  illustration
figurare to imagine; to think
fila row; line; file
filare to make off; to run
filo wire; thread
finché *cong.* till, until
finestra window
finestrino window (of a train, bus,
  etc.)
fingere to pretend
finta pretence; **far finta (di)**
  to pretend
finto, -a false
fiorame *s.m.:* **a fiorami** flowered
fiore *s.m.* flower
firma signature
fisicamente *avv.* physically
fisico, -a physical
fissare to fix; to stare
fiume *s.m.* river
foggia shape; manner; way; style
foglia leaf
foglietto small sheet of paper
folla crowd; throng
fondatore *s.m.* founder
fondere to melt; to fuse; to blend
fondo bottom; **in fondo a** at the
  end of; at the back of
fondo, -a deep
fontanella little fountain
forestiero stranger; foreigner

formaggio cheese
fornaio baker
fornello burner
fornire to furnish; to supply
forza strength
fosso ditch
fracassare to smash; to shatter
franchezza frankness
frase *s.f.* sentence
fratello brother
frattanto *avv.* meanwhile; in the
  meantime
frazione *s.f.* fraction; hamlet
freddo, -a cold
frequentare to frequent; to mix
  with; to attend
frequentato, -a frequented;
  attended; **strada mal frequentata**
  street that people of ill character
  frequent
fresco, -a fresh, cool; **stai**
  fresco! you're in for a surprise!
fretta hurry; **in fretta** hurriedly;
  in a hurry
frivolo, -a frivolous
fronte *s.m.* war front
fronte *s.f.* forehead
fronte: di fronte a *loc. prep.*
  in front of
frottola fib
frugare to search; to rummage
fruscio rustle
frutto result; fruit
fuga flight; **darsi alla fuga** to take
  to flight
fuggitivo fugitive
fulmineamente *avv.* as quickly as
  lightning; instantaneously
fumare to smoke
fune *s.f.* rope
funebre *agg.* funeral; gloomy;
  mournful
fuoco fire
fuori *avv.* outside; **far fuori** to kill;
  fuori di sé beside himself
furbo, -a cunning; crafty; shrewd

furente *agg.* furious
furia fury; rage; **a furia di** by dint of
furibondo, -a angry; furious
fusto he-man

G

gaiezza gaiety; cheerfulness
galantuomo honest, upright man
galletto young rooster; **fare il galletto** to be cocky; to play the ladies' man
gallo rooster
galoppare to gallop
gamba leg; **darsela a gambe** to take to one's heels
garbato, -a polite; well-mannered; amiable; graceful
garbo politeness; **con garbo** with good taste; gracefully
gatto cat
gelato ice cream
gelido, -a icy; cold
gelosia jealousy
geloso, -a jealous
gemicchiare to cry quietly; to moan softly
gemito groan; moan; wail
genere *s.m.* type; kind; sort; product; **generi misti** miscellaneous goods
generoso, -a generous
gente *s.f.* people
gentile *agg.* kind; polite; gentle; gracious
gesticolando *ger.* gesticulating; making hand motions
gestire to manage
gestore *s.m.* manager
gettacarte *s.m.* wastepaper basket
gettare to throw
ghermire to pounce on (sg.); to clutch
ghiaccio ice
già *avv.* already

giacca jacket
giacché *cong.* as, since
giallo yellow
giallone *s.m.* a pale-faced person
giardino garden
gigante *s.m.* giant
gigantesco, -a gigantic
ginocchio (*pl.* **le ginocchia**) knee
giocare to play
gioco game
gioia joy
gioiello jewel
giornale *s.m.* newspaper
giornata day
giovane *agg.* young
giovanotto young man
giovare to help
gioviale *agg.* jolly, jovial
girare to turn
giro turn; **nel giro di** in the course of
giù *avv.* down
giubba jacket; coat
giudizio judgment
giungere to arrive
giurare to swear
giustificazione *s.f.* justification; excuse
godere to enjoy
gola throat
gomma eraser; tire
gonna skirt
gradino step
grado degree; **essere in grado di** to be able to (do sg.), to be in a position to (do sg.)
grammofono gramophone
grano grain
grattacapo trouble; anxiety; worry
gravità seriousness
grazioso, -a graceful
gregario private; member; follower
gridare to shout
grido shout; cry
grigio, -a grey
grinza crease; wrinkle
grossezza size

grosso, -a big; large; thick

guadagno earnings; profits; winnings

guaio trouble; difficulty; problem; fix

guancia cheek

guanciale *s.m.* pillow

guardia guard

guarire to heal

guasto, -a out of order

guerra war; **prima guerra mondiale** World War I

guidare to guide; to drive

guidatore *s.m.* driver

I

idem [*lat.*] the same

idolo idol

idoneo, -a suitable; fit

ieri *avv.* yesterday

ignorante *agg.* ignorant; uninformed; unlearned

ignorare not to know; to be ignorant of

ignoto, -a unknown

illeso, -a unhurt; uninjured

illudere to deceive; to fool

imbandire to prepare; to lay sumptuously

imbarazzato, -a embarrassed; ill at ease; uncomfortable

imbarcarsi to embark

imbasciata: ambasciata message

imbecille *agg.* stupid; imbecile

imboccatura entrance

imbroglio mess; confusion; trick; swindle

imbronciarsi to sulk; to be sulky

immagine *s.f.* image; picture

immobile *agg.* immovable

immunità immunity

impadronirsi to take possession of

impallidire to become pale

imparare to learn

imparziale *agg.* impartial

impedire to prevent; to hinder

impercettibile *agg.* imperceptible; unnoticeable

impermeabile *s.m.* trenchcoat

impertinente *agg.* impertinent

impervio, -a inaccessible

impiccio mess; trouble

implacabile *agg.* implacable

implorante *agg.* imploring

importarsene to care about (sg.)

impostare to plan out; to start; to set up

imprevedibile *agg.* unforeseeable

improvviso, -a sudden; **all'improvviso** suddenly; all of a sudden

impulso impulse

inalterabilmente *avv.* unchangeably

inaspettato, -a unexpected

inaudito, -a unheard of; incredible

inavvertitamente *avv.* unintentionally; inadvertently

incarico task, errand, duty

incassare to embed; to pack in a case; to collect

incavato, -a hollowed out; scooped out

inchino bow

inciampare to trip; to stumble over

incertezza doubt; uncertainty

incerto, -a unsure

inchiodare to nail

inchiostro ink

incitare to stir up

incollerirsi to get angry

incollerito, -a angry

incompiuto, -a incomplete, unfinished

inconfondibile *agg.* unmistakable

inconscio, -a unconscious

incontrare to meet; to run into

incrociare to cross; to meet s.o. on the road

incrostazione *s.f.* incrustation
incupirsi to become gloomy
incuriosito, -a curious
incurvarsi to curve; to bend
indaffarato, -a busy
indagare to investigate
indagine *s.f.* investigation
indi *avv.* then, afterwards
indifeso, -a unprotected
indigeno, -a native
indirizzo address
indiscreto, -a indiscreet
indistinto, -a indistinct; unclear
indolorito, -a painful; hurting; aching
indomani: l'indomani *s.m., avv.* the next day
indossare to wear; to put on
indovinare to guess
indovinello puzzle; riddle
indubbio, -a undoubted; certain
infanzia childhood
infastidito, -a annoyed; irritated
infatti *cong.* in fact; as a matter of fact
infelice *agg.* unhappy
inferno hell
inferriata grille
infilare to insert; to slip; to thread; to string; to put on; to take
infine *avv.* at last; finally; after all
infischiarsi not to care (a rap) about sg.; **me ne infischio** I couldn't care less
ingannarsi to be mistaken
ingegnere *s.m.* engineer
ingelosire to make jealous
ingenuo, -a naive; innocent
inginocchiato, -a kneeling
ingiuria insult
ingiustizia injustice; unfairness
ingiusto, -a unjust; unfair
ingresso entrance
innamorato boyfriend; lover
innegabile *agg.* undeniable
innocente *agg.* innocent

inoltrarsi to advance; to enter
inoltrato, -a advanced; **autunno inoltrato** late autumn
inopportuno, -a inopportune, inappropriate
inquinamento pollution
insaccare to cram
insano, -a insane
insaputa: all'insaputa *loc. avv.* unknown to; without the knowledge of
insegnare to teach
inseguimento chase; pursuit
inseguire to follow behind; to chase
insetto insect
insidia snare; deceit
insidioso, -a tricky; deceiving
insofferenza intolerance; impatience
insolito, -a unusual
insomma *avv.* in short; in a word; well
insonne *agg.* sleepless
insospettirsi to become suspicious
intanto *avv.* in the meantime
intascare to pocket
intendere to understand; **intendersene** to know something about it; to understand it
interdetto, -a dumbfounded
interesse *s.m.* interest
interno interior
intero, -a entire; whole
interpellato person addressed
interruttore *s.m.* (light) switch
intervallo intermission
intervento intervention; operation
intimare to order
intimo, -a intimate; close
intontire to daze; to stun
intorno *avv.* around; surrounding
intravvedere to catch a glimpse of
intromettersi to interfere; to intervene
intuito intuition; insight

inumidire to moisten; to dampen
inutilità usefulness
invano *avv.* in vain
invecchiare to grow old
invece *avv.* instead
inventare to invent; to make up
inverno winter
inverosimile *agg.* improbable; unlikely; incredible
investire to invest
invettiva invective
invincibile *agg.* invincible
invocare to invoke; to appeal for
invogliare to persuade; to attract
involto parcel; package
impotesi *s.f.* hypothesis
ira anger
iroso, -a angry
irraggiungibile *agg.* unreachable; unattainable
irriconoscibile *agg.* unrecognizable
iscritto registered; written; **per iscritto** in writing
isolare to isolate
ispirato, -a inspired
istantaneo, -a instant
istante *s.m.* instant
istintivo, -a instinctive

L

lacrima tear
ladro thief
lagnarsi to complain
lamentarsi to complain
lamento lament; moaning; complaint
lampada lamp
lasciare to leave
lassù *avv.* up there; upstairs
lato side
lattaio milkman; dairy man
lavoratore *s.m.* worker
lavoro work
legare to tie

legge *s.f.* law
lentezza slowness
lenti *s.f. pl.* eyeglasses
lento, -a slow
letto bed
lettuccio small bed
lettura reading
leva call-up (for military service); conscription
levare to remove
levarsi to get up
lì *avv.* there; **lì per lì** at first
liberarsi to free oneself; to get rid of
liberazione *s.f.* liberation; freeing
lieto, -a happy, glad
lievemente *avv.* lightly; slightly
limpido, -a limpid; clear
liscio, -a smooth
litigare to quarrel
livido, -a livid
livore *s.m.* envy
locale *s.m.* premises
lodare to praise
logico, -a logical
logorare to wear out; to use up; to waste away
lontananza distance
lontano, -a far; **da lontano** from afar
lotta wrestling
lotteria lottery
lucciola firefly
luce *s.f.* light
lucente *agg.* shiny; shining
lucido, -a shiny; glossy; lucid
luna moon
lungo, -a long; **a lungo** for a long time
luogo place
lupara sawn-off shotgun
lusingare to flatter
lustrare to polish

M

macchina car; **macchina
fotografica** camera
macchinetta small machine
madido, -a wet; soaked; **madido di
sudore** bathed in sweat
magari *inter.* if only; *avv.* even;
perhaps; maybe
maggiordomo butler
maggiore *agg.* greater; larger;
bigger; older
magistralmente *avv.* in a masterly
manner
magro, -a thin; lean; skinny
malattia illness
malcapitato unlucky person;
unfortunate person; victim
malcontento, -a displeased;
unhappy
maledetto, -a damned
malessere *s.m.* malaise;
uneasiness
malfamato, -a ill-famed
maligno, -a malicious; spiteful;
evil
malinconicamente *avv.* gloomily
malizia malice; mischievousness;
artfulness; cunning; trick
maltrattare to ill-treat; to ill-use;
to maltreat
mancanza lack
mancare to miss
mancato, -a would-be;
unsuccessful
mandare to send; to heave
mandriano herdsman
mangiare to eat; **mangiarsi
qlcu.** to defeat s.o.; to devour s.o.
manica sleeve
manovra manoeuvre
manovrare to manoeuvre
manto cloak; mantle
marca brand; **di marca** high-quality
marcia gear; **marcia indietro** reverse
marciapiede *s.m.* sidewalk

marciare to march; to work
mare *s.m.* sea
maritalmente *avv.* as husband
and wife
marito husband
marmo marble
martirio torture; martyrdom
maschera mask
maschietto little man
maschio male
massa mass; crowd
massaia housewife
massima proverb; rule; maxim
massimo, -a greatest; highest
materia substance; **materia grigia**
grey matter (of the brain)
matita pencil
mattinata morning
mattino morning; **al mattino**
in the morning
matto, -a crazy
maturo, -a ripe, mature
meccanismo mechanism
medaglia medal
medesimo, -a same; **se medesimo**
himself
meglio *avv.* better
memorabile *agg.* memorable
memoria memory
meno *avv.* less
mente *s.f.* mind; **di mente fredda**
cold-blooded
mentire to lie
mento chin
mentre *cong.* while
meravigliarsi to marvel at
meravigliato, -a amazed; astonished
mercato market place; **a buon
mercato** cheap; low-priced
merce *s.f.* merchandise
meridionale *agg.* southern
meriggio: pomeriggio afternoon
merlo blackbird; (*fig.*) simpleton
merluzzo codfish
mese *s.m.* month
messa mass

mestiere *s.m.* trade, craft
mesto, -a sad
metà half; **essere a metà di** to be halfway through
meticoloso, -a meticulous
metro metre
metropoli *s.f.* metropolis
mezzana go-between; mediator
mezzanotte *s.f.* midnight
mezzo method; means; middle; half
mezzogiorno noon
minacciare to threaten
minaccioso, -a threatening
miniera mine
miracolo miracle
miseria poverty; misery; trifle
misero, -a poor; scanty; miserable; skimpy
misterioso, -a mysterious
mistero mystery
misto mixture
misura measurement
mobile *s.m.* piece of furniture
mobilia furniture
mobilitare to mobilize
modella model
modestia modesty
modificare to change; to modify
modo way
moglie *s.f.* wife
mole *s.f.* mass; size; dimensions
mondo world
moneta coin
montagna mountain
monte mountain; **mandare a monte** to scrap
morello, -a black; dark
mormorare to murmur
morte *s.f.* death
mortificato, -a mortified
mosca fly
mossa movement
mostrare to show
motivo reason

moto motion
mucchio heap
mulo mule
municipio municipality; town hall
muro wall
muscoloso, -a muscular; brawny
muso muzzle; snort
mutato, -a changed

N

narrare to narrate; to tell
nascondere to hide
Natale *s.m.* Christmas
natura nature; **pagare in natura** to pay in kind
naturalezza naturalness; spontaneity; simplicity
neanche *avv.* not even
nebbia fog
nebbioso, -a cloudy
negare to deny
negoziante *s.m.* dealer; shop owner
negoziare to negotiate
negozio store
nemico enemy
nemmeno *avv.* not even
nero, -a black
netto, -a clean; clear; sharp
neve *s.f.* snow; ice
nevrastenico hypersensitive person
nobile *agg.* noble
nocciuola hazelnut
noia boredom; worry; nuisance
nonostante *prep.* in spite of
nord *s.m.* north
norma rule
notaio notary
notizia news

noto, -a well-known
notte s.f. night
notturno, -a nocturn; at night
nudo, -a nude; naked
nulla avv., pron. indef. nothing
numeroso, -a numerous
nuora daughter-in-law
nuovamente avv. again
nuovo, -a new
nuvoletta little, small cloud

O

obbrobrio shame; disgrace
obiettare to object
oca goose; simpleton; testa d'oca simpleton
occasione s.f. occasion; opportunity; aver occasione di to have a chance to; d'occasione bargain
occhiata eyeful; glance
occhio eye; dare all'occhio to catch the eye; tener d'occhio qlcu. to keep an eye on s.o.
occorrere to need
occuparsi to occupy oneself (with sg.); to attend (to sg.); to devote oneself (to sg.)
odio hatred; dislike
odore s.m. odour; scent; smell
odoroso, -a fragrant; sweet-scented
offerta offer; offering
oggi avv. today
ogni agg. indef. every
ogniqualvolta cong. whenever
ognuno pron. indef. each person
ohibò! inter. now then!
ombra shade; shadow
ombrello umbrella
omicidio homicide; murder
ondoso, -a undulating
onore s.m. honour
opera work; opera

operistico, -a opera; mondo operistico world of opera
opporre to oppose
opposto, -a opposite; contrary
oppure cong. or
oralmente avv. orally
orario schedule; timetable
orazione s.f. prayer
orecchio ear; tendere l'orecchio to prick up one's ears
orfano orphan
orgoglio pride
orgoglioso, -a proud
ormai avv. (by) now; by this time
oro gold
orologio watch
orrore s.m. horror
osare to dare
oscurato, -a darkened
ospedale s.m. hospital
ospite s.m. guest; host
ossequio homage; regards; respects
ossessionato, -a obsessed
osso (pl. le ossa) bone
oste s.m. host
osteria tavern; inn
ostilità hostility
ottenere to obtain
ottimismo optimism
ozio laziness

P

pacco package; parcel
pace s.f. peace
pacificazione s.f. ratification; appeasement
padre s.m. father
padrone s.m. owner
paese s.m. country; village; town
pagare to pay for
paio (pl. le paia) pair
palazzo building; mansion
palla ball; bullet

pallacanestro basketball
pallavolo volleyball
pallido, -a pale
pallidone *s.m.* big pale-faced
  fellow
pallina little ball
pallottola pellet
palma palm (tree)
palmo palm of the hand
palpitare to palpitate; to throb;
  to quiver
pancia tummy; stomach
panno cloth
pantaloni *s.m. pl.* pants
paragonare to compare
parata parade
parcheggiare to park
parecchio, -a quite a lot of;
  quite a few
parente *s.m.* relative
parere to seem
parete *s.f.* wall
pari *agg.* equal; **essere alla pari con**
  to be on the same level with
parietaria plant that grows on walls
parlantina talkativeness;
  parlantina sciolta eloquent
  speech
parlare to speak
parola word
parroco parish priest
parte *s.f.* part; **da parte** aside
partecipare to participate
partenza departure
particolare *s.m.* detail
partita game
parzialità partiality
passante *s.m.* passer-by
passeggero passenger
passeggiare to walk; to stroll
passo step; **a due passi da** within
  a step from
pasto meal
pastore *s.m.* shepherd
patire to suffer; to bear; to stand
patrocinato, -a sponsored

patto pact; agreement; **venire**
  a patti to come to an agreement
paura fear
pavido, -a fearful; timid
pavimento floor
pazientemente *avv.* patiently
pazzia madness; folly
peccato sin; **peccato!** what a shame!
pecora sheep
peculio savings
pedalare to pedal
pedata kick; footprint
peggio *avv.* worse
pelle *s.f.* skin
pellegrinaggio pilgrimage
pelo hair
pena pain; suffering; sorrow;
  punishment; **con pena** with
  difficulty
penna pen; feather
pennello paintbrush
penombra dim light; twilight
penoso, -a painful
pensiero thought
pepe *s.m.* pepper
pera pear
perdonare to forgive
perfezione *s.f.* perfection
perfino *avv.* even
pericolo danger
periferia outskirts; suburbs
perla pearl
permaloso, -a touchy
pernottare to stay overnight
però *cong.* but; however; yet;
  nevertheless
perpetuo, -a perpetual
perplessità perplexity
perplesso, -a perplexed
pesante *agg.* heavy
pescare to fish
peso weight
pestare to pound; to crush; to hit;
  to beat
petalo petal
pettinare to comb

pettinato worsted material
petto breast; chest
petulante *agg.* impertinent; cheeky
pezzato, -a spotted; dappled
pezzetto small piece
pezzo piece
piacere *s.m.* favour; pleasure
piacevole *agg.* pleasing
piangere to cry; **piangere a
dirotto** to cry one's eyes out
piano *avv.* slowly; softly; quietly
piano plan; floor
pianta plant
piantare to plant; *(fam.)* to leave;
to abandon
pianto weeping; crying; tears
pianura plain
piattaforma platform
piatto plate
piazza square; **auto di piazza** cab
piazzetta small square
piede *s.m.* foot
piegare to fold; to pleat;
piegarsi to bend over or down
pieno, -a full
pietoso, -a pitiful; merciful;
compassionate
pietra stone
pigiare to press
pigliare to take
piombo lead; **piombo da caccia**
gunshot
piovere to rain
pipata pipe; pipeful
pisello pea
pittore *s.m.* painter
pittorico, -a pictorial
piuttosto *avv.* rather; *(fam.)* pretty
placato, -a calmed down; appeased
poeta *s.m.* poet
poiché *cong.* since
poltrona armchair
polverone *s.m.* great cloud of dust
polveroso, -a dusty
pomeridiano, -a afternoon
pomeriggio afternoon

pomo apple
ponderatamente *avv.* after
reflection
ponte *s.m.* bridge
popolo people
porcheria dirt; filth
porgere to hand
portabagagli *s.m.* luggage rack
portafogli(o) wallet
portico porch; arcade
portone *s.m.* front door;
main door
posare to lay down; to put down
possedere to possess
posto place; position; job
potente *agg.* powerful
potere *s.m.* power
poveraccio poor man; pitiable man
poveramente *avv.* poorly
poveretto poor little thing
povero, -a poor
pranzo dinner
pratica practice
prato field
precedere to precede
precipitoso, -a rash; hasty
precisare to specify; to state
precisely
preferito, -a favourite; preferred
pregare to pray; to ask; to beg
pregio value
pregustare to look forward to (sg.)
preludere to prelude; to
foreshadow; to introduce (sg.)
premiare to award a prize to
premio prize
premuroso, -a kind; thoughtful
prendersela to take it amiss
prensile *agg.* unavoidable
preoccupante *agg.* worrisome
prescelto, -a chosen; selected
prescrizione *s.f.* prescription
presentire to have a foreboding
(of sg.)
prestare to lend; **prestare a** to lend;
prestare da to borrow

presumere to presume
presunto, -a presumed
pretendere to demand; to want
pretesto pretext; excuse; opportunity; occasion
pretore *s.m.* magistrate; justice of the peace
prevedibile *agg.* foreseeable
prezioso, -a precious
prezzo price
prigioniero prisoner
primavera spring
primo, -a first
principe *s.m.* prince
privare to deprive
privilegiato, -a privileged
privo, -a lacking; without
proclamare to declare; to proclaim
procurare to procure; to get
profondo, -a deep
profumeria cosmetics shop
prolungamento extension
promessa promise
promuovere to promote
pronto, -a ready
pronunciato, -a pronounced; uttered
propendersi to be inclined; to tend
proporre to propose
proprietario owner
proprio *avv.* just; exactly
prossimo neighbour
protestare to protest
prova proof; evidence; fitting
provare to prove; to try
provenienza origin
provenire to come from
provvisoriamente *avv.* temporarily
pubblicità advertising; publicity
pubblicitario, -a advertising
pugilato boxing
pugno fist; punch
pulito, -a clean
pulsante *s.m.* push-button
punizione *s.f.* punishment
puntino dot

punto point; **di tutto punto** fully dressed
puntuale *agg.* punctual; on time
pur(e) *avv.* even; also
purtroppo *avv.* unfortunately

Q

quaderno notebook
quadro picture; painting
quaggiù *avv.* down here
qualche cosa *pron. indef.* something
qualcuno *pron. indef.* someone
qualora *cong.* if; in case
qualsiasi *agg. indef.* any
quanto *pron. interr.* how much; **quant'è?** how much does it cost?
quartiere *s.m.* neighbourhood; section
quasi *avv.* almost
quattordicenne *agg.* fourteen-year-old
quattrino farthing; penny; *pl.* money
quotidiano daily newspaper

R

rabbia anger
raccapezzarsi to make head or tail of it
raccogliere to gather; to pick up; to collect
raccomandazione *s.f.* recommendation
raccontare to tell; to narrate
rado -a rare; **di rado** rarely
radunare to assemble; to gather
radura clearing
raffigurare to represent

raffreddamento cooling; coolness
ragazzina little girl
raggio ray
raggiungere to reach; to arrive at; to catch up
ragionare to reason; to be reasonable
ragione *s.f.* reason; **avere ragione** to be right
ragioniere *s.m.* accountant; bookkeeper
rallentare to slow down
rame *s.m.* copper
rametto small branch
rammentare to recall
ramo branch
rampa steep slope
rannicchiarsi to crouch
rannuvolato, -a cloudy; gloomy
rapina robbery; **rapina a mano armata** armed robbery
rapinatore *s.m.* robber
rapporto relation; rapport
rappresentare to represent; to depict; to imagine
rappresentazione *s.f.* performance; representation
rassegnarsi to resign oneself
rasserenato, -a in better spirits; clear (again)
rassicurare to reassure
razza race; breed; **un cavallo di razza** a thoroughbred horse
re *s.m.* king
reagire to react
recarsi to go
recondito, -a hidden
regalare to give away
regale *agg.* royal
regalo gift
reggere to hold up; **reggersi** to stand; to hold onto
reggimento regiment; crowd
regista director
registrare to register
regno kingdom

regola rule; **a regola d'arte** like a work of art
regolamento regulation
remoto, -a remote; far away
rendere to return; to give back; to produce; to express; to yield
reo, -a guilty
reperibile *agg.* to be found
replicare to reply; to retort
reprimere to repress; to hold back
respingere to drive back; to push away
restio, -a reluctant; unwilling
restituire to give back
reticente *agg.* reticent; hesitant
rettangolo rectangle
rettificare to rectify; to correct
rettitudine *s.f.* rectitude; honesty; uprightness
riandare to go back
riapparire to reappear
riassunto summary
ribattere to reply; to refute
ribrezzo disgust
ricapitolare to sum up; to recapitulate
ricavato proceeds
ricchezza wealth
ricerca research; search; investigation; inquiry; pursuit
ricercato, -a sought-after; in demand
ricevimento reception
ricevitore *s.m.* receiver
ricevitoria ticket office
richiamo call
ricompensa reward
ricomporre to recompose; to reset; to reassemble
riconoscente *agg.* grateful; thankful
riconoscere to recognize
riconoscibile *agg.* recognizable
ricordare to remember
ricordo memory; souvenir; remembrance

ridurre to reduce; **ridursi**
  to reduce oneself; to become;
  to come down to
rientrare to re-enter; to go home
rifarsi to make up again
riferire to report; to refer
rifiutare to refuse
riflesso reflection
riflettere to reflect
rifornire to supply
riga row; line; ruler
rigirarsi to turn oneself
  around again
rigore *s.m.* rigour; exactness;
  a rigor di logica to be exact
riguardo respect
rimandare to send back; to put off;
  to postpone
rimanere to remain
rimbombante *agg.* thundering;
  resounding
rimettersi (a) to go back (to)
rimorso remorse
rimprovero reproach; scolding
rinascere to be reborn
rinascimento renaissance
rincasare to return home
rinfusa: alla rinfusa *loc. avv.*
  in disorder
rintuzzare to repress
rinunciare (a) to renounce;
  to give up; to forego
rinvenire to recover one's senses; to
  come to one's senses
rione *s.m.* quarter; section; district
riparare to take refuge; to repair
ripartire to leave again
ripetere to repeat
riporre to put back; to put away
riposare to rest
riposo rest
riprendere to retake; to take again;
  to catch (up) again; to begin
  again
ripristinare to restore; to re-establish
risarcire to compensate; to indemnify

risata laugh
risatina giggle
riscaldare to warm up; to heat up
rischio risk
riscuotere to shake; to collect;
  to withdraw
risentito, -a resentful; quick
riserva reserve
riso laughter; rice; **muovere qlcu.**
  al riso to make s.o. laugh
risolvere to resolve
rispetto respect
rispettoso, -a respectful
risplendere to shine; to sparkle
ristorante *s.m.* restaurant
risultato result
risuonare to resound
ritirare to withdraw; to collect
ritmo rhythm
ritorno return
ritratto portrait
riunione *s.f.* reunion; meeting
riuscire (a) to succeed (in);
  to manage to
rivale *s.m.* rival
rivelazione *s.f.* revelation
rivincita return match; revenge
rivolgersi (a) to turn to (for
  assistance)
rivoltarsi to revolt; to rebel
rivoltella revolver
rivoluzionario, -a revolutionary
roccia rock
rogo fire
romanzo novel
rompere to break (*p.p.* **rotto**)
rosa *agg. inv.* pink
rosso, -a red
rovescia: alla rovescia backwards
rovesciare to upset; to overturn
rovinare to ruin
rubare to steal
rubino ruby
rumore *s.m.* noise
rumoroso, -a noisy
ruota wheel

S

saccenteria pedantry; conceit
sacco bag; sack; a lot; lots
saccoccia pocket
sacrificio sacrifice
salire to go up; to get on (a bus, etc.)
salotto living room
saltare to jump; saltare in testa
  to cross one's mind
salutare to greet; to say hello;
  to welcome; to salute
salute s.f. health
salvare to save
sangue s.m. blood
santo saint
sapere to know
saponetta bar of soap
sarto tailor
sassata blow with a stone
sasso stone
Satana s.m. Satan
sauro, -a sorrel
sbagliare; sbagliarsi to make a
  mistake
sbalordito, -a amazed
sbarazzare to get rid of
sbarbato clean-shaven
sbattere to slam
sbavato, -a smeared
sbirciare to cast glances at
  (s.o. or sg.)
sbocco outlet; end
sbollire to stop boiling;
  to cool down
sborsare to pull out of a purse;
  to spend
sbucare to come out of
scacciare to drive out
scala stair; le scale flight
  of stairs; stairs
scalzo, -a barefoot
scarpa shoe
scarso, -a scarce
scatola box
scattare to go off; to misfire;
  to fly into a rage

scatto spring; dart; small jump
scaturire to spring; to burst out
scavato, -a dug up
scegliere to choose
scelta choice
scenata scene; row
scendere to go down; to descend
scheda card
schedina soccer pool coupon
schema s.m. outline
scherma fencing
scherzare to joke about
scherzoso, -a playful
schiacciare to squeeze; to crush;
  to press
schiaffo slap
schiantare to crush; to knock down
schiena back
scialle s.m. shawl
sciocchezza trifle; foolish thing
sciocco, -a silly
sciogliere to unravel; to melt
sciolto, -a melted; loose; untied
sciroppo syrup
scivolare to slip
scodella bowl; soup plate
scommettere to bet
scomodità inconvenience; lack of
  comfort
scomparire to disappear
sconosciuto, -a unknown
sconsolato, -a disconsolate; sad
sconvenienza discourtesy
sconvolto upset; disturbed
scoperta discovery
scopo aim; object; purpose
scoppiare to burst; to explode
scoprire to discover
scordarsi to forget
scorgere to perceive; to see;
  to notice
scorso, -a last; past
scostarsi to move aside;
  to stand aside
scottare to burn; to scald
scovare to find

scricchiolio creaking
scultore s.m. sculptor
scuotere to shake
scuro, -a dark
scusare to excuse
sdoppiare to split
seccamente avv. dryly
seccarsi to get annoyed; to be tired
of doing sg.
secco, -a dry
secondo prep. according to
sede s.f. office; sede centrale
main office; head office
sedere to sit; sedersi to sit
oneself down
sedere s.m. bottom; behind
sedia chair
seduttore s.m. seducer
seggiolone s.m. big chair
segnalato, -a reported; pointed out
segnare to jot down; to mark;
to score; to indicate; to show
segno sign; target
segretaria secretary
segreto secret
seguire to follow
seguitare to continue; to go on
doing sg.
segugio sleuth
selva forest
selvaggio, -a savage
sembrare to seem
semibuio, -a partially lit
seminascosto, -a half-hidden;
partially hidden
semplicemente avv. simply
semplicità simplicity
sennonché cong. but
sentiero path
sentimento feeling
sentire to hear; to feel
sentore s.m. inkling; avere
sentore di to have an inkling
about
senza prep. without
sera evening

serietà seriousness
servizievole agg. obliging
serrare to clasp; to shut; to close
servigio service
sessantenne agg. sixty years old
sesso sex
settimana week
severamente avv. severely
sfarzosamente avv. sumptuously;
brilliantly
sfida dare
sfilata passing; parade
sfinito, -a exhausted
sfiorare to go close (to sg.); to nearly
touch; to skim
sfiorito, -a withered
sfoggiare to show off
sforzo effort
sfregio slash; scar; insult
sfruttare to take advantage of
sfuggire to escape
sgomberare to move out
sgomento dismay
sguardo glance
sguattero scullery-boy;
dishwasher
sicuramente avv. surely; certainly
sicuro, -a sure
sigaretta cigarette
sigaro cigar
sigillare to seal
significato meaning
signorina miss
silenzio silence
simile agg. similar
simpatico, -a nice; likeable;
pleasant; agreeable
sincerarsi to make sure
sindaco mayor
sinistro, -a left
sinistramente avv. in a sinister way
sipario curtain
slealtà disloyalty
smaniare to be on edge; to fret
smarrimento loss; bewilderment
smarrire to lose

smettere to stop; to give up; to cease
smistare to pass; to sort out; to post
smontare to get off
soave *agg.* gentle; soft; suave
socchiuso, -a partially closed; half-open; ajar
soccorso! *inter.* help!
società partnership
socio partner
soddisfazione *s.f.* satisfaction
soffio puff; whiff; breath
soffocare to suffocate; to repress
soffrire to suffer; to tolerate
soglia threshold
sognare to dream
sogno dream
solamente *avv.* only
solco furrow
soldato soldier
sole *s.m.* sun; **nel primo sole** at the break of day
solenne *agg.* solemn
solitario, -a solitary
solito, -a usual
sollecitare to urge; to press; to solicit
sollevare to raise; to lift; to relieve; to comfort
sollievo relief
solo *avv.* alone; only
soltanto *avv.* only
soluzione *s.f.* solution
somiglianza resemblance
somigliare to resemble
somma sum
sommessamente *avv.* meekly
sommuovere to stir up; to rouse
sonno sleep; **prendere sonno** to fall asleep
sonnolento drowsy; sleepy; sluggish
sonnolenza sleepiness; drowsiness
sopportare to tolerate
sopracciglio eyebrow
sopraggiungere to arrive unexpectedly; to turn up

soprattutto *avv.* above all; mostly
sorgere to come up
sormontare to surmount; to get at the top of
sorpresa surprise
sorreggere to hold up; to support
sorridente *part. pres.* smiling
sorridere to smile
sorriso smile
sorte *s.f.* lot; fortune; destiny; fate
sorvegliare to oversee; to watch; to look after (sg. or s.o.)
sospiro sigh
sosta stop; halt; pause; interval
sostanza substance
sostegno support
sostenere to support; to hold up; to sustain
sostituire to substitute
sottile *agg.* fine; thin
sottobraccio: prendere qlcu. sottobraccio to take someone's arm
sottosopra *avv.* upside down
sottovoce *avv.* in a low voice
sovente *avv.* often
spaccare to split; to break
spaccatura split; cleft; crack
spago string
spalancato, -a wide open
spalla shoulder; *pl.* back
spalleggiare to support; to back
sparare to shoot; to fire
spargere to scatter; to spread
sparo shot
sparso, -a loose
spassarsela to amuse oneself; to have a very good time
spavaldo, -a bold, arrogant
spaventare to frighten
spavento scare
spaventoso, -a dreadful; terrible; frightful
spazientire to make s.o. lose

his patience; **spazientirsi** to lose one's patience

spazzola brush; **spazzola per i vestiti** clothesbrush

spazzolare to brush

specchietto small mirror

specchio mirror

specialmente *avv.* especially

spegnere to turn off; to put out

speranza hope

spesa expense

spesso *avv.* often

spiare to spy; to watch for

spiccare to stand out

spiegare to explain

spiegazione *s.f.* explanation

spietatamente *avv.* pitilessly; mercilessly; ruthlessly

spietato, -a merciless; pitiless

spirale *s.m.* element

splendere *s.m.* to shine; to sparkle

spogliare to undress

sposare to marry

sposina young bride

spostare to move

spreco waste

sprofondare to sink

sproporzionatamente *avv.* disproportionately

sproporzionato, -a disproportionate

spropositato, -a enormous; huge

sprovvisto, -a devoid; lacking

spuntare to appear

squattrinato, -a penniless

stabile *s.m.* building

staccare to stand out; to detach; to take off; to cut off

stagione *s.f.* season; period of time

stalla stable

stamani *avv.* this morning

stamattina *avv.* this morning

stancare to tire

stanchezza fatigue

stanco, -a tired

stanza room

stare to stay; to remain

statizzare: statalizzare to nationalize

statura height; stature; **alto di statura, di alta statura** tall

stavolta *avv.* this time

stella star

stendere to spread out; to stretch out; to draw up; to hammer out

stentatamente *avv.* with difficulty; in poverty

sterminio extermination

stesso, -a same

stimato, -a esteemed

stirato, -a ironed

stizza anger

stizzito, -a cross; angry

stoffa material; fabric; cloth

straccio rag

strada road

stradale *agg.* of the road; road

strage *s.f.* slaughter; massacre

strano, -a strange

straordinario, -a extraordinary

strappare to pull away; to snatch; to tear; to pull out; **strappare le penne** to pluck

strazio torment; torture; wear

strettamente *avv.* absolutely

stretto, -a tight

strillare to scream

stringere to squeeze; to grasp; to press; to tighten

strofa stanza

stroncatura ripping to pieces

stupidaggine *s.f.* stupidity; foolishness

stuzzicare to tease; to provoke

suaccennato, -a above-mentioned

subbuglio confusion; turmoil

subdolo, -a underhand; sly; shifty

subito *avv.* at once; immediately

succhio sap

succursale *s.f.* branch
suddetto, -a above-mentioned
suddividere to subdivide
sudore *s.m.* sweat; perspiration
suggerire to suggest; to advise
suggerimento suggestion
suicidio suicide
suonare to ring
suonato (sonato), -a foolish
suono ring
superare to exceed; to surpass;
   to excel
superfluo, -a superfluous; excessive
supplichevole *agg.* imploring;
   entreating
supremo, -a supreme; greatest;
   highest
suscitare to provoke; to cause;
   to give rise to; to excite; to stir up
sussurrare to whisper; to murmur
svegliare to awaken
svelto, -a quick
sventurato, -a unlucky; unfortunate
sviare to divert; to distract
svignarsela to sneak away; to slip
   away
svolgere to develop; to write
svolta turn; bend

T

tacere to be silent; to keep quiet
tacito, -a tacit; silent
tagliare to cut
tale *agg.* such; **tale e quale** just the
   same as
talvolta *avv.* sometimes;
   now and then
tamponare to collide; to bump into
tantino *pron.* a little bit
tanto, -a so much; **ogni tanto** every
   so often
tappeto rug; carpet
tardi *avv.* late
tardo, -a late

tasca pocket
tassì *s.m.* taxi
tattica tactics
tavola table
tavolino little table;
   small table
tazzina little cup; demi-tasse
tecnico, -a technical
tedesco, -a German
telefonata phone call
televisore *s.m.* television set
tema *s.m.* topic; theme
temere to fear
tempo time; **a tempo pieno** full time
tendere to stretch out; to hold out
tenebroso, -a dark; gloomy;
   mysterious; shady
tenerezza tenderness
tenero, -a tender; **tenera età**
   young age
tentare to try
tentativo attempt
tentazione *s.f.* temptation
terminare to terminate; to end;
   to finish
terreno land; field; ground;
   soil
terreno, -a earthy
testa head
testamento will; testament
testardo, -a stubborn; headstrong
testo text
testone *s.m.* large head
tetragono, -a firm; unflinching
timoroso, -a fearful; timid
tinello dining room
tinto, -a dyed
tipo type; *(fam.)* chap; fellow
tirare to pull
toccare to touch
togliere to remove; to take
   away; to take off
tondo, -a round
tono tone
tonto, -a stupid
torbido, -a torpid; sluggish

torero bullfighter
tormentarsi to worry; to torment
  oneself
torpore s.m. sluggishness
torre s.f. tower
torrente s.m. torrent; flood
tozzo, -a squat; stocky; dumpy
traccia trace
tracciare to draw out; to mark out;
  to trace
tracotanza arrogance; haughtiness
tradire to betray
trafelato, -a breathless; out of breath
trafiletto paragraph
tranne prep. except
transitare to pass through
trappola trap
trascinare to drag
trascorrere to spend; to pass;
  to go through
trasfigurato, -a changed;
  transfigured
trasformare to transform
trattamento treatment
trattare to treat; to deal; to use
trattenere to hold back; to detain;
  to hold up
tratto: un tratto di strada a stretch
  of road
trattoria restaurant
traversare to cross
tremante part. pres. trembling;
  shaking; shivering; shuddering
tremare to shiver
tressette s.m. Italian card game
tribunale s.m. court
triciclo tricycle
trillo ring
trionfante agg. triumphant
tristezza sadness
tritato, -a minced, squashed
tromba horn
troncare to cut off; to interrupt;
  to cut short
tronco trunk
troppo, -a too much

trottatore s.m. trotter
trovare to find
trucco trick
tufo tufa
tumido, -a swollen; tumid
turbare to upset; to trouble;
  to bother
turpe agg. base; vile
tuttavia cong. yet; but;
  nevertheless
tutto, -a all; del tutto
  completely

U

ubbidire to obey
uccidere to kill
udire to hear
ufficio office
uguale agg. equal
ululare to howl
umidità humidity
umile agg. humble
umiliarsi to humble oneself
uniforme s.f. uniform
uovo (pl le uova) egg
urgere to be necessary
urlare to shout
urlo shriek; scream
urtare to irritate; to hurt;
  to offend; to knock against;
  to bump into
usato, -a used
usciere s.m. doorman
uscio exit
uscire to go out
utilità usefulness;
  utility

V

vacca cow
vagabondo vagrant; tramp

vagamente *avv.* vaguely
vago, -a vague
valere to be worth
valigetta small suitcase
valigia suitcase
valle *s.f.* valley
valore *s.m.* value; worth
valutare to estimate
vandalico, -a vandal
vanità vanity
vapore *s.m.* steamboat
variopinto, -a multicoloured
vaso vase
vassoio tray
vecchio, -a old
vecchione *s.m.* old man
vece *s.f.* place, stead; **in vece sua** in his place
vedova widow
veicolo vehicle
velocità speed
vendere to sell
vendetta revenge
vendicatore *s.m.* avenger
vendita sale
vento wind
ventoso, -a windy
verde green
vergognarsi to be ashamed
vergognoso, -a bashful; shy; ashamed
verità truth
versamento payment; deposit
versare to pay; to pour
vestaglia robe
vestire to dress
vestito suit; dress; clothes
vetro glass
vettura coach; car
via street; **via discorrendo** and so on
viaggiatore *s.m.* traveller
viale *s.m.* avenue
viatico viaticum; (*fig.*) comfort
vicinato neighbourhood
vicino, -a near

vicolo alley
vieto, -a old; obsolete
vigile *s.m.* policeman; **vigile del fuoco** fireman
vigna vine
villeggiatura holiday; vacation; **in villeggiatura** on holiday
vincitore *s.m.* winner
vino wine
vipera viper
virtù *s.f.* virtue
visionario, -a visionary
visivo, -a visual
viso face
vista sight; view
vita life
vitale *agg.* vital
vittima victim
vivace *agg.* vivacious; lively
vivo, -a alive; **farsi vivo** to turn up
vizio vice
vocabolo word
vocale *s.f.* vowel
voce *s.f.* voice
voglia desire; wish; willingness; **di mala voglia** reluctantly
volentieri *avv.* with pleasure; gladly
volgare *agg.* vulgar; coarse
volta time; **tutto in una volta** all at once; all together
voltare to turn
volteggiare to fly about
volto face
voluttà voluptuousness
vuotare to empty
vuoto, -a empty

Z

zio uncle
zitto, -a silent; **sta' zitto** keep quiet
zuccheriera sugar bowl
zuccone *s.m.* dunce

Elenco delle case editrici

Alfa, Via S. Stefano, 13 — 40125 Bologna
APE, Via A. Sangiorgio, 12 — 20145 Milano
Bietti, Via Crescenzio, 58 — 00193 Roma
Bompiani, Via Mecenate, 87/6 — 20138 Milano
Cappelli, Via Marsili, 9 — 40100 Bologna
Dall'Oglio, Via S. Croce, 20/2 — 20122 Milano
Editalia, Via di Pallacorda, 7 — 00186 Roma
Einaudi, Via Biancamano, 1 — 10121 Torino
Emme, Via S. Maurilio, 13 — 20123 Milano
ESI, Via Chiatamone, 7 — 80121 Napoli
Garzanti, Via Senato, 25 — 20121 Milano
Giunti-Martello, Piazza del Liberty, 4 — 20121 Milano
Grandi Lettere, Via del Caravaggio, 3 — 20144 Milano
Il Saggiatore, Via S. Senatore, 10 — 20122 Milano
La Nuova Italia, Via Giacomini, 8 — 50132 Firenze
Laterza, Via Dante, 51 — 70121 Bari
Longanesi, Via Borghetto, 5 — 20122 Milano
Minerva Italica, Via Maglio del Rame, 6 — 24100 Bergamo
Mondadori, Via Marconi 27 — 20090 Segrate (Milano)
Ricciardi, Via G. Morone, 3 — 20121 Milano
Rizzoli, Via Civitavecchia, 102 — 20132 Milano
Scheiwiller, Via F. Melzi d'Eril, 6 — 20154 Milano
Sciascia, Corso Umberto, 111 — 93100 Caltanissetta
Società Editrice Napoletana, Corso Umberto I, 34 — 80138 Napoli
UTET, Corso Raffaello, 28 — 10125 Torino
Vallecchi, Via G. Capponi, 26 — 50121 Firenze

1 2 3 4 5   123670   83 82 81 80 79